AF474653

ESSAI GÉNÉALOGIQUE

SUR LA

MAISON DE SAINT PHALLE

Cette généalogie offerte à Monsieur Borel d'Hauterive par le Mis Du Prat, a pour auteur le Chev. Gougenot des Mousseaux.

Versailles 10 Mars 1861.

ESSAI GÉNÉALOGIQUE

SUR LA

MAISON DE SAINT PHALLE

D'APRÈS MONUMENTS, ET D'APRÈS TITRES EXISTANT
ENCORE EN 1860 DANS DES DÉPOTS PUBLICS, ET DANS DES CHARTRIERS.

NOTICES SUR UN GRAND NOMBRE DE MAISONS,

ET

DIGRESSIONS ÉPISODIQUES

SUR DES TITRES, MŒURS, USAGES ET COUTUMES DES TEMPS.

COULOMMIERS, IMPRIMERIE DE A. MOUSSIN

1860

ESSAI GÉNÉALOGIQUE

SUR LA MAISON DE SAINT PHALLE

D'APRÈS TITRES, RECHERCHES ET MONUMENTS

BLASON DE LA MAISON DE SAINT PHALLE.
EXISTE-T-IL PLUS D'UNE MAISON DE SAINT PHALLE?

Un ancien manuscrit généalogique, qui, par lui seul, ne peut faire foi, dit : « Le père Morin, auteur de l'histoire du Gâtinais, qui est à la bibliothèque de Saint-Victor, à Paris, prétend que les armes de la maison de St. Phalle étaient autrefois un coq en champ de gueules, ou les mêmes que la maison de l'Hôpital, » illustre maison qui n'est point celle du chancelier de ce nom. Cette première, que l'on croit sortie des Galluci, (*Gallus*, coq.) florissait à Naples dès l'an **1163**, et prit le nom de l'Hôpital d'une terre dans la principauté d'Oalres.

D'anciens travaux généalogiques établissent que St. Phalle, avant les croisades, portait de sinople au lion d'or, lampassé et couronné. Depuis les croisades, — et les salles du palais de Versailles en offrent le témoignage, — ils portent d'*or, à la croix ancrée de sinople*. Le lion d'or et *couronné* fut alors hissé en cimier, brandissant une épée, lampassé de gueules, et sortant d'une couronne de marquis surmontant un casque, qui fut aussi de marquis lorsque prévalut ce titre. Les supports sont deux lions *couronnés*, armés, lampassés et effourchés de gueules.

Aïe Sainct Phalo! c'est por le Roi; traduit plus tard par : *A moy St. Phalle, c'est pour le Roy!* voilà le cri de guerre de cette maison, depuis la rude bataille de Mons en-Puelle, en **1304**. Philippe de St. Phal, *chevalier bannerct*, et filleul du roi Philippe-le-Hardy, y commandait cent hommes d'armes. Le roi Philippe-le-Bel étant en détresse et apercevant la bannière de ce chevalier, lui jeta ce cri. St. Phalle accourut! (*Voir ci-dessous.*)

La devise de ces seigneurs croisés est : *Cruce Deo, gladio regi jungor* : Par ma croix à Dieu, par mon épée au roy.

L'écusson de St. Phalle est, disons-nous, d'or à la croix ancrée de sinople. Paillot, qui les cite avec les Damas et les Montalembert, comme échantillon, dans sa vraie et parfaite science des armoiries (*Paris*, **1661**, —*p.* 228), accuse d'argent, à la croix ancrée de sinople. C'est répéter l'erreur, d'ailleurs insignifiante, de l'histoire de la maison de sang royal de Courtenay, avec laquelle St. Phalle a plusieurs alliances (p. 275). De son côté, Vertot disait : de sinople à la croix ancrée d'or (*T.* 3, — *p.* 54, — *Malte.*).

Mais, dans leur antique baronnie de Cudot, le blason des St. Phalle se voit encore sur des tombes de 1275, tel que nous le décrivons. La différence est celle d'une brisure, ou d'un lambel, qui indiquait alors la branche cadette. Il se voit de même, sur l'Evangéliaire de la bibliothèque de Troyes, brisé d'un franc quartier de gueules, et surbrisé d'une molette d'éperon (1).

Ajoutons que, d'après M. d'Hozier : « outre *cette maison* de St. Phalle, il y en aurait encore deux autres établies en Brie et en Champagne : l'une portant de gueules, coupé et émanché de deux pointes, et commençant à Guy de St. Phalle, vivant en 1294 ; — l'autre portant de gueules, à trois casques ou heaumes fermés, d'argent, et commençant à Michel de St. Phalle, écuyer, baron de saint Vaast d'Arras, vivant en 1482 (*p.* 23, — *chartrier de Montgoublin*). »

M. d'Hozier reconnait ne pas avoir étudié ces deux maisons, sinon il ne se fut point si singulièrement trompé. Car, le premier blason qu'il décrit est universellement connu pour être celui de la maison de Vaudrey. Une branche de cette « maison illustre de l'ancienne chevalerie des deux Bourgognes (*de Courcelles, D. T. IV, — p.* 209) » substitua à son blason et à son nom, les armes et le nom de St. Phalle. C'était en conséquence de la condition imposée, lors de son mariage, par Isabelle, arrière petite-fille du Guy de St. Phalle nommé par d'Hozier, mariée vers 1400, dernière héritière de la branche aînée de ce nom, et dame de la seigneurie prévôtale et du château de St. Phalle (2).

La généalogie des seigneurs de Vaudrey, la salle des manuscrits de la Bibliothèque Impériale de Paris, et les archives du département de l'Aube, répètent la preuve de ce fait.

En l'an 1677, mourut Anne-Louis de St. Phalle-Vaudrey, qui fut le dernier rejeton de cette branche d'illustre souche, greffée sur le tronc antique des St. Phalle. Le célèbre ouvrage *la Gaule Chrétienne* des Bénédictins, parlant de l'un de ces seigneurs, dit en termes qui résument la question : Guillaume de Vaudrey, issu de la noble race des seigneurs de St. Phalle, *ex nobili prosapia dominorum de s. fidolo ortus* ! etc. etc. T. XII. p. 559.

La seconde de ces maisons, dont *la généalogie* nous est gracieusement remise par un de ses membres, commence, ainsi que l'exprime M. d'Hozier, à Michel de St. Phalle, fils de Scipion, baron de St. Vaast d'Arras, etc., etc., épousant le 16 novembre 1482, damoiselle Jeanne de Fretel, dame de la Haute Maison de St.-Loup-les-Provins, etc. etc.

Ce Scipion, ou ce Michel, fut-il un rameau détaché de la maison des St. Phalle, seigneurs de St. Phalle et de Cudot ? — Cela se peut ; ici, cependant, les preuves manquent, et la différence des armoiries ne tranche nullement la question. Ce qu'il y a de certain, c'est que la descendance mâle de ces seigneurs de St. Phalle est éteinte ; c'est que Jeanne-Victoire de St. Phalle, dernière descendante du nom et sang de ces barons de St. Vaast d'Arras, épousa le 25 janvier 1655, noble Charles de Féra, seigneur de Rouville ; c'est que ces seigneurs de Féra, dont la généalogie qui nous est remise par leurs descendants, accompagne celle des St. Phalle de la

(1) V. Archives de l'Aube, Vallet de Viriville, professeur à l'école des Chartes, p. 355. Dans ce très-remarquable ouvrage trois seuls blazons sont indiqués, outre celui de la ville de Troyes ; c'est l'écusson des comtes de Champagne, l'écusson de St. Fale, et celui du pape Urbain IV.

(2) Dans sa généalogie de la maison de sang royal de Courtenay, le célèbre du Bouchet fait une remarque importante et qui s'applique à ce même cas. « On suivait en cela l'usage introduit (alors) dans les grandes familles, où, d'ordinaire, le fils aîné, ou l'un des puînés, et bien souvent tous les enfants, prenaient le nom et les armes de leur mère, *quand elle était héritière d'une maison illustre.* » p. 13.

Haute Maison, sur lesquels ils sont greffés, sortent d'une noble maison de race italienne; c'est encore que Victoire de St. Phalle, en épousant Charles de Féra, l'an 1655, stipula que, s'il leur naissait deux fils, le second porterait le nom et les armes de St. Phalle. Deux fils leur naquirent en effet, mais l'aîné mourut sans enfants. Les descendants du cadet, qui avait pris le nom de St. Phalle, eussent dû reprendre dès lors leur propre nom de Féra de Rouville.

En 1859, cette noble famille, établie près de Provins en Brie, a pour dernier et unique rejeton, Henri-Victor-Camille de Féra, né le 1er décembre 1831, portant le nom de St. Phalle, et le titre de marquis, lequel ne s'applique qu'au nom de Féra, ainsi que le témoigne d'ailleurs la lettre ci-dessous de son aïeul.

Jean Vincent, comte de St. Phalle Cudot, s'occupant après la tourmente révolutionnaire à réunir ses documents généalogiques, écrivit à l'aïeul de ce jeune homme, Pierre-Charles-Camille de Féra St. Phalle, marié à H. Françoise de Bombelles, avec lequel il avait eu des rapports d'amitié, et lui demanda communication de titres, que M. Cherin disait lui avoir remis. Nous copions sur l'autographe, la réponse de l'aïeul :

Lourps, 15 octobre 1820, près Provins.

« J'aurais été fort empressé, monsieur, de vous remettre les titres de famille si j'en eusse eu. M. Cherin ne m'en a remis aucuns autres que ceux que je lui avais fournis, qui sont ceux des Féra, n'*étant St. Phalle que par les femmes.* Un de mes ayeux ayant épousé en 1655, Victoire de St. Phalle, une des clauses du contrat fut que le cadet prendrait le nom de sa mère » etc. *Le Mis Féra* de St. Phalle. » (Autographe au chart. de Montgoublin.)

Le petit-fils de celui qui écrivit cette lettre, se conformant à la pensée des siens, se réclame comme étant de la maison de St. Phalle Cudot, en raison de sa descendance, par les femmes, des St. Phalle, barons de St. Vaast. Ainsi le dit son autographe que nous copions, adressé au comte Edgard de St. Phalle, second fils de M. le marquis Charles, et terminé par ces mots : « Combien votre société était douce, votre amitié précieuse. — L'éloignement n'a pas diminué mon affection pour vous. — Je souhaite que ces notes (généalogiques) que je vous envoie puissent la resserrer, en vous aidant à voir que nous sommes également unis par les liens de la famille et par ceux du cœur. » C. Féra de St. Phalle. Paris le 4 Mars 1855, *ibid.*.

S'il y eut jamais, non point trois, mais deux maisons de St. Phalle, issues d'aïeux différents, une seule, depuis longtemps, reste donc debout. Cette maison, fort antérieure à celle des St. Phalle de la Haute Maison, qui la réclame pour souche, est celle des marquis de St. Phalle, barons de la seigneurie de Cudot qu'ils possèdent encore en 1860, et dont ils furent les seigneurs dès l'époque de St. Louis au plus tard.

Cette importante baronnie leur advint bien après la construction du château de St. Phalle, partage des aînés, hérité, puis ensuite reconstruit par les membres d'une branche de l'illustre maison des Vaudrey, devenus St. Phalle par les femmes. — Mais voilà qui suffit à propos du blason des seigneurs de St. Phalle, nobles de race, nobles de noblesse baronniale, pairs de l'archevêque de Sens, primat des Gaules et de Germanie, et alliés dès les temps les plus anciens, avec des maisons royales et la plus illustre noblesse de race du royaume.

NOTICE SUR SAINT FALE, EN 519, ET TRADITION RELIANT A CE SAINT LA MAISON DU MÊME NOM.

Saint Fidèle est vulgairement appelé St. Fale (*sanctus Fidelus* ou *Fidolus*); d'où le nom de *de sancto Fidolo*, donné aux membres de la maison de St. Fale dans les cartulaires et vieux titres, et traduit par Fal, Fale, Fiule, Phal, Phalle, etc., *aux mêmes lieux*, et sous *les mêmes armes*.

« St. Fale, Auvergnat de nation, fut emmené captif l'an 507 environ, par les bandolliers de Thierry, fils de Clovis, qui fut roi de Metz, ou d'Austrasie. — pour, de noble gentilhomme, devenir esclave; et, au lieu de commander à ses domestiques et pages, servir à autrui, ce qui était lamentable à voir! Néanmoins, ce fut pour son plus grand bien. »

« Dès ce temps-là, qu'il fut ravi à ses parents, il était petit-clerc tonsuré, et se plaisait de servir directement aux ministres sacrés de l'Eglise. »

Près de Troyes, au monastère de la Celle, — plus tard Moustier-la-Celle, — alors « vivait le vénérable abbé Aventin, avec ses religieux qui formaient une sainte congrégation, — servant de toute leur pensée à Dieu, — lequel par une interne poussée du Saint-Esprit, fut admonesté qu'il ne faillit point à ce bon office de charité de racheter à prix d'argent le jeune Fale captif, éloigné de son pay s, et attaché à la cadène des esclaves, soudain qu'il le rencontrerait, pour le mettre au nombre de ses religieux, car il était élu pour cela. »

« Ce bon prélat, pensant et repensant à cette vision, s'y dispose. Une fois, il sortit par une conduite céleste, et voyant que quelques gens emmenaient de jeunes enfants attachés à la chaîne, leur dit : mes amis, avez-vous là un captif nommé Fale? — Le voilà ; et si vous le voulez acheter pour votre Eglise?... — L'abbé vénérable leur mit en mains douze écus d'or, contentant l'avarice de ces bandolliers, et secourant la misérable captivité du saint, qui n'était pas marri d'être tombé en si bonne main que celle de l'abbé vénérable Aventin, lequel en fit son fils spirituel...»

« Et, pour ce que Dieu lui avait donné la connaissance de ce jeune enfant, qui devait être quelque jour un grand saint, ce bon abbé le vénérait comme son seigneur.

« Fale était si vif en sa dévotion qu'il ne regardait qu'à contenter Dieu et ses supérieurs en leur commandement, se rendant pieux et obéissant à tous, et en toutes choses... allant de bien en mieux... Et, pour ce sujet, son abbé lui donna la qualité de prévost. »

Or, « arriva » le décès de l'abbé de la Celle, Aventin... les religieux, comme animés d'une inspiration divine, accordant leurs désirs, élurent Fale pour leur abbé... son humilité grande y donnait refus... mais par leurs prières instantes, il accepta la charge. Et d'autant plus il était supérieur aux autres, plus aussi il se rendait humble et au dessous de ses inférieurs... »

« C'est une étrange merveille qu'il reçut cette grâce de Dieu que, durant tout le carême, saint temps de jeûnes et de pénitence, il ne mangea que trois pains, et pour son boire ne prenait qu'un verre d'eau pêle-mêlé de cendres, duquel il étanchait sa grande soif. Il croissait en abstinences journalières... Mais la chose la plus recommandable en lui était sa grande charité, de laquelle une bonne odeur s'épanchait parmi tout le voisinage, de ce qu'il les aimait tous en la crainte de Dieu. Et, pour en donner assurance très-véritable, ses miracles le manifestèrent, par lesquels, Dieu l'ordonnant, il fit un million de biens et assistances à des affligés... »

...Suit une assez longue énumération des miracles qui lui concilièrent l'admiration et l'amour des peuples.....

Il est à juger que c'était vers 507 que Fale avait été pris « par Thierry même, qui ne l'eût pas assigné à son butin, s'il n'eût été de lieu illustre (1). »

On lira, dans l'ouvrage aride et décharné de Godescard, cette même vie de St. Fale, appuyée sur l'autorité savante et sûre des Bollandistes, de Mabillon, etc. (2); mais nous ne nous attachons ici qu'à la légende, ou plutôt à la tradition qui, *depuis tant de siècles*, rattache la maison de St. Phalle à celle du saint abbé de la Celle.

La famille de ce noble cénobite quittant l'Auvergne, et attirée, soit par le saint lui-même, soit par la vénération qu'inspira la bonne odeur de ses vertus, serait donc venue s'établir en Champagne, près du monastère de la Celle et de Troyes, dès l'an 863, où Ponthus de St. Fale, et *sa lignée*, nous sont décrits par un religieux récollet. Plus tard, et dès l'an 1135, les preuves authentiques, non de leur arrivée, mais de leur installation seigneuriale auprès de ce lieu, et les donations dont ils l'enrichirent s'inscrivent, et subsistent encore dans nos archives publiques. (*Voir plus bas*).

L'antique tradition de cette parenté n'a point un caractère de certitude assez indubitable pour qu'il nous soit permis de l'adopter; mais nous ne la repoussons pas non plus, tant elle nous semblera, tout à l'heure, marquée au sceau du probable. En tous cas, un fait est là; c'est qu'une très noble maison, du nom de St. Fale, existe en Auvergne, dès 520, et cesse ensuite d'y figurer. C'est que, plus tard, et trois siècles s'étant écoulés, cette même maison nous est décrite comme transplantée auprès de Troyes, non loin du monastère du saint, et y fondant un puissant château de son nom. Enfin, c'est qu'environ deux siècles après, des titres d'abbayes, qui sont aujourd'hui à la portée du public (3), nous montrent Milon de St. Fale et ses descendants en possession de cette terre, voisins, bienfaiteurs de cet abbaye patronimique, et assis dans une position seigneuriale éminente, ce qui, dans ces temps de fière et vigoureuse féodalité, dénotait une longue succession d'ancêtres, et, par conséquent, remonte haut leur origine.

La lettre qui suit, de M. l'abbé Fliche, vicaire général et supérieur du séminaire de Troyes, est adressée à M. le marquis Charles de St. Phalle. Dernier écho de la tradition, elle contient quelques derniers détails sur le corps du saint.

Notre-Dame en-l'Isle, grand séminaire de Troyes, 11 février 1855.

MONSIEUR LE MARQUIS,

« J'avais appris que vous désiriez une relique de St. Fale, et il m'a été bien agréable de vous la faire offrir.

« Quand il m'avait été possible d'en porter quelques parcelles déjà à monsieur votre frère, avec lequel j'avais eu l'honneur d'avoir des rapports au château d'Argoulais, je n'avais point encore eu la consolation de vénérer le corps entier du saint abbé. Mais, l'année passée, Mgr. l'évêque m'ayant autorisé à ouvrir plusieurs châsses précieuses, qui n'avaient pas été visitées de-

(1) « *Extrait de la Saincteté Chrétienne*, contenant les vies, morts et miracles de plusieurs saincts de France, etc. dont les reliques sont au diocèse et ville de Troyes. Recueilli par M. N. Desguerrois de Jésus. B. ind. P. et P. de Troyes, 1637. »

(2) T. I. — p. 196-291. — Godesc. T. V. p. 281-2. — Paris 1851.

(3) *Bibl. Imp.* M. 1839, voir ci-dessous.

puis longtemps, dans plusieurs localités du diocèse, j'ai retrouvé à une lieue de Troyes, tous les ossements révérés de St. Fale. C'est ce qui m'a permis, monsieur, de vous adresser le papier qui vous a été remis par M. votre frère. Je l'ai scellé des armes de Mgr., j'ai relaté que la relique est très-authentique, et on ne vous refusera point, à l'évêché de Nevers, de constater cette authenticité. si vous voulez faire déposer à découvert les saintes parcelles dans un reliquaire (1).

De mon côté, je retournerai vers la fin de notre année scolaire dans la paroisse qui possède la grande relique de St. Phale, et je pourrai copier, je l'espère, le titre que vous me demandez. Je dis, je l'espère, parce que ce titre pourrait bien se retrouver sous les linges nombreux qui contiennent le corps de votre bienheureux parent, et que nous avons eu bien de la peine à découvrir et à recoudre pour les replacer comme ils étaient, à la façon multiple du moyen-âge.

Le corps de St. Phalle repose maintenant à l'église paroissiale de St. André-les-Troyes, avec trois autres corps saints que possédait le monastère de Moustier-la-Celle, situé sur cette paroisse, avant la révolution de 1793. J'ai révélé au bon curé bien des richesses qu'il ne connaissait point en brisant les sceaux des vieux et lourds reliquaires, fermés hermétiquement de tous côtés et *sur lesquels* les religieux n'avaient mis aucune indication, dans la crainte sans doute qu'on ne leur dérobât ces trésors. Veuillez agréer, etc. etc.

P. Fliche, v. g. sup.

NOTICE SUR LA SEIGNEURIE MARQUISAT DE SAINT-PHALLE.

Après avoir établi que St. Fale vivait l'an 520, après avoir rappelé, et pesé la tradition qui confond la maison de St. Fale avec celle de ce noble cénobite, nous voyons le père Alixant, récollet, donner en 863, le nom de Ponthus au premier baron et chevalier de St. Fale qui jeta les fondements du château de St. Fale : Ponthus *de s. Fidolo* (2).

Ce fut vers l'an 900 que ce bel édifice sortit de terre à quatre ou cinq lieues de Troyes, vers le sud-ouest, et dans la partie de la Champagne qui se rapproche de la Bourgogne. Sa position est sur une côte, et sur le bord d'un ruisseau auquel il donna son nom. Ce cours d'eau partant de Chamoy, — l'un des fiefs mouvants de St. Fale, — arrose cinq lieues de pays, porte des barques pendant une moitié de son trajet, et se jette un peu au-dessus de Vanlay dans l'Armance, qui est un des affluents de l'Armançon (3).

Auprès du château s'éleva bientôt le village, puis la petite ville forte de St. Fale, ainsi que la qualifie la *Gaule chrétienne* des bénédictins de St. Maur, appelant André St. Fale, déjà chargé d'ans en 1299 « noble seigneur de la ville fermée de St. Fale (4).

La seigneurie des barons de St. Fale, d'après le même religieux, aurait été érigée en Comté par Charles VII, vers 1437, en considération des services rendus à ce monarque par Pierre de St. Fale, tant dans la Champagne qu'il contribua à remettre sous l'autorité du roi, qu'au siége d'Orléans, et dans plusieurs actions sous le comte de Dunois et avec la pucelle d'Orléans. Nous

(1) Elles figurent dans la chapelle qui forme annexe au château de Montgoublin.

(2) Dans tous les titres, documents, ouvrages des Bénédictins, Cartulaires, *de s. fidolo*, se traduit par de St. Fale ou St. Phale.

(3) Voir *l'Ancienne carte de la généralité de Paris*, C. A. H. Jaillot, *géog.* du Roy en 1708.

(4) *Nobilis toparcha oppiduli de sancto fidolo juxta Trecas.* (Tom. XII. p. 529. Paris 1770.)

n'avons point eu lieu de vérifier cette assertion... Ensuite, et nous ne saurions préciser à quelle époque, s'éleva le prieuré de St. Fale. « Vos ancêtres en étaient, au moins en partie, fondateurs, écrit à Maximilien de St. Fale, M. l'abbé de Chalmaison (1). Voilà ce que nous avons vu, M. Corps, propriétaire actuel de St. Fale, conseiller au grand conseil, etc, et moi, en déchiffrant un titre de 1301... » Plus tard, la place close de St. Fale, *oppidulum*, redevint village; plus tard aussi l'antique et importante seigneurie et prévoté des seigneurs de St. Fale fut érigée en marquisat (2).

Les Médicis venaient d'importer et de mettre en crédit auprès de la noblesse baroniale le titre de marquis dans *cette partie* de l'Europe, où jusqu'alors il était inusité, bien qu'en usage ailleurs.

Plus tard encore, un château neuf remplaça le vieux château de l'an 900, et ce nouveau St. Fale était élevé par Anne, de l'illustre maison de Vaudrey St. Fale, seigneur dont la femme était Anne de Montgommery (3).

Cette branche des seigneurs de Vaudrey provenait du sang des St. Fale par Isabelle, dernier rejeton de la branche ainée, celle-ci ayant imposé à son mari et à ses descendants la condition de continuer les aînés en portant ses armes et son nom. C'était alors un « usage introduit dans les grandes familles, où, bien souvent, les enfants prenaient le nom et les armes de leur mère *quand elle était héritière d'une maison illustre* (4). » Et tout illustre que fut elle-même la maison de Vaudrey, ainsi que le témoignent et l'histoire et les archives, (5) cette provenance authentique de la maison de St. Fale n'en était pas moins signalée comme ajoutant à ses titres. C'est là ce qu'exprime nettement le célèbre ouvrage des bénédictins où il est dit de Guillaume de Vaudrey. « Il était issu de la noble lignée des seigneurs de St. Fale, : « *ex nobili prosapia dominorum de S. Fidolo ortus* (6) »

D'autres châteaux du nom de St. Fale eurent encore, et ainsi que le premier, pour fondateurs, des membres descendus par les mâles de cette maison. Tel fut, par exemple, le noble édifice qu'éleva le cinquième fils de Philippe de St. Fale et de Jeanne d' St. Julien, Nicolas de St. Phalle, seigneur de Vaux-Profonde et des Cuissarts, à quelque di ance de Villeuve-le-Bois. Marié en 1528 à Marguerite de Larmes, Nicolas, qui bâtit St. Phalle-les-Cuissarts, construisit aussi dans la nef de l'église de Courtenay la Chapelle de St. Phalle, où ses armes se répètent en plusieurs places. Il la choisit pour lieu de sépulture.

Quant à St. Fal de Champagne, *juxtà Trecas*, il ne faut point le confondre avec un autre St. Fal, voisin de St. Jean de L'ône près Dijon. Ce dernier, cependant, put devoir son nom à un membre de cette même et antique maison sortie d'Auvergne et dont plusieurs, retournant en Bourgogne, figurèrent dans la noblesse des états-généraux de cette province.

La terre originairement baroniale et seigneurie de St. Fale relevait de la seigneurie de l'Isle-Aumont, laquelle relevait « du Roy notre sire, à cause de la grosse tour du Louvre (7).

(1) *Autographe*, Troyes, 7 mai 1789, chart. de Montgoublin.
(2) Juin, 1618. *Archives de l'Emp.* Aube. St. Fal. Q. 56.
(3) *Autog.* de de Seric à Camusat, manusc. *Bib. Imp.* 1859, timbre d'Hozier. — Cotée 593.
(4) *Généal.* des Courtenay, du Bouchet, p. 13.
(5) *Résumé dans Courcelles.* D. T. IV. p. 209.
(6) *Gallia christiana.* T. XII. p. 559. an 1369. — il faut remplacer le 3 par un 1.
(7) Archives du royaume, gros vol. manusc., intitulé *Aube*, St. Fal. D. 56. p. 1.

Relevant de la seigneurie d'Isles, les sires de St. Fal relevaient directement des comtes de Champagne.

En effet, l'Art de vérifier les dates, nous dit : Thibaud le grand, ou quatrième, comte de Champagne et de Blois, fait hommage, en 1143, à Eudes second, duc de Bourgogne, — dont les États revinrent à nos rois, — pour le comté de Troyes, l'abbaye de St. Germain d'Auxerre, la châtellenie de St. Florentin, Bar-sur-Seine, Chappes, Plancy, Rameru, Arcis-sur-Aube, Joigny, Isles et *Laferté Loupière.* — (V. 2, p. 618, col. 1.) — Cette dernière seigneurie est de celles qui entrèrent dans la maison de St. Fale par une de ses alliances avec la maison impériale et de sang royal de France de Courtenay.

Ailleurs, sont décrits le baillage de St. Phalle, son étendue, ses officiers avec sa gruerie, sa justice haute, moyenne et basse, ses juges gruyers, ses *audiances*, etc. Puis, viennent les fiefs tenus et mouvants en plein fiefs, foi et hommage de la terre et château de *Saint Phalle.* Ce sont les fiefs et seigneuries de Chamoy, de Boiselée, d'Ormois, de Bois-Ferré, de Bois du Plessis, de Bray, de Ré-de-Bone, de la Motte-Flois, de la Loge-Lombelin, de la Motte Jacquet, de Montreuil, de Villetard, de Berron ou Premier-Fait, de la cour St. Fal, des Epinets, de la Motte-Maillerois, de Bois-Guerry, de Mottes Philippes, de l'Haut-du-Guet, de St. Sépulchre, de Buccy-en-Otte, de la Motte-Bonneval, de Porqué. etc., etc. (1).

Messire Jacques Corps, conseiller du roy en son grand conseil, chevalier seigneur de Bréviant, Regnost, la Courbureau, etc., est aussi devenu seigneur de St. Fale en 1789. Il communiqua généreusement aux seigneurs du nom et sang de St. Phalle plusieurs titres et manuscrits de leur antique et primitive seigneurie. Car celle-ci, ainsi que tant d'autres, était sortie de leurs mains, tandis que n'a cessé d'y rester la baronnie de Cudot qu'ils ne possèdent que depuis le règne de saint Louis, et dont le nom distinguait leur première ou peut-être bien leur seconde branche cadette (2).

Deux autographes datés de Troyes, 31 mars et 7 may 1789, signés de M. l'abbé de Challemaison, et scellés de ses armes, entretiennent de ces pièces Maximilien de St. Phalle, abbé-doyen de Vézelay. L'extrait en est de la main de M. Corps, conseiller au grand conseil, accompagné de sa lettre d'envoi à Jean Vincent, comte de St. Phalle, et datée du 12 mars 1789. Ces autographes sont entre les mains de M. le Marquis Arthur de St. Phalle, et concordent avec les titres des chartriers.

Parmi ces extraits énonçant plusieurs des seigneuries mouvantes de St. Fale figurent : une sommation faite à Étienne de Crécy, à cause de sa femme, cousine du seigneur de St. Fal et dame de Chamoy, de fournir aveu de la terre de Chamoy à Adrien de St. Fal. — date : samedi avant la Saint-Jean, apôtre, 1365.

Echange entre Andry de St. Fale (*Andrieux*), Symon de St. Fal, et Guillemette de Ray leur mère, et les enfants du sieur de Viry, leur neveu. Andry garde la terre et seigneurie de St. Fal, et abandonne ses droits sur les terres de la Cour, de ville de Chaume, et de Vendières-en-Brie, 16 février 1365.

Aveu et dénombrement de la terre de Motte-Flois, fait à Adrien de St. Fal par Pierre de Magny, 15 novembre 1371.

(1) *Archives de l'Emp.* Aube, gros man., intit. *St. Fal.* D. 56. p. 1. — 1860.
(2) La première à *franc quartier de gueules*, la seconde à *Lambel, pour brisures.* Voir plus bas.

Aveu et dénombrement du fief de Mailly, fait par Renaut de Vilefolat à Adrien de St. Fal, 9 août 1374.

Aveu et dénombrement de la terre de Cressentines, fait par Symon de St. Fal à Adrien de St. Fal, son frère, 13 janvier 1377.

Aveu et dénombrement des fiefs et seigneurie de Chamoy, Avreux et Savières, fait par Jean de Melun à Jeanne de la Brosse, dame de St. Fal, 13 août 1382.

Idem, du fief de Bone, par Pierre Patras, etc. à Andry de St. Fal, 13 janvier 1386, etc., etc., etc.

Ailleurs, aux Archives (Paris, hôtel de Soubise), nous trouverons, entre autres, et comme rappelant les noms cités ci-dessus : « Le fief à la dame de Chaussenay séant à Chaussenay; le fief à Symon de St. Fale son frère, séant à Cressantines et autre part, en la seigneurie de St. Fale (p. 43, recto. Aube); le fief à ses neveux, les enfants de feu Jehan de Viry, séant en la terre de St. Fale ; le fief aux enfants de Jehan de St. Fale séant en la dite terre; (43, verso, *id.*) » — Perronnelle de St. Fale avait épousé Jehan de Viry, chevalier, en 1347 ; — et « le fief Geoffroy de Maison-Franc, en la ville de St. Fale, de Cressantines et appartenances (44, recto). »

Il est inutile de multiplier ces citations de titres authentiques, et nous n'avons d'ailleurs sous la main ni tous ceux qui existent, ni les plus anciens concernant la terre. Il suffirait d'indiquer ce que fut la seigneurie, ce que furent les châteaux successifs de St. Fale près de Troyes; ce que furent les seigneuries et fiefs qui relevaient de cette noble terre, relevant alors des rois de France par les comtes souverains de Champagne.

Nous ne voulons point remonter avec le père Alixant, de l'ordre de Récollets, aussi haut que l'an 900, où Ponthus de St. Fal jette les fondements du château de ce nom. Les documents qu'il eut pour constater ces origines ne sont point entre nos mains, et la première certitude de l'existence de ce domaine baronial se lie pour nous à celle de Milon, *seigneur de St. Fale*, vers l'an 1135. Mais, en dehors des traditions, et de ces travaux anciens, dont les preuves peuvent se trouver dans quelques archives, il nous est permis de considérer comme assez illustre la seigneurie bâtie sous le nom de St. Fale, et dont la collection monumentale des Bénédictins, intitulée la *Gaule chrétienne*, les appelle les nobles seigneurs. Ex nobili prosapia dominorum de s. Fidolo ortus... nobilis toparcha oppiduli de S. Fidolo. (T. XII, p. 559-526.)

Un peintre moderne, M. Arnaud, s'exprimant sur le château de St. Phal, aux tours et caves magnifiques, dit : — « St. Phal, ou Fale, en latin *Fidolus*, est un village de l'arrondissement de Troyes, qui possédait, il y a quelques années encore, un château bâti dans le XVIe siècle (*le second château*) et remarquable par sa construction. C'était un bâtiment flanqué de quatre gros pavillons accompagnés eux-mêmes de pavillons plus petits. On arrivait au premier étage par un double escalier placé en dehors; les appartements étaient précédés d'une grande salle, dite des gardes, qui avait environ seize mètres de longueur, et dont les poutres étaient ornées de dorures. Le luxe intérieur était appliqué surtout à la décoration des cheminées. Celles-ci joignaient le plafond à cinq ou six mètres de hauteur. Suivant le goût du temps, les manteaux de ces cheminées étaient soutenus par des cariatides et ornés de sujets d'histoire en bas-relief, de trophées d'armes, de frises et d'écussons armoriés, avec de riches supports peints et dorés. L'exécution de quelques-unes de ces sculptures, qui n'étaient pas toutes de la même main, était remarquable. La rencontre de David et d'Abigaïl était le sujet important que l'on y voyait. Les offices établis au-dessous des appartements étaient entourés de corridors très-bien voûtés, avec des cle de voûtes ornées d'écussons aux armes des anciens seigneurs du château. Les caves, surtou étaient admirables par leur étendue, la hauteur et la beauté de leurs voûtes à pleins cintres. Elles étaient pénétrées par un puits très-profond, construit en belles pierres de taille, et qui abreuvait les offices (1). »

De la seigneurie de St. Phal relevaient plusieurs châteaux des environs, dont les propriétaires étaient obligés de prêter serment *à genoux*. Par une exception qui ne pouvait être qu'honorable, le seigneur de Buchères était tenu seulement de se présenter à cheval et armé, devant la principale porte du château, et d'incliner sa lance en signe de vassalité; mais, aussitôt qu'il avait rendu cet hommage, la porte devait s'ouvrir pour le recevoir, et un palefrenier du seigneur prendre soin de sa monture (2). »

RÉSUMÉ GÉNÉALOGIQUE DE LA MAISON DE SAINT PHALLE DEPUIS L'AN 863 JUSQU'A L'AN 1135, ÉPOQUE DES TITRES SUIVIS ET AUTHENTIQUES.

Nous traçons ce résumé nuageux d'après les travaux fort considérables du père Alixant, religieux de la maison des Récollets de Nevers au XVIIIe siècle. Et tant s'en faut que nous voulions transcrire intégralement sa généalogie, même pour le temps restreint qui s'étend jusqu'à Milon, parcequ'elle n'est à nos yeux qu'un amas de documents rapprochés sans critique et sans justesse. Il est vrai qu'à ce titre elle acquiert une certaine importance ; car, malgré ses défectuosités évidentes, elles présente un ensemble auquel les traditions rapportées dans des pièces authentiques, ainsi que dans des généalogies exactes, donnent une valeur qui s'explique d'elle-même. Peut-être n'était-elle en ses mains qu'une simple quoique très-complète ébauche, et fut-elle considérée par ceux qui la trouvèrent, comme un travail correct et achevé. En tous cas, nous ignorons d'après quels titres le religieux Récollet a conduit ce travail, quant aux époques antérieures au XIIe siècle. Ce que nous savons, c'est qu'il est inexact, c'est qu'il contient en chronologie de graves erreurs, et dans lesquelles se fut bien gardé de tomber un généalogiste cherchant à tromper son monde; c'est qu'il lui arrive de mêler, de confondre les personnages, et, par exemple, d'omettre, d'accumuler, de changer les noms de baptême, ou de donner dans les alliances, le frère à la place du père; c'est encore, que sa généalogie ne marche point toujours d'accord avec celles des maisons alliées, pour lesquelles un travail de même nature semble avoir été fait avec une précision satisfaisante.

Cependant, à propos de cette non-concordance avec des généalogies de maisons connues, il y a cette observation capitale à faire. C'est que ces travaux, quelle que soit leur perfection relative et très-grande, ont leurs défauts nécessaires, qu'expliquent, à la quasi justification du généalogiste, l'éloignement des temps, l'érosion, l'effacement, la destruction, la perte des titres, leur dispersion dans les différentes seigneuries possédées par le même seigneur, ou par la

(1) Ces travaux provenaient probablement du premier château, qui était place forte.

(2) P. 229. Arnaud. Voy. *Archéol. et pittor.*, Aube, Troyes, 1837. Le plus ancien seigneur de St. Phal, dit-il, est Pierre de Montot, en 1440. Quelques pages plus bas il se contredit, en nommant des dames de St. Fal, de 1290, p. 232. On voit combien s'élèvent au delà les dates et titres authentiques des seigneurs de St. Phalle, cités dans ce travail, ne voulût-on partir que de Milon en 1135.

même maison, le transport de ces titres dans d'autres châteaux, manoirs, ou chartriers, par suite de guerres, de pillages, ou d'alliances. Souvent, alors, l'explorateur d'archives se figure que certains titres n'existent point ; il n'a cependant d'autres raisons à se donner que de n'avoir pas rencontré, dans les lieux où il suppose que tous les titres ont dû se réunir, des documents qui se trouvent ailleurs. Quelquefois encore, l'alliance d'une maison, bien qu'établ e sur titres positifs avec une autre maison ne s'est point inscrite dans l'une des deux généalogies, parce que la fille qui forme alliance convolait en secondes noces ; parce que à l'époque souvent fort tardive où s'exécute le travail qui devait mentionner cette union, la rencontre d'un unique mariage satisfait le compulseur de titres qui ne s'imagine point avoir à suivre les traces de secondes ou de troisièmes noces.

Quoiqu'il en soit de ces omissions, ou de ces défectuosités qui peuvent et doivent déparer les travaux généalogiques les moins imparfaits, l'œuvre du père Alixant, envisagée *dans ses détails*, ne nous paraît point soutenir avec assez de fermeté l'œil de la critique, pour que nous voulions l'adopter au profit de la maison de St. Phalle. Nous redirons cependant qu'elle n'est point assez dépourvue de fond pour que nous nous permettions, en la repoussant d'une manière absolue, de rejeter avec une défaillance égale de discernement la vérité et l'erreur.

A cause de la perte, ou de l'absence actuelle des premiers documents sur lesquels à dû travailler le religieux Récollet, et dont la possession seule pourrait nous faciliter le redressement de ses erreurs (1), nous nous bornerons donc à donner un succinct aperçu de cette œuvre. Puis, à la suite de ce résumé, nous exposerons quelques-uns des documents et des titres qui nous paraissent établir la justesse approximative de cet ensemble généalogique.

En traversant ces nébulosités lumineuses, nous arriverons jusque vers l'année de 1135 ou L'ON VOIT non point commencer, *mais se continuer*, la haute et seigneuriale existence de la maison de St. Phalle, *assise* à cette date sur la terre de son nom. C'est le temps où se lient l'un à l'autre sans solution de continuité les titres authentiques qui nous la font connaître avec certitude. C'est l'époque où une donation faite à la célèbre abbaye de Notre-Dame aux Nonnains de Troyes, par Milon de St. Fal, et reconnue en 1196, à la suite de l'incendie de 1188, par Pierre son fils, nous apprend qu'Étienne Milon de St. Fale, chevalier, seigneur de la noble terre et ville de St. Fal a épousé d[illegible] Emmeline. C'est l'époque encore où des titres qui concernent, à la fois, plusieurs chevaliers de cette maison, témoignent de son antique et glorieux état. (Voir les preuves au fur et à mesure, ci-dessous).

D'après le père Récollet, la maison de St. Phalle, que sa légende traditionnelle et séculaire relie par le sang au St. Fal du VIe siècle, reste sans représentant dont le nom soit aujourd'hui connu jusqu'à l'an 863. Vers l'an 900, le baron Ponthus premier, de St. Fale, jette proche la ville de Troyes, les fondements d'un fort beau château, auquel il donne ce nom de St. Fale. Il est un des compagnons d'armes du roi Eudes (2).

(1) Nous avons retrouvé dans les archives, plusieurs membres épars de la maison de St. Phalle. Un seul document authentique nous en a rendu sept ou huit en bloc, (de 1197 à 1505) inconnus des généalogistes antérieurs. Quelque hasard ne peut-il faire remettre la main sur la liasse que dut avoir le religieux Récollet ?

(2) Le nom des St. Phale a été *dans les mêmes lieux*, et *sous les mêmes armes* ; S. Fidolus, S. Fidelus, St. Fiule, St. Fal, St. Fale, St. Phal, Saymphal quelquefois, et St. Phalle. Ainsi se corrompt l'étymologie. Varillas sous Charles IX a écrit Symphalle, ainsi que le R. P. de Vareunes, jésuite, dans son livre *Le Roi d'armes*, etc. etc.

Le mariage d'un autre seigneur de St. Fal s'accomplit en 931 avec Gizelle de Villemaure. En 996, se marie un deuxième Ponthus de St. Fal à la noble dame Judith de N. Celui-ci s'attache à Hugues, surnommé Capet pour sa bonne tête. Il se distingue par sa valeur et son talent de négociateur. Vers 985, Hugues l'associe avec distinction aux seigneurs à qui il a confié l'éducation et la conduite de Robert son fils.....

Robert de St. Fal est fils de Ponthus second et de Judith de Nécle. Il a pour sœur Mélaine, mariée à Thibault, seigneur de Plancy, et il épouse vers 1010, Agnès, sœur et non fille de Thibault second, et d'Eudes second, comtes de Blois et de Champagne, et fille d'Eudes premier. — Robert a d'elle Basile, ou Blaise, religieuse à Chelles, — Raimone-Anne, Thibault et Philippe.

Petit-fils de Philippe, Robert Ier de St. Fal, se brouille avec Thibault IV, comte de Champagne son seigneur, dont il était l'un des grands officiers; il sert les rois Philippe Ier, et s'attache à Louis VI, près de monter sur le trône. Louis le réconcilie avec le comte de Champagne, qui lui fait épouser vers 1106, noble dame Agnès de..... issue par sa mère de la maison régnante de Champagne. Il a d'elle Blanche et Agnès, religieuses, et Etienne Milon qui suit.

Etienne Milon eut pour fils, Etienne-Pierre, père d'André-Robert III de St. Fal, marié à Jeanne-Alpaïs de Seignelay.

Nous n'avons nommé ni les collatéraux, ni Thibault, fils aîné de Robert Ier, et frère de Philippe Ier de St. Fal, et dont la lignée s'éteignit en la personne de Robert II, vers la fin du XIIe siècle.

Nous trouvons trop peu de certitude dans la prolixe ébauche du père Alixant pour décrire avec lui ces diverses et nombreuses générations. Mais, avant de reprendre vers 1135 l'époque des titres authentiques, nous nous bornons à remarquer que ce généalogiste allie les nombreux rejetons de la maison de St. Fal, hommes et femmes, avec la plus haute noblesse du royaume, et surtout de leur province. Ce sera, par exemple, avec les maisons des comtes de Blois et Champagne, avec les Seignelay, *d'alors*, et les Joinville, deux maisons avec des rameaux desquelles ils ont eu avant l'an 1296, des alliances mentionnées dans des titres d'archives. — C'est encore avec les maisons de Crevant, de Châtillon, de Brienne, de Rameru, de Lévy, de Champeaux...

Ces alliances sont, tantôt en droite ligne, et tantôt seulement avec les filles des héritiers directs. Par le mouvement de tels mariages s'expliquent d'ailleurs l'entrée et la sortie d'un grand nombre de terres nobles et de seigneuries dans la maison de St. Fale, dont la splendeur matérielle ne pouvait guère, à cette époque toute féodale, avoir une cause plus féconde. C'est là ce que témoignent, lorsque nous avons dépassé l'an 1135, une série d'aveux, de contrats, de donations et de mariages, de partages et d'échanges, c'est-à-dire des documents positifs et sûrs.

Les titres antiques que possède la maison de St. Phalle, les seules archives de plusieurs localités du département de l'Yonne et de l'Aube, entre autres celles de l'abbaye des Echalis; celles encore de la ville de Troyes, rapportées par M. Vallet de Viriville, professeur à l'école des Chartes de Paris, et que nous citerons tout-à-l'heure, voilà, non moins que l'ouvrage monumental du *Gallia Christiania*, qui suffirait à prouver que ces hautes alliances étaient les alliances naturelles des seigneurs et dames de St. Fale. Et s'il eut été nécessaire au religieux Récollet de les inventer ou de les supposer, selon le mode de procéder du roman historique, il lui eut été vraiment difficile, sans s'écarter de la vraisemblance, d'en supposer qui ne fussent équivalentes. La vérité générale du fonds de ce travail, quant aux époques nuageuses, redouble lorsque nous voyons succéder à ces premières alliances des alliances égales appuyées sur titres encore subsistants, ou sur preuves monumentales : telles que seigneuries, châteaux, chapelles, tombes, vitraux d'églises!!! Ce sont celles qui se contractent avec Seignelay *ancien* (1); celles qui se répètent avec la lignée de sang royal français de Courtenay, l'alliance avec la maison princière de Foix-Bigorre, et, par celle-ci, avec les anciennes maisons d'Angleterre, de Bretagne, puis avec le rameau de Sailly de la maison de Joinville, avec les de Raye alliés au sang de France et de Bourgogne Vergy, avec les Vaudrey, les Nangis-Brichanteaux, les Damas, les Chastellux, les Chabannes.

Dans l'abbaye des Eschalis, enrichie de donations faites par Robert de St. Fal, et par Blanche de Courtenay, (1180 à 1230) mère d'Alpaïs Jeanne de Seignelay sa femme, etc. etc. etc., le religieux Récollet, énonce, et cela fut vérifié, qu'il se trouvait de très-importants documents relatifs à la maison de St. Fal; quelques-uns furent de là transportés à Paris.

Enfin, un document manuscrit de la bibliothèque impériale intitulé : Phalle *(Saint)* (*sic.*) portant sur toutes ses pièces le timbre rouge aux trois fleurs de lys, et résumant le travail de MM. de St. Maure et Cherin, confirme en ces termes la teneur des travaux du père Récollet :

« La plus grande partie des anciens titres des St. Phalle sont à la chambre des Comptes de Paris. Il doit y en avoir aussi au trésor des anciens comtes palatins de Champagne, dont cette terre (St. Phal) était mouvante, et près desquels on sait, par tradition, que les premiers seigneurs de St. Phalle ont possédé les plus hautes charges. » (Copié le 11 fév. 1859.) Le nobiliaire universel de 1690, répète cette même assertion, (tom. XV, — p. 60. — Bibl. Imp. Mars 1860). On peut craindre, il est vrai, que l'incendie de la chambre des Comptes, postérieur à cette date, ait dévoré la plupart de ces titres.

Quoi qu'il en soit et en attendant la découverte possible de ces pièces, dont plusieurs documents constatent l'existence très-positive, hâtons-nous de rentrer sur un terrain ou règne la certitude, et où se développe sans solution de continuité la chaîne des dates et des personnes. Nous y arrivons par Milon de St. Fal, marié vers 1135, et auquel nous donnons deux femmes, sans qu'il y ait rien de parfaitement authentique sur ce point, si ce n'est le nom d'Emmeline, porté par l'une d'elles.

(1) *Clarissimo genere editus*, *Gall. christ.*, XII, 300, etc.

MAISON DE SAINT PHALLE

SECONDE PARTIE GÉNÉALOGIQUE.

AN 1135, SUR TITRES ET DOCUMENTS, SANS SOLUTION DE CONTINUITÉ JUSQU'A L'AN 1860.

Le nobiliaire universel de 1690 porte cette phrase en tête de la généalogie d'un tronçon de la maison de St. Fale commençant à Robert, petit-fils de Milon, et à Jeanne de Seignelay sa femme en 1190.

« Le château de St. Falle, situé à 3 lieues de Troyes, est très-beau, et marque l'ancienneté et la puissance de cette maison, qui possédait les plus hautes charges du temps des comtes palatins de Champagne. Les titres se trouvent en la chambre des Comptes de Paris, et au trésor des anciens comtes de Champagne. » Tom. XV. p. 60. Bib. Imp. Man. an 1860.

MILON DE ST. FALE. — Vers 1135, ESTENE MILON DE ST. FALE, chevalier, baron, seigneur de St. Fale, etc., etc., épouse dame EMMELINE...

Les seigneurs de VILLE HARDOUIN et les seigneurs de ST. FALE ont eu, chacun, plusieurs alliances avec les mêmes maisons. De faibles inductions ont donné lieu de supposer que cette EMMELINE était la fille de Guillaume de Ville Hardouin, maréchal de Champagne, qui finit ses jours religieuse à Notre-Dame aux Nonnains de Troyes. — Cependant, rien ne le prouvant, nous nous en tenons provisoirement au nom de baptême Emmeline, seul énoncé selon l'usage assez fréquent de cette époque. Il est constaté par une donation que font MILON, chevalier, et sa femme EMMELINE, seigneur et dame de ST. FALE, aux dames abbesses et religieuses de Notre-Dame aux Nonnains de Troyes, dames de Faye.

Cet acte est renouvelé en latin, entre les dames de l'abbaye, et Pierre fils de Milon, en 1196, à la suite de l'incendie de l'abbaye en 1188.

Un extrait du cartulaire des religieuses de Notre-Dame de Troyes, ordre de St. Benoit, confirme authentiquement ce titre. PIERRE DE ST. FALE y est mentionné *en tête* des donataires, suivi de BLANCHE, comtesse palatine de Troyes; (*Blanche de Champagne*), de Robert évêque de Langres, de noble Ithier des Brosses, chevalier, et de Geoffroy de Ville Hardoin, maréchal de Champagne, en l'an 1189.

L'acte daté de 1196 ne dit point que MILON, père de PIERRE, et seigneur de ST. FALE, marié vers 1135, soit encore vivant à cette époque : « Petrus de S. Fidolo, filius Milonis domini

S. Fidoli, 1196. — Piæ recordationis... (1) » Mais un autre acte, que nous citons plus bas, témoigne de cette longévité de MILON.

Ce document authentique est d'ailleurs conforme aux titres du cabinet de M. *Palméius* au Temple, et aux notes que M. *Corps*, conseiller au grand conseil, et propriétaire du château de *St. Phale* près Troyes a envoyées, signées de sa main, comme rappelant les titres de ce chartrier, 12 mars et 19 février 1789 (*chartrier de Montgoublin*). MILON, dame EMMELINE, et PIERRE leur fils, sont rappelés sur d'autres pièces. Une, entre autres, se trouve en février 1860 à la salle des manuscrits de la Bibliothèque Impériale. C'est un autographe avec signature, du généalogiste *de Serre*, écrivant au savant *Camusat*, ami comme lui de l'illustre archéologue *du Chesne*, appelé le père de l'histoire de France. Il résulte de cette pièce que Milon et Emmeline vivaient encore en 1196, qu'ils continuaient à être seigneur et dame de *St. Fale*, et que, de leur mariage est issu PIERRE DE ST. FALE, chevalier et père d'ANDRÉ.

De Serre ajoute : « ce titre nous a été communiqué pour vous. » Et l'annotateur, qui paraît être d'*Hozier*, du cabinet de qui est extrait cet autographe numéroté 595-596, trace ces mots : « Ceci est tout pareil à ce qui est écrit dans les titres DES VAUDRAY. »

Ces documents, non moins que les pièces du chartrier de Montgoublin, s'accordent donc avec les paroles de M. Vallet de Viriville, ancien archi viste en chef du département de l'Aube, et professeur à l'école des Chartes de Paris.

Mentionnant l'illustration des dames de ST. FALE dans le plus noble et illustre monastère de femmes qui fût au royaume de France, — p. 265-293 etc., le savant investigateur dit :

« On voit d'ailleurs par l'étude des Archives de l'abbaye que *des rapports étroits* liaient entre eux le monastère et la famille ST. FAL, que de nombreuses donations furent faites par celle-ci, et que (1290 à 1313) plusieurs dames de cette maison remplirent successivement les charges et dignités conventuelles les plus importantes (2). » Parmi les dignitaires de cette très-noble abbaye, on compte en effet cinq abbesses de la maison ST. FAL de 1290 à 1409 (3).

ESTIENNE MILON, disent les archives de Montgoublin, se croise en 1147 avec HENRI-LE-LARGE, de Champagne. Le père Alixant nomme un Godefroy de St. Fale, cousin de celui-ci, que le roi Louis VII élève au titre de comte pour le récompenser de ses services militaires. Godefroy était alors brouillé avec son suzerain le comte de Cha mpagne. On ne dit point si le titre fut accompagné du don d'une terre, ou attribué à une seigneurie qu'il possédait déjà. On énonce seulement qu'i. e le porta point, et qu'un de ses enfants, s'en revêtit; mais les preuves manquent sur ce point. Son fils Jean, est-il ajouté, mourut en od eur de sainteté au monastère de St. Claude, et ses autres enfants décédèrent sans postérité...

Quant à « Messire MILON de sancto fidolo » (DE ST. FALE) il atteignit un grand âge; car il « fut témoin de la donation faite par Geoffroy, chevalier de Messeio, du consentement de Jean son fils, à l'Hôtel-Dieu de Troyes, d'une pièce de terre, située devant la grange de Chaos (ou Chars, *illisible*) en y faisant recevoir Salon de Messeio, son fils, l'an 1197 (4).

(1) *Collection du Chesnes*, titres manuscrits reliés en 59 vol. Tom. 20-21., p. 321. *M. Bibliot. Impériale*, 1860.
(2) Aube, *Archives*, V. de V. p. 355.
(3) *Gallia christiania* des Bénédictins. T. XII, p. 567. etc. etc.
(4) Archives de l'hôtel-Dieu de Troyes, layette 90, colle A, n° 4. — Trésors généalogiques de Dom Ville-Vielle, lettre, SA1. Manuscrits de la *Bibl. Impér.* 18 avril 1860.

II. — PIERRE ESTIENNE DE ST. FALE, chevalier, baron seigneur de St. Fal, est fils de MILON. Le père Alixant lui donne pour femme Jehanne de Brie, fille de haut et puissant seigneur CHARLES DE BRIE. Mais les autres titres, les seuls et fort indirects que possède sur lui (1860) la maison de ST. PHALLE, ne mentionnent point le nom de sa femme. Ce seigneur que nous ne connaissons authentiquement que par les titres rappelés par de Serre, et par l'acte de 1196, à l'abbaye de N.-Dame-aux-Nonnains de Troyes, renouvelant les donations de son père, et cité ci-dessus, eut plusieurs fils : Robert-André, chevalier, qui suit; Jean, chevalier; Guillaume, chanoine de Laon en 1239; JOUBERT, chevalier, et Eudes, chevalier, lesquels furent seigneurs de St. Fale, Cressentines, Ville-Loup, etc. etc.

Nous lisons en effet : « Messire JEAN DE SANCTO FIDOLO, chevalier, vend à l'Hôtel-Dieu de Troyes, le terrage d'environ 14 arpents de terre au finage de Payens, au mois de may 1234 »(1).

« Messire JEAN DE SANCTO FIDOLO, (*St. Fale*), chevalier, du consentement de GUILLAUME DE ST. FALE, chanoine de Laon, et de Messire JOUBERT DE ST. FALE, chevalier, *ses frères*, et encore de Messire ANDRÉ DE ST. FALE, chevalier, *aussi son frère de qui il tenait ces choses en fief*, vendit au chapitre de St. Pierre de Troyes, pour la somme de 240 livres *de Provins*, tout ce qu'il possédait dans les terrages de Ville-Loup, Eschemines et Fontaines, au mois de juillet de l'an 1239 » (2).

Quelques annés auparavant « noble homme JOUBERT DE ST. FAL. (*de s. fidolo*), chevalier, donnait six arpents de terre à l'aumônier de l'abbaye de Moustier-la-Celle, au mois de juin 1236 » (3). Cette même abbaye dont ST. FALE regardé comme leur parent, était abbé vers l'an 530; (*voir ci-dessus*).

Une telle pléiade de chevaliers, à cette époque où la chevalerie est dans tout son éclat, est chose bien digne de remarque.

EUDES intervient comme témoin de THIBAUT, comte de Champagne et de Brie, et roi de Navarre en 1234, dans une charte que ratifie ce prince, admirateur de la reine BLANCHE. « EUDES DE ST. FALE, chevalier, fut présent à une charte de Thibaut, comte de Champagne et de Brie, qui ratifie un traité fait entre HENRY DE ST. MEMORIO, d'une part, et l'abbaye de Moustier-la-Celle, d'autre part, au mois d'octobre 1229 » (4).

III. ANDRÉ-ROBERT, chevalier, seigneur DE ST. FALE, Cressantine, le Percboy, etc. etc., n'est souvent désigné que par l'un de ces deux noms dans les actes, ou dans les généalogies de Mme du Deffand, de MM. Dupré de S^te^. Maure et Cherin père, et du Nobiliaire universel de France du cabinet des titres (5).

Ce baron fut, comme ses pères, seigneur de St. Fale et chevalier. Un titre qui date de peu d'années avant sa mort, c'est-à-dire du mardi d'avant les brandons 1294, constate ce premier fait, etc., etc.

(1) Archives de l'Hôtel-Dieu de Troyes, layette 13, cotte 9, n° 12. Très. généal. Dom. Ville-Vielle, ib. lettre SAI. *Bibl. Impériale* 1860. M.

(2) Archives du chapitre de Saint-Pierre de Troyes. Arm. N. case 15. — T. g. de Dom Ville-Vielle. Ib. *Man. Bibl. Impériale*, 1860.

(3) Tr. G. Dom. V. ibid. — Manusc. *Bib. Imp.* 1860.

(4) Grand cartulaire de l'abbaye de Moustier-la-Celle, fol. 349. — T. G. Dom. V. ibid. *Bibl. Impér.* 1860, manusc.

(5) Manusc. *Bibl. Imp.* T. XV, — p. 60, etc. etc.

D'après les titres de la maison de ST. PHALLE, d'après plusieurs généalogies, parmi lesquelles celle qu'à dater de l'an 1722, Me Eustache du Deffand, travailla pendant 25 années à parfaire, et d'après le Nobiliaire universel de France du cabinet des titres, de 1690, t. XV, p. 60 à 64, etc., que nous allons citer, etc., etc., il épousa JEHANNE ALPAÏS, fille de FERRY DE SEIGNELAY, seigneur *de Cudot*, et de A. BLANCHE DE COURTENAY, *ancien*.

Cependant, du Bouchet, dans son Histoire généalogique de la maison de COURTENAY. p. 12 et 13, appelle non point FERRY, mais AVALON, le seigneur de *Seignelay* et de *Cudot* qui épouse la cadette de Courtenay, sœur d'ÉLISABETH, mariée à PIERRE, fils du roi de France LOUIS VI ; il ajoute qu'Avalon mourut sans enfants.

Mais le *Cartulaire de l'Abbaye des Eschalis*, conforme à nos documents généalogiques, donne à cet Avalon des enfants, car il en nomme deux ; l'un appelé Dombert, l'autre *Ferricus* ou *Fredericus* indifféremment, c'est-à-dire Fréderic ou FERRY, et non point AVALON, (*Augalo*, en latin), comme son père, qui avait épousé A. BLANCHE DE COURTENAY.

D'après la distinction nominale de ces personnages, et le rapport des dates, il nous semble clair qu'ALPAÏS JEHANNE DE SEIGNELAY, mariée à ANDRÉ-ROBERT DE ST. FALE, est, non point la fille d'AVALON et de A. BLANCHE DE COURTENAY, mais leur petite-fille, et la fille de FERRY dont la femme se nomme ALIX, et le père AVALON DE SEIGNELAY.

Grâce à cette légère rectification, dates, noms et cartulaires se trouvent d'accord (1). ROBERT ANDRÉ DE ST. FALE fut donc, par ÉLISABETH, sœur de A. BLANCHE DE COURTENAY, petit neveu de PIERRE DE FRANCE qui, prenant le nom de COURTENAY *Nouveau*, le fit devenir celui de l'une des branches de la souche royale des CAPÉTIENS.

Ce SEIGNELAY, *ancien*, seigneur de race illustre, CLARISSIMO *genere editus*, (2) est celui dont la seigneurie et le nom passent plus d'un siècle après, en 1372, à l'illustre maison de SAVOISY *ancien* (3). SAVOISY fit entrer plus tard par une de ses filles, Marie, vivant encore en 1469, la seigneurie de *Coulanges* (*la Vineuse*) dans la maison de Chatellux, et celle-ci la fit passer à son tour en 1650. avec une de ses filles, Élisabeth, dans la maison de St. Phalle.

SEIGNELAY-FERRY, puis, par conséquent, les seigneurs de ST. PHALLE issus de FERRY, descendent par les femmes du célèbre GUY DU DONJON. Ce seigneur, l'un des plus illustres chevaliers de son temps, descendait des anciens COMTES DE CORBEILLE, lesquels, dit le président Hénault, comptaient parmi les plus séditieux vassaux du royaume, à une époque où ces puissants seigneurs étaient quasi-souverains dans leurs seigneuries (4). Ce GUY eût cinq fils, parmi lesquels ST. GUILLAUME, archevêque de Bourges, et BEADOIN, ayant pour femme en 1183, AMICIE DE CHATILLON, cousine germaine du roi PHILIPPE-AUGUSTE. Or la sœur de Guy du Donjon, vivant en 1148, avait épousé RENAUD DE COURTENAY, qui eût les deux filles que nous avons nommées, c'est-à-dire Elisabeth, mariée à PIERRE DE FRANCE, fils du roi LOUIS VI, et A. Blanche, la cadette, à AVALON DE SEIGNELAY, aïeul maternel des seigneurs de St. Phalle (5).

Grâce surtout à cette dernière aïeule, la maison de ST. PHALLE se trouve, comme celle de

(1) Eschalis, cart. M., p. 315 etc. *Bib. Imp.*
(2) *Gallia christiana* des Bénédictins, tom. XII, p. 300. Paris, 1770.
(3) *Père Anselme*, p. 551, vol. VIII.
(4) An 1108. *Abrégé chronol. de l'hist. de Fr.* édit. in-4°, Paris 1749.
(5) Livre de du Bouchet, *Gén. de C.*, p. 12, etc.

Seignelay *ancien*, apparentée à la MAISON IMPÉRIALE de Constantinople. De même aussi, par YOLANDE (fille de Baudoin V, comte de Flandres et de Hainaut, et marquis de Namur), seconde femme de l'empereur Beaudoin de Courtenay, St. Phalle est apparenté à la princière maison des COMTES DE FLANDRES ET DE HAINAUT. L'empereur Beaudoin, d'abord, et l'impératrice CATHERINE plus tard, traitent en effet de parent et de monseigneur, SEIGNELAY DE CUDOT, aïeul des seigneurs de St. Phalle, ainsi que Pierre de St. Phalle-Cudot affranchissant, avec leur ratification, quelques hommes de cette seigneurie.

NOTICE SUR CUDOT.

Du Bouchet, dont le chartulaire des Eschalis, conforme aux titres des seigneurs de St. Phalle, signale l'erreur authentique, lorsqu'il fait mourir sans enfants Avalon de Seignelay, dit qu'il eut pour successeur son frère Bouchard. Peut-être en effet Bouchard, par suite d'un arrangement de famille, hérita-t-il d'Avalon sa seigneurie propre de *Seignelay*, que les actes cessent effectivement de nommer en désignant Ferry, tandis qu'ils continuent d'adjoindre à son nom la seigneurie de *Cudot*. Ce qu'il y a de certain, c'est qu'en 1231, FERRY, fils d'AVALON DE SEIGNELAY, est seigneur de *Cudot*, provenant des Courtenay ; sa fille Alpaïs Jehanne, y a ses droits, elle en jouit conjointement ou en jouira, et son mari Robert-André de St. Fale ajoutera à ses titres celui de *baron de Cudot*. Cependant, et à titre d'acquisition, ou plutôt de parenté, soit avec les Seignelay, soit avec les COURTENAY, Hugues de Conflant et de Précy, maréchal de Champagne, possède en 1239 une portion de la terre de *Cudot*. Après la mort de Ferry et de sa fille Jehanne Alpaïs de Seignelay, la baronnie de *Cudot* se trouvera tout entière, avec ses prérogatives spéciales, aux mains de Robert-André de St. Phalle qui l'avait épousée. Elle y restera sans solution de continuité jusqu'à l'année actuelle 1860, avec le trésor généalogique des tombes des seigneurs de St. Phalle. Plusieurs alliances directes et indirectes se réaliseront d'ailleurs encore entre la maison de St. Phalle et la branche du sang royal de France que distingua désormais le nom de COURTENAY (1).

Au moment de rapporter les titres authentiques, transcrivons, entre plusieurs documents, une note du cabinet des manuscrits, dossier de St. Phalle (1859), contenant la légère erreur répétée dans le Nobiliaire universel de 1690, et qui fait de Jehanne la fille de Blanche de Courtenay, dont elle n'est que la petite-fille. « ROBERT DE ST. FALLE, chevalier, avait épousé JEHANNE DE SEIGNELAY, fille de FERRY DE SEIGNELAY et de BLANCHE DE COURTENAY *ancien*, ce qui est justifié par plusieurs titres qui sont conservés dans l'abbaye des Eschalis de l'ordre de Citeaux, voisin de la terre de Cudot. »

JEAN VINCENT, comte de ST. PHALLE, chevalier de St. Louis etc., affirme avoir vu « à l'abbaye des Echalis, en 1788, les titres de fondations faites par ROBERT DE ST. PHALLE et JEHANNE DE SEIGNELAY sa femme, fille de FERRY DE SEIGNELAY... (2) »

Les plus anciens et les plus précieux de ces titres étaient authentiquement constatés, ainsi que se voit entre autres dans le Nobiliaire universel du cabinet des titres en 1690. Il y est dit :

(1) V. du Bouchet, ibid, p. 230-275. Le nom d'Alpaïs est celui d'une sainte que l'on exhume actuellement à Cudot, 1860
(2) Document du chart. de Montg.

« Robert de St Falle, chevalier. — Femme, Jeanne de Seignelay-Cudot, fille de Ferry de Seignelay et de Blanche de Courtenay *ancien* (1). » Mais occupons-nous de transcrire quelques-uns des documents que nous avons cités à propos d'André Robert de St. Phalle et de Ferry de Seignelay.

Pièces a l'appui. — Accord d'Avalon, seigneur de Seignelay et de Cudot (et père de Ferry de Seignelay, dont la fille épouse Robert André de St. Phalle,) avec les moines des Eschalis.

Ego Augalo Selenii dominus, notum facio universis presentibus, pariter et futuris, fuisse aliquando contentionem inter me et monachos Escarlienses pro hominibus meis de Cudot qui, in quadam ipsorum possessione, que dicitur Guilleus, usuarii jure pascua volebant habere et monachi contradicebant. Ego quoque infestabam monachos super quadam Eleemosina quam fecerat his de nemore suo Jodvinus vicecomes Joviniaci (vicomte de Joigny) qui videlicet homines mei de Cudot, in eo usuarium habebant. Cum que super hujus modi querelam aliquandiu durasset, compromisimus in viros juris peritos amatores equitatis : de Carte-ferrandi, de Quercu Arnulfi, Stephanum de Cudot, qui predictam contentionem hoc modo pacificaverunt. 1190 — p. 315, — répété p. 315, — id., p. 303, p. 7. *Et Avalon de Seignelay, à propos de cet accord, désigne sa femme, et nomme deux de ses fils, dont il exprime le consentement.* (*Outre Blanche de Courtenay, du Bouchet ut sup. p.* 12, 13.) Dombert et Frédéric, *appelé ailleurs*, Ferry, *Fredericus ou Ferricus.*

Hoc laudavit A. ux mea, et filii mei Dombertus et Fredericus (2).

PARENTÉ PRINCIÈRE DES SEIGNEURS DE SAINT-FALE PAR LEUR DESCENDANCE DES SEIGNEURS DE SEIGNELAY.

Ratification d'affranchissement donnée par Henri, comte de Vienne et marquis de Namur, à Ferry de Cudot. Cet Henri, marquis de Namur, est fils de Pierre de Courtenay comte d'Auxerre. Sa mère est Yolande, fille de Beaudoin le Courageux, comte de Flandres et de Hainaut, et marquis de Namur. Il a pour femme sa parente, Marguerite de Courtenay. L'Art de vérifier les dates le fait mourir à la fin de 1228, tandis que l'acte que nous transcrivons, et qui est une preuve de parenté entre Ferry de Seignelay-Cudot et les Courtenay, est de 1231, année probable de sa mort. Car un autre acte ***original***, encore existant au chartrier de Montgoublin, ne laisse plus figurer en 1232 que sa femme Marguerite : (***Voir après celui ci.***)

Omnibus presentes litteras inspecturis, Henricus comes Vienn. et Marchio Namurcen. sal. in domino. Noverint universa curia quod nos, pro rimedio anime nostre terram illam et homines quos noster vir Ferricus de Cudoto, *consanguineus* uxoris mee donavit fratribus de Escharlis in Eleemosinam, sicut continetur in litteris M. predicte uxoris mee, concedimus, et eisdem fratribus confirmamus. Actum anno domini 1231 (3).

Ratification d'affranchissement donnée par Marguerite, marquise de Namur, femme du comte de Vienne Henri, lequel vient de l'appeler trois fois parente de Ferry de Seignelay Cudot en 1231. Comme son mari, elle parle en suzeraine à ce puissant seigneur, mais elle ne rappelle point sa qualité de parente dans cet acte de 1232.

Omnibus presentes litteras inspecturis, *Margareta Marchionissa Namurcensis et Comitessa Vienne* salutem in domino. Notum sit omnibus quod cum vir nobilis *Ferricus*, miles, dominus *Cudoti*, haberet tam apud *Cudo-*

(1) Nobil. universel de France, de 1690, par les Feuillants. — T. XV, p. 60, etc. Cab. des titres. *Bib. Imp.* Paris 1859.
(2) Ib. Extrait du chartulaire et titres de l'abbaye des Escharlis, vol. manusc. *Bibliot. Imp.* Mars 1860
(3) P. 417 ib. et, derrière, scellé en cire, sur las de parchemin. Id. double, scellé à Vienne, p. 315, — ibid. Id. triple, p. 26. ib. Abb. des Esch. Chartulaire, vol. manusc. *Bib. Imp.* 1860.

tv.. quam apud *sorberium*, homines de capite et corpore ob remedium anime sue et antecessorum suorum, in [illegible] presentia constitutus eos manumisit et ab omni servilitate liberavit; ita quod deinceps se et heredes suos poterunt transferre et maritare ubicumque voluerint, sed in territorio de *Prissiaco* residentiam non possunt recipere hoc etiam adjecit predictus *Ferricus* quod similiter homines suos de *Severioso* manumisit, sub hac tamen conditione quod possunt se transferre et maritare se et heredes suos, ubicumque voluerint; ita tamen quod unus ipsorum vel heredum suorum, vel aliquis loco ipsorum remaneat in masura sua; quisquis vero remanserit homo erit dicti *Ferrici* sicuti erat ante dictam manumissionem. Voluit etiam idem *Ferricus* quod homines de *Severioso* non poterunt alienare masuras suas de *Severioso* per venditionem vel locationem, sed remanebunt integre solis illis hominibus qui remanebunt apud Severiosum. Istam vero quitationem et eleemosinam ad petitionem dicti *Ferrici* laudavi et concessi. Quod ut ratum et firmum permaneat, presentes litteras sigilli mei *munimine* roboravi. Actum anno domini millesimo ducentesimo tricesimo secundo, in vigilia beati Thomæ apostoli. (1)

Actes prouvant qu'avant que *la baronnie de Cudot* fût intégralement dévolue au seigneur de St. Fal, une partie *de la terre* appartenait à d'autres seigneurs, et entre autres à Hugues de Conflans Précy, maréchal de Champagne. C'était à titre de partage et probablement de parenté.

Ego G^llus, comes Jovigniaci, notum facio quod in nostra presentia nobilis vir Manasserus, miles, dominus Pressiaci, et Avellina uxor ejus, recognoverunt se vendidisse fratribus Escarl. pro. 300, tur. omnes terras suas inter magnam forestam Escarl. et haias de Cudoto. — Ego, et N. uxor mea Elisabeth, concessimus et laudamus. Anno domini 1231 — p. 365 ibid.

Ego Hugo, miles, dominus de Conflans de Prissiaco (*plus bas est écrit* Marescalcus Campanie) et Elipsandis uxor mea notum facimus quod pro salute et rimedio animarum, omnes possessiones et concessiones factas predecessoribus nostris... alia que omnia que dicti religiosi possident et acquisierunt in terra nostra de Prissiaco et de Cudoto... confirmamus. Anno domini 1280 ou 1230. (p. 305 ib. scellé du sceau.)

Ego Mattheus, miles, dominus Prissiaci, *notum* facio quod ego, pro rimedio anime mee... concessi eleemosinam quod defunctus Manasserus, pater meus, legavit fratribus Escarl. videl. unum modium avene sing. annis in suo servagio de Cudot. Ann. domini 1248. — (*p.* 365 *ib. chartul. id.*) .

PARENTÉ IMPÉRIALE ET PRINCIÈRE DES SEIGNEURS DE SAINT-FALE PAR LEUR DESCENDANCE DE SEIGNELAY ET DE SA FEMME DE COURTENAY.

Ratification d'affranchissement donnée par Beaudoin, Empereur de Constantinople, et dans laquelle il se dit parent de Ferry de Seignelay-Cudot, aïeul maternel des seigneurs de St. Phalle-Cudot.

Cet empereur est Beaudoin II, ayant pour père l'Empereur Pierre de Courtenay, et pour mère Yolande, fille de Beaudoin-le-Courageux, Comte de Flandres et de Hainaut, et marquis de Namur. Sa femme est Marie, fille de Jean de Brienne, roi de Jérusalem, et belle-sœur de l'empereur d'Allemagne Frédéric II.

Nos Balduinus, dei gratia fidelissimus in Xsto, Imperator, a Deo coronatus Romanie moderator et semper Augustus, notum facimus universis presentes litteras inspecturis quod nos Eleem, quam Ferricus, miles, de Cudoto, *consanguineus* noster dedit et concessit, pro rimedio anime uxoris sue defuncte, abbati et conv. Escharlyarum, quatuor homines de Curtiniaco videlicet Walterum Rufum, Doeth Rufum, Archambaudum Piscem et Walterum Porce, cum omnibus masuris tenementis et heredibus suis. Ita tamen quod idem Ferricus magnam

(1) Parchemin original, chart. de Montg. 1860.

JUSTITIAM HABEAT in eadem terra cum predicti homines de feodo nostro sint — pro rimedio anime nostre et predecessorum nostrorum ratam habemus et autoritate presentium confirmamus. In cujus memoriam presentes litteras sigilli nostri munimine fecimus roborari. Datum Autissiodor. 3° Kalend, Julii, anno domini 1247. Imperii nostri anno 8.

Scellé en cire rouge, sur lac de cuir, sceau représentant l'empereur Beaudoin, couronné, assis sur son trône, tenant d'une main la croix, de l'autre le globe terrestre surmonté d'une croix (1).

LES SAINT-FALE ET LES SEIGNELAY. — DONATIONS.

Dans un autre acte des plus importants, figurent le même FERRY DE SEIGNELAY, seigneur de *Cudot*, sa femme ALIX, leur fille ALPAÏS JEHANNE, et leur gendre ANDRÉ-ROBERT DE ST. FALE, qui se réunissent en famille pour faire une donation à l'abbaye de Moutier-la-Celle;

« ANDRÉ, chevalier, SIRE DE ST. FALE, (*de sancto fidolo*,) et DAME ALPAÏS, sa femme; FERRY, chevalier, SIRE DE CUDO, et DAME ALIX, sa femme, donnent certaines familles d'hommes à l'abbaye de Moutier-la-Celle, an 1228 (2). »

La même année, « THIBAULT, comte de Champagne et de Brie, atteste que son amé et féal ANDRÉ DE ST. FALE, a donné des hommes à l'abbaye de Moutier-la-Celle, au mois de juin 1228 (3). »

Un peu plus tard, « ANDRÉ, seigneur DE ST. FALE, accorde aux religieuses de Moutier-la-Celle, le droit de pâturage pour leurs bêtes de Javernant, audit lieu DE SAINT FALE, (*de sancto fidolo*.) et en la justice de Messire HENRY DE PRUNAIO, chevalier, et sa femme, qui devait luy écheoir, et ratifie la donation d'un homme à Crésentine par Messire GAUTHIER, dit MONACHUS, chevalier, au mois de février 1234 (4). »

CROISADES. — VERSAILLES.

ROBERT-ANDRÉ DE ST. FALE, est du nombre des seigneurs et chevaliers de ce nom qui se croisèrent, mais il est, jusqu'ici, le seul d'entre eux dont un titre *original*, existant en 1860 au chartrier de Mongoublin, constate authentiquement la part qu'il prit aux croisades. Un second acte d'affranchissement des habitants de Cudot, qui avaient spontanément racheté leur seigneur PIERRE DE ST. PHALLE, d'entre les mains des infidèles, témoigna depuis de la qualité de croisé de cet autre baron de ST. FALE.

ANDRÉ DE ST. FALE avait donc suivi en terre sainte, l'an 1239, THIBAULT, comte de Champagne et de Brie, roi de Navare, et son suzerain. Les finances dont il s'était muni s'y étaient complètement épuisées, ainsi que le fait voir un acte d'emprunt de cent livres tournois contracté pour payer son retour de cette cinquième croisade. Le comte Roi s'est porté son garant. Sur la présentation de ce titre original, daté de St. Jean d'Acre, mars 1240, les armes et le nom de cet AN-

(1) *Chartulaire des Esch.* p. 413.— *Manusc. Bib. Imp.*, Mars, 1860. « Même acte où cet empereur appelle Ferry de Cudot son parent, p. 2, *Ibid.*

(2) *Petit cartulaire de l'abbaye de M.-la-Celle, fol. 40. — Très. généal. Dom. Vil. v. lett. sai. Bib. Imp. cab. des titres. Avril* 1860. — *Répété pour André de St. Fale et dame Alpaïs sa femme en 1228. — Fol. 42, ibid.*

(3) *Ibid. Petit cartul.* fol. 5. *Dom. v. r.*

(4) *Grand cart.* de l'Abb. de Moutier-la-Celle, fol. 282. — *Ibid.* — *Bib. Imp. cab. des titres.* Av. 1860, *Dom. v. r.*

DRÉ DE ST-PHALE, ont été placés dans la galerie des croisades, au musée de Versailles; 2e salle, n° 69 — d'or, à la croix ancrée de sinople.

Voici la copie de ce titre :

De mandato illustris viri Theobaldi, Dei gratia regis Navarræ, Campaniæ et Briæ, comitis palatini, notum sit vobis, Luchino de Suzarro, Lazarro de Vinelli, et cuicumque de societate vestra, quod si mutus tradidistis centum libras turonenses, Guidoni de Bornay, *Andree de Sancto Fidelo* et Henrico, de Pareto militibus, et ipsi milites litteras suas patentes obligationis vobis dederint, sigillis eorumdem vel unius saltem sigillatas, specialiter quę clausulam totius ipsorum terræ in manu dicti domini regis et comitis positæ continentes idem dominus rex et comes prefatas centum libras sic mutuatas in communibus litteris suis garrandiæ vobis infrà mensem tradendis comprehendi faciet, et predictum mutuum quod vos garrantizabit tali modo quod si supranotatos milites in solutione dicte pecunie terminis per eos prefixis deficere contingeret, eamdem pecuniam præfatus dominus rex et comes vobis, uni vestrum vel certo nuntio vestro litteras dictorum militum, ut superius dictum est, redactas deferentibus infra quindenam postquam super his requisitus fuerit, complebit.

Et ego, Guillelmus Fabri cappellanus, ad mandatum reverendissimi domini mei Theobaldi regis Navarræ, illustris Campaniæ ac Briæ comitis palatini, in testimonium hanc cartam signo meo consueto gravavi, apud Acon, anno domini millesimo ducentisimo quadragesimo, mense marcio.

A la suite de l'écriture ci-dessus se trouve le signe suivant qui était le sceau du chapelain Guillaume Fabre :

En marge on y voit les signes suivants :

Enfin au dos on lit : *Suzarro de Vinelli.*

Derrière ce titre est collé un papier sur lequel on lit : Vu par M. Lacabanne, actuellement chef du cabinet des titres à la biblioth. impériale, — alors royale.

On ignore l'époque et le lieu de la mort d'ANDRÉ ROBERT DE ST. FALE, mais on présume que ce fût en Terre-Sainte, où il serait retourné après s'être recruté de compagnons et d'argent. Sinon, il serait le St. Fale André, mort en 1302 doyen de Troyes, ce qui lui donnerait l'âge de 132 ans au moins. *Œtate gravis interiit*, dit en effet le Gallia Christiana (t. XII, p. 526). L'improbabilité de cet âge nous fait appliquer ce dernier passage, et les pièces qui concernent ce dignitaire, à *Guy*, *Guyot* ou GUILLAUME ANDRÉ, désigné ailleurs sous ce dernier nom comme doyen du chapitre de Troyes, et qui mourut sous un assez beau fardeau d'années.

ANDRÉ-ROBERT DE ST. FALE laisse un fils qui est :

IV JOBERT (ANDRÉ) DE ST. FALE, chevalier, seigneur de St. Fale. Un acte authentique de 1243 nomme ce seigneur, et énonce la vente de cent vingt arpents, faisant partie de son bois, situé dans la forêt de Fouchères. L'acquéreur est THIBAULT, comte palatin de Champagne et de Brie, et roi de Navarre. La vente est ratifiée par sa femme, personnage qui ne nous est indiqué que par son nom de baptême Mathilde, usage alors trop commun. Ces cent vingt arpents se trouvent dans la gruerie du dit comte et roy qui, d'après le père Alixant, est à plusieurs reprises le proche allié de sang des St. Fale. C'est l'*évêque de Troyes* qui remplit les fonctions de notaire entre ce seigneur, la dame de St. Fale, et leur suzerain. Cette pièce n'est pas assez longue pour que nous hésitions à la transcrire :

VENTE PAR JOBERT DE ST. FALE A THIBAULT, COMTE DE CHAMPAGNE ET ROI DE NAVARRE. — « Lettres de l'EVESQUE de Troyes, du mois de juillet douze cent quarante-trois, touchant la vente « faite par JOBERT DE ST. FAL, à THIBAULT, roi de Navarre, de cent vingt arpents de bois dans « le forest de Fouchères, fol. 11e, E. »

« Idem quod dominus Joïbertus de Sancto Fidolo, Miles, vendidit regi centum et vigenti arpenta nemoris sui, in nemore de Foucheriis. (1) »

« Omnibus presentes litteras inspecturis N. domini miseratione Tresensis ecclesiœ minister humilis salutem » in domino. Noverint universi quod in nostra presentia constitutus dominus Joibertus de Sancto Fidolo recognovit se vendidisse in perpetuum illustri viro Th. Dei gratia Regi Navarre et comiti campanie et Brie palatino » centum et viginti arpenta nemoris sui, siti in nemore de Fouchières, quæ erant de Grueria dicti Regis, videlicet quod libet arpentum precio duodecim solidorum ita quod si quid defuerit de dictis centum et viginti » arpentis, vel aliquid plus fuerit, secundum quod plus vel minus fuerit eidem Joiberto duodecim solidi pro » arpento persolueritur. Hanc autem venditionem voluit et approbavit Mathildis, uxor dicti Joiberti, coram » nobis, et promisit fide media quod contra dictam venditionem per se vel per alium non veniet in futurum. » In cujus rei testimonium presentes litteras fecimus ad petitionem dictorum Joiberti et uxoris ejus sigilli » nostri munimine roborari—Datum anno domini millesimo ducentesimo quadragesimo tertio mense Julii (2). »

JOBERT (ANDRÉ), de St. Fale, laisse deux fils, que quelques généalogistes attribuent à son père, oubliant de le nommer : 1° V. PIERRE DE ST. FALE, dont il sera parlé plus loin.

2° V. GUILLAUME (*Guy, Guyot*), ANDRÉ DE ST. FALE. Ce chevalier est l'un des six barons dont s'entoure en 1280, à titre de témoins laïcs, l'EVÊQUE D'AUXERRE, pour recevoir le serment de foi et hommage de JEHAN DE CHALONS, comte d'Auxerre. Voici le texte où il est nommé :

JEAN DE CHALONS FAIT A L'ÉVÊQUE D'AUXERRE LE DÉNOMBREMENT DU COMTÉ D'AUXERRE. — « A tous ceux qui ces présentes lettres verront, nous JEAN, abbé de *St. Satyre* du diocèse de Bour-

(1) Fouchières s'appelait aussi *Falcariæ* ou *Fulcheriæ*, il est à 5 lieues de Troyes sur la Seine ; il y avait autrefois un monastère. Arnaud, Voy. archéol. 1837, — Troyes, — p. 21.

(2) *Archives de l'Empire*, hôtel Soubise, mai 1859. — Cartulaire de Champagne, Liber ecclesiast. 1re partie, K, K, — 1065. Table, verso de la page 34.

Le comte *Jean Vincent de St. Phalle*, affirmant sur l'honneur ce qu'il rapporte, nous dit :

« A la bibliothèque du Roy, rue Colbert, j'ai vû, accompagné de *Charles-Maximilien de St. Phalle*, abbé et doyen de Vezelay, entre les mains de M. de la Cour, en 1778, deux titres en latin du XIIe siècle, qui concernaient *des échanges* entre *deux St. Phalle*, où ils étaient qualifiés de Miles, » c'est-à-dire de chevaliers. Presque tous, en effet, sont revêtus de cette dignité si éminente alors ; et nous les voyons lever bannière. Mais tenons nous en aux pièces actuellement existentes.

ges, de l'ordre de saint Augustin; Jean, abbé de *St. Pierre d'Auxerre*, du même ordre; Jean de St. Marianus d'Auxerre, de l'ordre des frères enseignants; Etienne, abbé de Reigny, de l'ordre de Citeaux; frère GUILLAUME DE GUERCHI, prieur des frères prêcheurs; frère JEAN *de St. Gervais*, gardien des frères mineurs, salut dans le Seigneur; faisons savoir à tous présents et à venir, que l'année du Seigneur 1280, le jeudi après la fête du bienheureux Grégoire, pape, étant présents dans la cour de très-haut et très-révérend père Guillaume, par la grâce de Dieu, évêque d'Auxerre, en pays Auxerrois, nous avons vu et entendu, noble homme, Jean dit de Châlons, comte d'Auxerre, faire au dit évêque dénombrement, foi et hommage du dit comté d'Auxerre et de ses dépendances, de la même façon et dans la même forme que l'hommage qu'il avait fait à messire ERARD, d'heureuse mémoire, prédécesseur dudit EVÊQUE. Cela fait le seigneur EVÊQUE investit LE COMTE du droit féodal. — Ensuite, LEDIT COMTE D'AUXERRE fit audit EVÊQUE foi et hommage du champ de Colenges-sur-Yonne, et de toutes ses dépendances; cela fait, ledit évêque investit le comte du droit féodal — Tout cela terminé, LE COMTE prêta serment audit EVÊQUE, sur les saints évangiles, qu'il défendrait ledit EVÊQUE comme son seigneur, et soutiendrait par ses hommes les droits de l'église d'Auxerre. Tout cela s'est passé devant nous, qui l'avons vu et entendu, et en présence de nobles hommes Hugon, seigneur de S. Verano, GUILLAUME DE ST. FALE; Guillaume de St. Ferréole, Etienne de Neufchâteau, Ymbaud de Comgniac, Milon d'Auxerre, chevaliers; et en présence de vénérables hommes Guillaume, archidiacre d'Auxerre, Etienne, chantre de la même église, et de maîtres Guillaume de Noé, Jacob de St. Germain, Hugon de Ormento, Hugon de St. Jagulfe, Vincent de Mera, Anceau de Mailly, chanoines d'Auxerre, et devant plusieurs séculiers et tonsurés, spécialement convoqués pour cela. — En foi de quoi *et cetera*,.... donné l'an et le jour rapportés plus haut » (1).

GUILLAUME (ou *Guy*), ANDRÉ DE ST. FALE, chevalier, seigneur de Cressantines, le Perchoy, etc., etc. fut aussi seigneur de St. Fale qu'il eut en partage. « Il épousa damoiselle ISABIAU DE SAILLY, fille de Jehan de Sailly, branche de la maison DE JOINVILLE, chevalier, seigneur dudit lieu, et de Pichancourt, en la paroisse de Ponthion, prévosté de Vitry et de Biaune-en-Brie, comme appert par titres du mardi devant les brandons 1294, et par aultre du jour de l'Assomption, 1296 (2). »

Me. E. du Deffand appelle Isabelle dame de Pésiancourt, et la dit issue d'une illustre maison de Picardie, qui subsistait de son temps en la personne du marquis de Sailly, lieutenant général des armées du roy.

Decamps, abbé de Sigy, dans son célèbre Nobiliaire historique, dit de l'illustre maison de SAILLY de Picardie : « SAILLY en Picardie. DREUX DE SAILLY (*de Sailliaco*). Sur sa déclaration, PHILIPPE-AUGUSTE confirme les biens de l'Abbaye du Mont Saint-Quentin, — an 1219 (3). Cette maison est-elle le rameau de *Joinville*, d'où il est dit que sort *Isabiau*, femme de GUILLAUME DE ST. FALE? »

En tous cas, ISABELLE DE SAILLY, dans le Nobiliaire universel de 1690 (4), est dite « fille de dame

(1) *Gallia christiana*, tom. XII, p. 179-180. Documents. — On y lira le texte latin.

(2) Titres des seigneurs de Vaudrey, autographe de de Serre, déjà cité, annoté, *Bibl. Imp.*, manus., 1860. — Id. *Généal.* Cherin, Chart de Montg. — Id. *Nobil. univ. de Fr.* de 1690. — T. XV, à St. Ph. *Bib. Imp.* M. — Id. pap. d'Hozier. *Bib. Imp.* Man. 1860.

(3) V. IX, p. 170, vers, manus. *Bib. Imp.* Armes diversement décrites.

(4) T. XV, p. 60-61.

de Pichancourt, » que presque tous les documents généalogiques placent en Picardie. SAILLY JOINVILLE peut très-bien différer de *Sailly* de Picardie, et posséder seigneurialement en ce pays. Observons, en outre, que les armoiries de la maison de JOINVILLE sont unies à celles de ST. FALE *et de leurs alliances*, sur les vitraux de Notre-Dame-aux-Nonnains de Troyes, vers 1350 (1).

ANDRÉ, *Guy* ou *Guillaume* de ST. FALE, « noble seigneur de la place et château de ST. FALE, fut élu doyen de Troyes en 1299, étant tout chargé d'ans; il mourut presque nonagénaire en 1302 (2). » C'était, ainsi que l'énonce le texte latin, la première dignité du chapitre.

Les personnages qui occupèrent ce poste furent Réginald de Montlheri, Guillaume de Champagne, Milon de St. Albin, Ranulfe de Rumiliac, Denys de Champguyon; puis de 1312 à 1334, Henri de la Noë, Pierre IV de Molay, Jehan II de la Ferté, etc., etc. (3).

D'après le P. Alixand, GUILLAUME ANDRÉ aurait commandé les armées des comtes de Champagne, rois de Navarre, Thibault V et Henri III. Il se serait signalé au service de celui-ci, et surtout sous les murs de Pampelune en 1274. Il avait vu d'assez près la gloire pour s'en être désabusé. Un titre de l'abbaye de Notre-Dame-aux-Nonnains contient une mention « d'anniversaire pour le seigneur ANDRÉ, ancien seigneur de ST. FALE et doyen du chapitre de Troyes, pour qui 50 livres furent reçues, devant être converties en rentes » (4).

Avant la mort de son mari, ISABIAU DE SAILLY JOINVILLE dame DE ST. FALE, devint abbesse de Notre-Dame-aux-Nonnains de Troyes. C'était la plus illustre abbaye de femmes du royaume de France, et qui se recrutait dans la plus haute et seigneuriale noblesse. Les grandes dames qui s'y retiraient, partageaient avec les *comtes de Champagne* LES DROITS SOUVERAINS sur une partie de la ville de Troyes, dont elles étaient considérées comme *Dames patronnesses*, et dont elles primaient scandaleusement l'évêque. Il y a toute une dynastie de *St. Fale* parmi ses abbesses et ses dignitaires, de 1290 à 1409, etc. etc.; ce qui établit, de soi, quelle avait été, antérieurement à ces temps antiques, l'illustration de la maison de ST. PHALLE, si hautement rappellée p. 60 du Nobiliaire universel de France, de 1690. T. XV (5).

De cette alliance sortirent : VI. ESTIENNE, DE ST. FALE, chevalier, qui suit. VI. GEOFFROY DE ST. FALE. VI. PIERRE DE ST. FALE, que l'on dit avoir été abbé de Molesme. VI JEHAN DE ST. FALE, qui suivra. VI Guy de St. Phale, chevalier, mort sans postérité. VI ISABIAU DE ST. FALE, abbesse de N.-Dame-aux-Nonnains de Troyes, morte en 1314 (6). VI. MARGUERITE DE ST. FALE, religieuse à N.-Dame-aux-Nonnains de Troyes, où elle meurt en décembre 1319. VI PERONNELLE DE ST. FALE, aumônière de l'abbaye de N.-Dame-aux-Nonnains de Troyes (7).

(1) Copie et explication en existent à la *Bibl. Imp.* M. 1859, dossier St. Phalle, voir plus bas.

(2) *Andreas de St-Fale nobilis toparcha oppiduli de s. fidolo juxta Trecas 1299. — In capitulo trecensi primas etc. Gallia christ.* T. XII, p. 520-523. Voir la remarque à la fin d'André-Robert de St. Fale, ci-dessus.

(3) *Ib. Gall. chr.* T. XII, p. 524-526.

(4) Anniversarium domini Adree, quondam domini de s. fidolo, et decani Trecensis, fratris nostri pro quo habuimus 50 libras ad emendum redditus. — Notre-Dame-aux-Nonnains, *collect. Du Chesne*, vol. 20-21, p. 280. Sous Guichard, 64e évêque de Troyes, intronisé en 1298, *Gall. Chr.*, XII, 509.

(5) Manusc. *Bibl. Impér.* — Voir pour ce qui précède : *Gallia Christiana*, t. XII, p. 567-550. — Archives de l'Aube; Vallet de Viriville, prof. à l'école des Chartes, p. 355, 259, 267, 289, 293, 294, 404, etc., etc.

(6) *Gallia Christ.* t. XII, 567.

(7) Voir à l'appui, *Arch. de l'Aube*, V. de V. p. 356.

VI. MARIE DE ST. FALE. Elle épouse Anceau de Héez, chevalier. Leur fils, Anceau de Héez, épousa Nicole de Linière. La Thaumassière, Histoire du Berry, p. 659, 661, signale des seigneurs de ce nom en Berry, dès le commencement du xe siècle. Plusieurs furent grands officiers de la couronne. NICOLE DE LINIÈRE, et ANCEAU DE HÉEZ, eurent deux fils ; GUY; et JEAN, marié à NICOLE DE BOUT. Point de postérité.

VI. ESTIENNE DE ST FALE, chevalier, baron, seigneur de ST. FALE, de Pichencourt, de Biaune en Brie, etc., etc., épouse GUILLEMETTE DE ROYE, DE RAIS, DE RAY ou de Rey. L'orthographe du nom varie, mais non les armes, qui sont : de gueules, à l'escarboucle d'or, pommettée et fleurettée de même... De ce appert par un titre d'août 1319, etc., etc... mais, mieux encore par sa tombe, que le *Gallia Christiana* mentionne en nommant Marie, leur fille, dame abbesse de la célèbre abbaye de N.-Dame-aux-Nonnains de Troyes :

« MARIE DE ST. FAL, fille d'Etienne de St. Fal, chevalier, mort le 20 janvier 1348, et enseveli dans le couvent de N.-Dame, avec sa femme Guillemette de Rey » (1). Celle-ci était petite-nièce ou proche parente d'ELISABETH, sœur de JEAN DE RAY marié à YOLAND DE CHOISEUL, et, en 1248, femme de HENRY DE VERGY, sénéchal de Bourgogne.

« ESTIENNE DE ST. FAL, chevalier, seigneur du dit lieu, — dit l'autographe généalogique de *de Serre*, — épousa GUILLEMETTE DE RAY (2). » Et nous trouvons, à côté de cette généalogie de *de Serre*, une pièce sur laquelle figurent huit écussons accompagnés de cette note : « ces écussons sont représentés en une vitre qui est en l'église des religieuses de Troyes, sur la porte par laquelle on entre dans le cloître, laquelle vitre semble avoir été mise environ l'an 1350. Il est vraisemblable que ce sont les alliances d'Estienne, sire de St. Fale, décédé en l'an 1342, qui a sa sépulture au milieu du chœur, et pareillement Guillemine de Ray, sa femme » (3).

Mais quelle est cette maison DE RAY? Elle est « issue de la maison DE LOGES et de la maison DE BOURBON, — vérifié par trois titres des mois d'août 1319, av. 1340 et fév. 1365 » (4).

ALLIANCE ET RAPPROCHEMENTS ENTRE LA MAISON DE ST. PHALLE ET LA MAISON PRINCIÈRE DE BOURGOGNE-VERGY.

Jugeons d'ailleurs, et fort à propos, la maison DE RAY, par une série de ses alliances avec la maison princière DE VERGY, dont nous allons rapporter un titre relatif à l'histoire d'Estienne de St. Fale.

1° HUGUES DE VERGY, dont le père s'est marié en 1279, épouse ALIX DE RAY (5).

2° CATHERINE, fille de PIERRE DE VERGY, épouse par dispenses, son proche parent, GUILLAUME DE RAY. (*P. 282, ibid*).

(1) T. XII, p. 567

(2) Id. Cherin — id. du Deffand — id. le *Nobil. univ.* de 1690, t. XV, p. 60, etc. etc.

(3) Cotée 593, et St. Phalle 148, timbre d'Hozier. *Bibl. Imp.*, manusc. 1860.

(4) Cab. des titres, timbre d'Hozier. n° 589, pap. S. Phalle et de Vaudrey. — Confirmation sur des Loges et Bourbon, autog. de de Serre, cité plus haut. — *Ibid. Impér.*, manusc. 1860.

(5) L. IX, p. 381, *Histoire généal. de la maison de Vergy*, justifiée par chartres, tiltres, etc., par Du Chesne, l'illustre généalogiste. — Paris, 1625, in-f°.

3° LOUYSE DE VERGY, épouse JEAN DE RAY, (*P.* 259, *ibid*).

4° FRANÇOIS DE VERGY, épouse RÉNÉE DE RAY, dame DE VAUDREY, fille de CLAUDE DE RAY, et D'ANNE DE VAUDRAY, (*P.* 347, *ibid*).

Quant à la maison de VERGY, sur laquelle nous devons jeter un de ces coups d'œil que réclame la maison d'un voisin, elle nomme pour auteur MANASSÈS, seigneur de VERGY, puissant COMTE DE BOURGOGNE, descendu de GUÉRIN, ou d'AVARIN, COMTE DE MACON ET DE CHALON, l'un des hommes les plus célèbres de toute la France, et qui, par ses services et ses vertus, mérita d'être élevé aux plus hautes dignités sous LOUIS-LE-DÉBONNAIRE. (814, *ibid*, *p.* 20-23).

Le célèbre *André du Chesne* nous vante « les hautes et puissantes alliances qui reluisent en cette maison DE VERGY. Car elle s'est alliée en divers temps aux empires d'Allemagne et de Constantinople, et aux couronnes de France, de Provence et d'Italie. Les maisons de Bourgogne, de Lorraine, de Flandres, de Nevers, de Dammartin, de Gruières, de Monbelliard, de Joinville, et quantité d'autres, très-anciennes et illustres, lui ont donné des femmes. Elle en a fourni à celles de Vermandois, de Champagne, de Vaudecourt, de Genève, de St. Paul, de Poitiers, de Fribourg, et à diverses autres très-nobles et très-relevées. Mesme que deux ducs de Bourgogne lui ont fait l'honneur, l'un de rechercher son alliance pour un prince de la maison de Bourbon son neveu, et l'autre d'épouser une de ses filles, étant vray que, par la félicité de telles nopces, plusieurs empereurs, roys, ducs et autres princes souverains sont descendus de son sang. » « Quelle prérogative lui est-ce d'avoir, en sa lignée masculine un prince qui a possédé la duché de Bourgogne, et l'a transmise par mariage en la maison royale de France (1) ! »

Or, les seigneurs de ST. FALE touchent de bien près à cette princière maison de Bourgogne-Vergy. Car, celle-ci est non-seulement alliée aux DE RAY, aux DE VIRY, aux DES BARRES, etc, etc., étroites alliances qui sont communes à la maison de ST. FALE; mais, encore, elle est également unie par le sang à la maison de Vaudrey, (*voir ci-dessus*) dont un membre tient d'Isabelle de St. Fale, le château, les armes et le nom, c'est-à dire pendant un temps, les droits d'aînesse de la maison de ST. FALE. D'où ce mot, que le *Gallia Christiana* applique à GUILLAUME DE VAUDREY : il était issu de la noble lignée des seigneurs de ST. FALE (2).

LIGUE DES BARONS. — LIBERTÉS DÉFENDUES.

L'histoire de la maison de BOURGOGNE-VERGY, contient un titre important et curieux dans lequel figure ce même ÉTIENNE DE ST. FALE. C'est la ligue des Seigneurs de Bourgogne et de Champagne contre le roi Philippe-le-Bel.

En effet, « il survint des troubles entre le roi et les nobles de son royaume. Car sa majesté voulant lever quelques aides et subventions sur les nobles (1312), ceux de Bourgogne, de Forêts et de Champagne se liguèrent avec serment de s'entrayder et secourir les uns les autres, pour

(1) Épît. sans pagination en tête du vol. ibid., *Hist. Généal.*
(2) T. XII. p. 259.

résister à telles nouveautés. Ce que l'on apprend de divers actes de leurs confédérations et alliances sur ce sujet, au mois de novembre 1314, où notre HENRY DE VERGY, sénéchal de Bourgogne, apposa son scel entre les seigneurs Bourguignons dont les principaux furent : Jehan de Châlons, comte d'Auxerre, Girard sire de Châtillon, Hugues, sire de Montperroux, Eudes, sire de Montagu, Robert, sire de Rochefort, Eudes, sire de Grancey, Jehan, sire de Choiseul, Guillaume, sire de Verdun, etc., etc. » (P. 160-169).

On a abbreviat un peu le nom des gentilshommes Bourguignons, qui sont plus en crédit aujourd'hui que les gentilshommes de Champagne. Cela vient, sans doute, du haut crédit des maisons de Bourgogne ancien, et dont la postérité se ressent aujourd'hi. (*Livre des preuves*, p. 231).

A la suite du comte d'Auxerre et des nobles, s'expriment les abbés et les communes, soutenus par l'aristocratie : « Nous Iehans, Cuens (comte) d'Auxerre, Girars de Chastillon, chevaliers, pour nous et tous les nobles dou Duchame de Bourgogne et pour tous les adjoints et alliés à nous. Et nous li Abbés, et li Couenz de Poutières, li Abbés et li Couvenz de Chastoillon, (*p.* 233) et nous tous, li communs d'Ostun, de Châlon, de Beaune, de Dyjon, de Chastoillon sur Seyne, pour nous et pour toutes les villes granz et petites adjointes et alliées à nous. Façons savoir à tous que, en ce, li roys voulait lever de nous et de nos hommes, en cette année présente courant 1314, et en toutes autres choses desraisonnables, que lidiz roys, ou autres, nous voudra faire, ou ha jà fait, nous avons juré et promis tuit ensemble, li un ès autres, que nous nous en deffendrons et aiderons à deffendre et à secourre li un les autres ensamble et chacuns par soy, quand point sera, chacun selunc son pouvoir leautment, de rechef, nous avons ordené tuit ensemble !... » p. 234 *ib.*

Même langage étoit tenu par les seigneurs de Champagne, parmi lesquels nous voyons figurer ESTÈNE SIRE DE ST. FALE. « A tous ceux qui verront et orront ces présentes lettres, Jehanz sire de Chatel-Vilain (*plus tard duché*), Jehanz, sire de Joinville, sénéchau de Champagne, Jehans Cuens de Joogny (*comte de Joigny*), Guillaume de Dampierre, sire de Saint-Dizier, Philippe, sire de Planxi, Hugues, sire de Conflans, Jehanz de Guines, Viscuens de Meax et sires des Fertez (*vicomte de Meaux*), Jehan, sire de Juilly, Ogier, sire d'Anglure, Henri de Clacy, sires de Vitry-la-Ville, Beauduyn de Cherboigne, sires d'Autry, Jehan de Saint-Dizier, sires de Veignoury (Vignoury). ESTÈNE, SIRES DE ST. FALE, Isabeaus de Mont St. Juham, etc., etc. :

Fesons savoir que nous, pour nous, et pour le *commun de Champaigne*, et pour tous nos aliez et adjoins, avons juré et promis par nos serments que, en la subvention que le Roy de France voulait, ou veut avoir des nobles de Bourgoigne, ou de leurs adjoins et sougiez de quelque estat qu'ils soient, en ceste présente année courant par l'an 1314, en toutes autres nouvelletés semblables à ceste, ou autres non dehues, que li Roys de France, ou autre, leur fait ou vourroit faire en temps présant et avenir. Nous, pour nous, et pour lou commun dessus dit, par nos serments si comme dessus est dit leur devons et secourons au nostre, et IL nous aussi, en tout semblable cas, et en ceste propre manière. Et ceste aide et cis secours sera fait léaument par nos serements de Nous ou d'autres de nostre commun, en la manière que li gouverneur de nostre commun regarderont qu'il doie estre fais. Et leur avons ancor promis pour nous et nostre commun par nos serements, et IL a Nous, en ceste manière que nous, ou aucun de nous, ne se déjoindra de ceste ordonnance, ne n'en sera fait accort sanz l'assentement des autres. Ces choses ci-dessus dites, avons-nous promises et jurées à tenir si comme dessus est dit aus nobles cy dessous nommez, pour auz et pour tous leurs adjoints... »

« Et est assavoir qu'en ceste chose fesant, nous avons retenu, voulu et voulons que tuit li bon droit, les bones coutumes dou Roy de France dessus dit, et de nos seigneurs et de nous, et les bones coutumes tant pour aus comme pour nous, soient sauvées et gardées, en témoing de laquelle chose Nous, li noble de Champagne dessus dis, pour nous et pour nos adjoins, avons séelées ces présentes lettres de nos seaux. Données l'an de grâce mil C. C. C. et quatorze (1314), au mois de novembre (1). »

Une pièce très-brève rappelle ce document historique. « ETIENNE, SIRE DE ST. FAILLE et plusieurs autres seigneurs de Champagne s'unirent aux Bourguignons, par traité du 24 novembre 1314, contre les entreprises vexatoires du roy Philippe-le-Bel (2). »

Nous n'avons sur—VI. Geoffroy de St. Fale que ce mot, inscrit dans les trésors généalogiques de Dom Ville-Vieille, lettres *sai* : « Geoffroy de St. Phale, chevalier, fut présent au jugement rendu en 1314, par le bailly de Chaumont, en faveur du seigneur de Choiseul, pour la garde de l'Abb. de Morimont (3). »

ETIENNE DE ST. FALE et GUILLEMETTE DE RAY laissèrent cinq enfants :

VII. ANDRIEU, qui suit. VII. SYMON, qui suivra. VII. AGNETTE, morte sans enfants, avant 1370. VII. MARIE-MARGUERITE, morte abbesse de la noble abbaye de N.-Dame-aux-Nonnains de Troyes, le 15 septembre 1368 (4).

VII. PERRONNELLE, qui épousa JEHAN DE VIRY, chevalier, dont son issus *Isabeau* et *Menclier de Viry*, comme appert par titres d'avril 1348 et février 1365. Dans le dénombrement des chatellenies de Troyes, d'Isles-Aumont, etc., dossier du duché d'Aumont, on lit au cahier 9, 54 : « Le fief à la dame DE CHAUSSENAY, le fief de SYMON DE ST. FALE, son frère, séant à Crésantines et autres parts, en la seigneurie DE ST. FALE. Le fief à ses neveux, les enfants DE JEHAN DE VIRY, séant à la terre DE ST. FALE (5).

Or, la maison DE VIRY est du nombre de ces illustres familles de chevalerie qui s'allient à l'illustre et princière maison de BOURGOGNE-VERGY. *Pauline*, fille de *Guillaume de Vergy* et d'*Anne de Rochechouart*, épouse *Michel de Viry*, chevalier et seigneur dudit lieu vers 1504. — De Viry, patté d'argent et d'azur de six pièces (6).

Les CHAUSSENAY, CHASSENAY, CHACENAY (7), alliés par le mariage ci-dessus indiqué aux seigneurs DE ST. FALE, sont aussi une des plus hautes et baroniales maisons de France, et peu de seigneurs lui disputaient le pas.

« Sans les documents historiques qu'on retrouve sur Chacenay, on se déciderait difficilement

(1) P. 231, 232, ibid. et 233 preuves, etc.

(2) Hôtel de ville d'Amiens, cartulaire D. Chart. 19. — Dom. Ville Vieille, *très-généal*, let. sai. — Id. manusc. *Bib. Imp., dossier de St Phale, preuves de l'hist. de Troyes*, p. , t. VIII).

(3) *Bibl. du Roy.*, recueil de titres, layette cottée. Abb. d'Orval, n° 60.

(4) *Gallia Christ.*, t. XII, p. 567.

(5) P. 43, recto et verso : *Archives du Royaume*, Paris, hôtel Soubise, 1858.

(6) *Histoire de la Maison de Vergy*, Du Chesne, p. 330.

(7) *De Chacenaio*, cartulaire de la comtesse Blanche de Champagne, p. 44. verso — 49. *Id.* etc. — Orthographe variable d'un lieu qui paraît toujours être le même.

à voir dans ce petit village la puissante baronnie qui tint tête aux comtes de Champagne et à saint Louis, et fit plusieurs fois flotter son drapeau sur le sol de la Palestine (1). »

« Cette ancienne baronnie, relevant immédiatement du comte de Champagne, voyait cinq prévôtés relever par appel de son baillage. Son baillage conservait le marc et l'étalon de mesures et aunes dont se servaient plus de cent villes et villages, et sur lesquels les officiers de la justice royale étaient obligés de venir faire marquer aux armes du seigneur de Chacenay le boisseau régulateur. »

« Cette baronnie était possédée, en 1085, par *Milon*, sire *de Chacenay*. Après la mort d'Alix, fille d'Erard, son arrière petit-fils, la seigneurie fut partagée, en 1285, entre ses trois neveux, Jean, Erard et Guillaume d'Arcis (2).

Jean, sire d'Arcis et de Chacenay, fesait, en 1299, une vente de partie de biens, sis à Villeregis, à Jean de Vergy, séneschal de Bourgogne, fils de Hugues de Châlon, comte de Bourgogne (3). »

Plus tard, Alix, fille de *Jean de Joinville*, séneschal de Champagne, et ami de St.-Louis, est mariée à Jean, seigneur d'Arcy-sur-Aube et de Chacenay (4). Nous rencontrons en 1365 le nom d'Arcy parmi les alliances des seigneurs de St. Phale.

La nièce de la dame de Chaucenay, PERRONNELLE DE ST. FALE, qui épouse JEHAN DE VIRY, ne doit pas être confondue avec celle qui précède, et qui fut sa tante, c'est-à-dire fille de GUY DE ST. FALE et d'ISABELLE DE SAILLY-JOINVILLE. Celle-ci était aumônière de Notre-Dame-aux-Nonnains, « et sœur, selon le sang, d'YSABEAU, trésorière du susdit monastère (5). »

ÉPISODE HISTORIQUE SUR L'ABBAYE DE NOTRE-DAME-AUX-NONNAINS, SES PRIVILÉGES INSIGNES, ET SES ABBESSES DE LA MAISON DE SAINT-FALE.

Le moment est venu de tracer, à propos de cette généalogie, une esquisse historique de cette illustre abbaye, insigne entre toutes autres par la haute noblesse de ses religieuses, et par l'éminence et l'unique singularité de ses priviléges. Son histoire est un précieux lambeau de l'histoire de son époque, et se confond, surtout à partir de l'an 1290, avec celle de la maison de ST. FALE, dont toute une dynastie y figura, selon l'expression de M. Vallet de Viriville, connu par ses précieux travaux. Il est à regretter, pour la maison DE ST. FALE, que ce savant paléographe, aujourd'hui professeur à l'école des Chartes, n'ait parlé de ces seigneurs que d'une manière incidente, et sans se livrer à des recherches qui leur fussent particulières dans le département de l'Aube, dont il a été l'archiviste en chef.

Négligeons donc PERRONNELLE DE ST. FAL, aumônière (6), ainsi que les autres dignitaires de cette noble abbaye, appartenant à la maison DE ST. FAL. Il nous suffira de nommer cinq dames

(1) Anfauvre, *Album pittoresque et monumental de l'Aube*, Troyes, 1852, p. 99.
(2) *La Chenaye*, généal. de Chacenay, IV, p. 138.
(3) *Histoire de la Maison de Vergy*, p. 150, 152).
(4) Père Anselme, VI, 695.
(5) *Arch. de l'Aube, Vallet de Viriville*, p. 356.
(6) *Arch. v. de Vir*, p. 356.

de ce nom, qui se succèdent à peu de distance l'une de l'autre au nombre de ses abbesses à partir d'ISABELLE TROIS, mourant en 1293 (1).

Or, qu'est donc cette fameuse abbaye, où la noblesse presse les uns contre les autres ses noms les plus fiers? Quelle est son origine? Un plus savant que nous ne saurait le dire, et M. Vallet de Viriville écrivait, le 25 août 1839, à M. Duchatel, ministre de l'intérieur (2).

« M. LE MINISTRE, — Entre tous les monastères de Champagne, celui de Notre-Dame-aux-Nonnains, de Troyes, revendiquait son rang à la tête des plus anciens et des plus illustres... Nul, en effet, ne le surpassait pour la richesse, pour l'étendue de ses priviléges, et surtout pour sa renommée antique, si antique qu'il ignorait lui-même ses fabuleux commencements.

« Une vieille tradition champenoise, dont les échos retentissent çà et là dans diverses parties des archives, veut que, dès l'époque où le christianisme fut apporté dans ces contrées, il y existât un collége de femmes païennes qui sacrifiaient à Vesta... La pieuse assemblée, sans se dissoudre, se consacra désormais à entretenir la lueur plus vive de la foi nouvelle. De là, la première origine de Notre-Dame-aux-Nonnains.

« On a prétendu encore, avec moins d'invraisemblance, que St Leuçon, évêque de Troyes au VIIe siècle, fonda cette abbaye. Quoi qu'il en soit » (p. 265-6) « la date de son origine échappe aux investigations de l'histoire, » (p. 293.) « Et, disent les religieuses de l'abbaye, qu'elle est de fondation royale et de grande ancienneté, et plus que monastère qui soyt point en tout le conté et pays de Champaigne et de Brye » (p. 266, etc.)

« En 1188, un incendie qui dévora la moité de la ville, réduisit en cendres une grande partie du monastère. Ce sinistre événement sépare, dans Notre-Dame-aux-Nonnains, les temps incertains des temps connus, C'est le délugo de son histoire, » et la maison de St. Phale qui, tout aussitôt y figura par Milon et Pierre, dût y perdre d'antiques et précieux titres.

« En 1189, l'abbaye obtint deux chartres notices : l'une de l'évêque de Troyes, l'autre du comte Henri (de Champagne), qui rappelaient ses possessions et ses priviléges.

« On y trouve des détails précieux sur les élections des abbesses, et de plus « un tableau héraldique présentant, dans leur ordre de succession, les blasons des abbesses depuis le XIIe siècle jusqu'à la fin du XVIIe » (p. 266-7.)

(1) Ce sont XXV : *Isabelle III.* — XXVII, *Isabelle IV.* — XXVIII, *Isabelle V.* — XXXII, *Marie I*, fille d'*Estienne*, seigneur de *St Fal*, chevalier, enterré à côté de sa femme, haute et puissante dame *Guillemette de Raye*, dans ce monastère, et XXXIV : *Marguerite*, cinquième abbesse du nom de St. Fal.

La première de toutes les abbesses de cette maison est *Ida*, sans date; la XIIe est *Gertrude*, sans autre nom, en 1135; — la XVe est *Alix de Vandœuvre*, fille de la *comtesse de Sens*, en 1211; — la XVIe est *Alaïdis de Ville-Hardouin* fille de *Godefroy*, maréchal de Champagne, croisé en 1199, et d'*Agnès de Courtenay*; — la XXVe est *Isabelle*, qui commence la dynastie des *St Phalle*, dans l'abbaye; — la XXIXe est *Isabelle Ire de Château-Villain*, dont nous voyons le père au nombre des seigneurs de Champagne ligués, à côté de celui des sires *Estienne de St Phale* (Château-Vilain plus tard duché) et *Iehans de Joinville*; puis, viennent après *Marguerite de St Fale*, *Iehanne de Broces, de Brocià*; *Catherine de Lusigny*, *Isabelle de Roche-Taillée*, *Catherine de Courcelles*, *Marie du Moutier*, *Marie de Folz*, *Marie de Luxembourg*, fille *de Charles de Luxembourg*, (1565), *comte de Brienne*, *Louise de Luxembourg*, *fille de François*, *duc de Luxembourg*, *Claude de Choiseuil Praslain*, *Anne de Choiseuil Praslin*, 1667, etc,, etc.., *Gallia Christiana* des bénédictins, t. XII, p. 567-8. — Cette pléiade de noms, jadis et encore illustres, était nécessaire pour préparer l'esprit à la notice que nous donnons.

(2) Lettre, 2e, page 265, *Archives hist. du départ. de l'Aube, et de l'ancien diocèse de Troyes, capitale de la Champagne*, Troyes, Bouquot, éd.; Paris, 1841; ouvrage qui est un véritable monument.

Et « de même qu'entre les monastères d'hommes se distingue, par son importance, l'abbaye de Clairvaux, qui domine et résume toutes ses rivales, de même sous le rapport historique, celui de Notre-Dame-aux-Nonnains se place à la tête de tous nos anciens couvents de femmes. » Ajoutons « que sa juridiction s'étendait, non-seulement sur sa terre, mais encore d'une extrémité de Troyes à l'autre, et deux paroisses des plus importantes, relevaient directement de son autorité. Enfin, dit Courtalon, l'abbaye avait autrefois tant de droits, que l'abbesse et les religieuses étaient regardées comme DAMES ET PATRONNES DE LA VILLE (p. 293).

Mais la grandeur, et même la singularité, de cette puissance ne sont pas ce qui frappe le plus dans ses annales. Tant de faits nouveaux et instructifs, tant de piquants détails s'y révèlent successivement, que leur récit ferait l'objet d'une monographie des plus utiles et des plus intéressantes.

..... L'abbesse de Notre-Dame exerçait, dans son domaine, les droits de justice et de voierie. Elle avait à cet effet son grand maire, ses sergents, ses geôles et son tribunal propre. Sa justice était haute, moyenne et basse. Elle connaissait donc de toute cause, et disposait des biens et de la vie.

Cependant, par une exception digne de remarque, les arrêts de mort n'étaient point exécutés par les bras de son église. Ce privilége, en vertu d'un traité spécial, revenait aux comtes de Champagne qui, en retour, devaient lui payer une redevance pour jouir de ce droit sanglant » (p. 293). Les dames de l'abbaye *partageaient donc*, avec le souverain lui-même, LA SOUVERAINETÉ de sa capitale !

Mais, ce qui frappe du plus vif étonnement les personnes initiées aux usages des temps anciens, c'est le mélange et l'incroyable étendue des prérogatives féodales et religieuses qu'exercent les nobles abbesses... « L'un de ces droits, l'un de ces faits au moins, celui de l'évêque de Troyes S'AGENOUILLANT devant l'abbesse, et prêtant serment entre ses mains, est peut-être *un exemple unique* dans l'histoire du moyen-âge; et le nom de St. Fale se mêle aux traits qui caractérisent l'audace avec laquelle l'abbaye fesait respecter ses droits. » Quelques pages nous permettront « d'apprécier à son juste degré d'intérêt et de curiosité la singulière particularité de mœurs que nous allons exposer. » (p. 342, etc.)

« Au moyen-âge, lorsque l'évêque de Troyes venait prendre possession de son siége, il était d'usage que, la veille de cette solennité, il se rendit en pompe, mais vêtu seulement d'un camail, et monté sur une mule ou un palefroi, à l'abbaye de Notre-Dame-aux-Nonnains, jadis située à l'une des portes et en dehors de la vil[illegible].

« Arrivé au pourpris de l'abbaye, il rencontrait l'abbesse qui se présentait au-devant de lui pour le recevoir, assistée de toutes ses religieuses. Aussitôt, le prélat descendait de sa monture; un sergent de l'abbaye la saisissait par la bride, la conduisait toute scellée dans l'écurie abbatiale, et le palefroi y restait pour toujours, comme propriété de l'abbesse.

« Cela fait, cette dernière prenait le prélat par la main, et, suivie de tout le peuple, elle l'introduisait dans le monastère. Là, l'évêque entrait au chapitre, s'agenouillait, récitait une prière que l'abbesse lui indiquait; puis après avoir dépouillé son camail, *il recevait de ses mains une chappe* somptueuse. *Elle lui donnait une crosse, lui ceignait la tête d'une mitre*, et, lui présentant le texte des Evangiles, *elle lui fesait prêter à haute voix*, puis transmettre par écrit, le serment dont suit la teneur :

« Moi *tel*, évêque de Troyes, je jure d'observer les droits, franchises, libertés et priviléges

5

de ce monastère de Notre-Dame-aux-Nonnains. Qu'ainsi Dieu me soit en aide, et ses saints Evangiles. L'évêque alors se relevait et donnait au peuple sa bénédiction.

« Après cette cérémonie, l'abbesse lui ôtait ses ornements épiscopaux, et, le reste de l'assemblée s'étant retirée, elle le conduisait à un appartement préparé pour le recevoir, où il devait prendre son gîte.

L'évêque y passait la nuit, et le lit sur lequel il avait couché lui appartenait tout garni (p. 342.) » D'où ce paragraphe relatif à ISABELLE V, DE ST. FALE : « Des arbitres terminèrent entre elle et L'ÉVÊQUE DE TROYES, le 13 juin 1328, une querelle née à cause des chevaux des évêques entrant pour la première fois dans la ville... La dite abbesse prétendait que les chevaux lui appartenaient. Sa pétition fut accueillie à condition que les évêques de Troyes recevraient selon la coutume un lit de plume (1). »

Le lendemain de cette cérémonie, quatre seigneurs vassaux de l'évêque, et nommés pour cette raison les quatre barons de la crosse, venaient *lever* le prélat, » de même que les pairs des premiers rois francs les *levaient sur le pavois* en signe d'élection. Ils étaient « accompagnés d'un cortége encore plus nombreux que celui de la veille, et le portaient sur leurs épaules jusqu'à la cathédrale, où s'accomplissaient les autres cérémonies de la prise de possession (2). »

« Tel était le formulaire de ce cérémonial, où l'on retrouve toute l'apparence et tous les caractères *d'une investiture donnée par une femme*, par l'abbesse de Notre-Dame-aux-Nonnains, *à son propre évêque*! Cette abbaye, elle-même, ne l'interpréta jamais autrement. Les archives qu'elle nous a laissées prouvent en effet qu'elle déniait à l'évêque le droit de *procuration* et de *visite* exercé par tous les prélats dans les diocèses, prétendant, quant à elle, ne relever que du St.-Siége. Elle invoquait pour preuve de sa franchise, et *même de sa* PRÉÉMINENCE, la cérémonie que nous venons de rapporter (3). »

Dans une nouvelle instance entre l'évêque et l'abbaye, vers la fin du XVIIe siècle, les religieuses exposent : « que l'abbaye est *la seule en France* qui a ce droit et cette prééminence sur l'évêque; que, à son avènement à l'épiscopat, il ne peut être intronisé, ni faire les fonctions épiscopales, sans avoir fait préalablement entrée publique dans l'abbaye, avoir prêté serment à l'abbesse sur les saints Evangiles de garder les droits, libertés, franchises, immunités, exemptions et priviléges de ladite abbaye, et reçu de l'abbesse, ou de son député, la mitre et la crosse, qui emportent une investiture et marquent une espèce de supériorité de la part de l'abbesse, *ipso actu.* » (P. 384, V. *de Vir.* p. 343).

L'évêque, avons-nous dit, avant de sortir du chapitre, jurait sur le texte des évangiles d'observer les priviléges de l'abbaye. Observons à propos de cette généalogie, que le blazon du magnifique manuscrit de l'évangile dont on se servait pour cette cérémonie, et qui, en l'an 1859, fait partie de la bibliothèque de Troyes, sert à en déterminer l'origine. « Les plaques émaillées

(1) *Gallia Christiana*, t. XII, p. 567.

(2) On les appelait aussi les pairs, p. 96, ibid. Ainsi, lorsqu'en 1296, Guy de St Phalle, et six ou huit des hauts barons du comté, rendent ce devoir qui témoignait de l'élévation de leur rang à Estienne Béguard, vicomte archevêque de Sens et, à ce titre, primat des Gaules et de Germanie, le comte de Champagne lui-même est sommé de s'adjoindre aux autres barons. Mais le comte palatin et roi de Navarre, plus fier que le roi de France qui rendait ce devoir à l'évêque de Meaux, refuse un honneur ayant forme d'hommage, et laisse jouir de leur prérogative les autres pairs. Voir la pièce plus bas.

(3) 343, id. « Le dimanche de Rameaux, l'évêque lui-même, se rendant à Notre-Dame, prenait ses palmes de l'abbesse ! » P. 294, id.

du cadre et du fermoir présentent en effet six écus. Deux portent d'*or à la croix ancrée de synople*, qui est de St. Fal. Les autres offrent *les mêmes armes* brisées d'un franc quartier de gueules, et sur-brisées d'une molette d'éperon. Il est donc très-vraisemblable que ce texte, ou au moins sa riche reliure, fut un présent fait à Notre-Dame par quelques membres de la maison de St. Fal, pendant que l'une des parentes en était abbesse, si ce n'est pas à l'une de ces abbesses elle-même que l'on doit en rapporter l'origine. On voit, d'ailleurs, par l'étude des archives de l'abbaye, que des rapports étroits liaient entre eux le monastère et la famille de St. Fal; que de nombreuses donations furent faites par celle-ci, et que dès 1290 plusieurs dames de cette maison remplirent successivement à Notre-Dame-aux-Nonnains les charges et dignités conventuelles les plus importantes (*p.* 355, *ibid.*). »

L'audace avec laquelle le monastère féodal défendit ses droits et priviléges par l'intermédiaire de ses nobles abbesses sera sans doute un émerveillement pour notre siècle; on en pourra juger par deux exemples à peine croyables:

Quant au premier, nous renvoyons le lecteur au livre même de M. Vallet de Viriville, qui le rapporte avec un intérêt saisissant. C'est une lutte téméraire et scandaleuse, dirigée à force armée contre la personne même de l'évêque de Troyes, exécutant et soutenant la volonté du saint-siége, qu'occupait alors un des fils de cette même ville, Urbain IV. Un siècle de durée, et les foudres lancées du haut du Vatican sur ces femmes (*Mars an* 1268), ne terminent et n'apaisent qu'imparfaitement cette longue et violente tourmente qui se prolonge jusqu'au mois de juillet 1339, époque où florissait dans l'abbaye des dames patronnes de Troyes la dynastie des abbesses de St. Fale. (p. 281, 284, 293, etc., etc.)

Mais le fait de la lutte des religieuses contre l'érection de la basilique, que le pape Urbain IV voulait élever à son saint patron, et que, sous les yeux de leur évêque, elles avaient fait renverser par leurs gens; ce fait, « quelqu'étrange qu'il soit, et bien qu'il ait été seul publié, n'est pas unique dans l'histoire de ce monastère. »

Ecoutons: « En 1307, les frères Jacobins, dont le couvent était contigu à celui de Notre-Dame, voulurent construire une porte et une muraille pour clore leur terrain d'un autre côté. Mais cette construction contrariait les prétentions du monastère (Liasse 390). Au jour dit, sœur Isabeau de St. Fale, alors abbesse, accompagnée du seigneur de St. Fal, son frère, chevalier, (*Guy de St. Fal*, v. p. 404), suivie de ses sergents, de ses valets et d'une foule de gens à elle, tous armés de piques, d'épées, de haches et de bâtons, se précipitèrent sur le domaine de leurs voisins par une brèche faite au mur de séparation, ravageant et mettant à sac tout ce qui ressemblait à une cloture, au milieu d'un tumulte effroyable, sous les yeux de *cinq cents personnes et plus*, accourues pour ce spectacle, et à l'encontre des Frères inoffensifs qui ne se défendaient que de bouche, comme il convient à religieux. Ces derniers se contentèrent, en effet, de dresser le procès-verbal (Liasse 357) qui nous a fourni ces détails, et se pourvurent en justice. De fait, l'année suivante, un arrêt des grands-jours de Troyes fut rendu en leur faveur. Mais, sans autre forme de procès, lorsque les religieux voulurent user du bénéfice de leur sentence, l'abbesse conduisit sur le terrain une nouvelle cohorte, et les charpentiers furent obligés de quitter la place, laissant leurs travaux commencés sur le champ de bataille (1). »

(1) Id. p. 294, *Archives*, — Lett. V à M. Duchâtel, ministre de l'Intérieur, *ibid.*

En ce monastère, dont l'histoire n'est qu'une longue et souvent violente lutte contre les évêques de la grande cité troyenne, succédant à une lutte si longue déjà contre la puissance papale patronnée par les comtes souverains et rois de Champagne et de Navarre (p. 282-3) ; en ce monastère, dont l'abbesse a l'unique et immuable privilége d'investir l'évêque de la capitale même du comté ; en ce monastère où l'abbesse prétend ne relever que du pape, et ne reconnaître d'autre juge de ses religieuses qu'elle-même (p. 296) ; en ce monastère qui brave avec sécurité tour à tour le Vatican (p. 283) et la justice séculière fulminant ses arrêts en *ses grands-jours* (p. 294), et qui, plaçant à la tête de ses hommes d'armes un des grands seigneurs de la cour et du comté de Champagne, GUY DE ST. FALE (p. 294-404-451, *blazons*, 165), culbute les mécontents dans les fossés sous les yeux du peuple même de la capitale (p. 404) ; en ce monastère, disons-nous, la force qui soutient triomphalement une telle audace est-elle celle des canons ou des décrets de l'Église, patronnant envers et contre tous adversaires ses ordres religieux ? Non certes ! Est-elle celle de la loi, celle du souverain ? Non, certes ! Et quelle est-elle donc cette force si sûre d'elle-même *devant les peuples*, sinon celle de cette fière et impatiente, mais aussi de cette protectrice aristocratie, dont les principaux membres peuplent l'illustre monastère, et que nous retrouvons à sa tête dans le catalogue de ses Abbesses : les VANDŒUVRE, les VILLE-HARDOUIN, les CHATEAU-VILLAIN, les ST. FALE, les d'ANGLURE, les LUXEMBOURG, les CHOISEUL-PRASLAIN ! (Voir *Gallia Christiana*, t. XII, *p.* 566-567-8), hauts barons dont les rejetons successifs versèrent avec assez de constance et d'héroïsme leur or et leur sang contre les ennemis de l'Eglise et de l'Etat, pour que leurs tristes et déplorables écarts, *soutenus par le bras de leurs affectionnés vassaux* ne rende point d'une injustice excessive à leur égard ceux qui n'étudièrent ces lointaines et grandioses époques que dans d'ignares ou malvaillants détracteurs.

Texte original, An 1307. — ISABIAUX DE ST. FAL.

« A tous ceux qui ces présentes lettres verront et orront, Jouffroiz de Gondrecourt, tabellions pour notre seigneur le Roy à Troyes, salut. Sachant tuit que, à la requête et supplication de religieuses personnes les frères prescheurs de Troyes, je fui présens au lieu où religieuse personne ISABIAUX DE ST. FALE, abbesse de Notre-Dame-aux-Nonnains de Troyes, avecques lui, Monsieur GUI DE SAINT FALE, chevaliers, son frère, et plusieurs autres, liquel estoient sergent et homme de ladicte abbesse, à espées, à apoincons, à hasches de noise, à besches, à fessoins et autres armes, le mercredi après la Trinité de l'an mil trois cens et sept, entrèrent au pourpris desdiz frères, par la porte de devers la tannerie, lequel pourpris lidit frère dient estre leur, parce que de tant temps dont il n'est mémoire, ils ont tenu la clef de la dicte porte, si comme ils disoient, et un poncel enclos dedans le domoine desdiz frères, la dicte abbesse avouans, et le dit monsieur commandant, Jehans diz li ostes, diz li tisserant, diz li trounez, à grant multitude de gens de la dicte abbesse, circonstans, présens *ledit chevalier*, et les diz frères défendans de bouche, si comme il appartient à religieus ; abatirent et derrompirent à armes. Et personnes, hommes et fames qui par pitié estoient venu veoir la force que l'on fesoit aux diz frères, furent gité au fossé, et à ce faire furent présent pour le veoir et regarder cinc cens personnes et plus.

Derechief, le jeusdis après ensuient, moi présent et plusieurs autres personnes ci-dessouz

(1) Voir en preuve ci-dessous, id. — V. *Pierre de St. Phale*, racheté des mains des infidèles par ses vassaux de la baronnie de Cudot.

escriptes, le prévost de Troyes et plusieurs de ses sergents, appelez spéciamment pour garder les diz frères de force et de violence, *la dicte abbesse* et li diz *Monsieur Guí ses frères*, à grand mulctitude de gens à armes, entrèrent le pourpris des diz frères par les pertuis d'une paroiz qui enclost les diz frères, liquel pertuis avoient esté fait des gens de la dicte abbesse le mercredi dessus dit, et contre la volonté des diz frères, à force de gens firent un fossé en la closture des diz frères, et rompirent et décopèrent à armes les treilles et gastèrent les courtillages desdiz frères. Et pour que ce soit ferme chose et véritable, je, en tesmoing des choses dessus dictes, ai scellé ces présentes lettres de mon seel. A ces choses furent présent et tesmoing pour ce appelé espéciamment Renaud Raguière, Guillelms Boolet, Jacquot Couste, Jehenins Lober, diz de la Cour, Jehans de Gondrecourt, clerc, Guyot de Miouz, Jehans li Barbiers de la rue Notre-Dame, Jacque le François, Jehans Lachièvre, Thiébaut d'Angleure, sergent de Troyes, Guyot le Frepier, Jehan Galimart, prévost de Troyes, Felise Dovion, Jaquinot, son fils, Jehan Jhesus, Gauthier de Sacey et plusieurs autres, liquel furent présent à toutes les choses dessus dictes. Ce fait l'an de grâce dessus dit le samedi après la Trinité (1). »

VII. ANDRIEU DE ST FALE, chevalier, seigneur de St Fale, etc., etc., comme on le voit par titres des mois de novembre 1347 et avril 1348, fils d'ESTIENNE DE ST FALE et de GUILLEMETTE DE RAYE, partagea avec SYMON, son frère, la succession d'AGNETTE, leur sœur, au mois de novembre 1370. Il épousa JEANNE DE LA BROSSE, dame de Villiers-les-Bois, etc., fille d'ANDRÉ, chevalier, de cette grande maison *de Brocia*, dont une fille fut la trente-sixième abbesse de la noble abbaye de Notre-Dame-aux-Nonnains de Troyes (2).

De la Brosse, seigneur de Châtillon-sur-Indre, est grand chambellan de France sous Philippe-le-Hardy. Voir aux grands officiers de France le père Anselme, liv. VIII, p. 440.

Des titres sont annoncés par M. l'abbé de CHALMAISON, dans deux lettres signées et scellé es de ses armes. Troyes, 7 et 31 mai 1789; ils sont décrits entre ces deux dates, le 12 mars 1789, du château DE ST FALE, près Troyes, par M. CORPS, conseiller au grand conseil, etc. ; devenu seigneur de cette seigneurie, et signant son envoi. Ces titres, restés au château de St Fale, constatent : une sommation d'avant la St-Jean, apôtre, en 1365, à Étienne de Crécy, à cause de sa femme, cousine du seigneur DE ST FALE et DAME DE CHAMOY, de fournir aveu et dénombrement de cette terre à Adrien (Andrieu) de St Fal.

Echange le 16 fébr. 1365 entre ANDRY (*Andrieu*) DE ST. FAL, SYMON DE ST. FAL, GUILLEMETTE DE RAY, leur mère, et les enfants du SIRE DE VIRY, leurs neveux. Andry garde la terre et seigneurie de St. Fal, et abandonne ses droits sur les terres de la Cour, de Ville, de Chaume et de Vendières en Brie.

Aveu et dénombrement fait le 15 novembre 1371 à Adrien de St. Fal par Pierre Magny, pour la terre de la Motteflois; idem, le 10 août 1374, par Renaut de Villefolat, du fief de Mailly; idem, du 13 janvier 1377, par Symon de St. Fal, son frère, de la terre de Crescentines; idem, le 13 août 1382, par JEAN DE MELUN à JEANNE DE LA BROSSE, DAME DE ST. FAL, pour les fiefs et seigneuries de Chamoy, Avreux. et Savières; idem, par Pierre Patras et Isabeau Malhio, sa

(1) *Archives du département de l'Aube*, Val. de Viriv., p. 404, 405, liasse 357.

(2) *Gallia Christiana*, t. XII, p. 567. — Justifié par titres de novembre 1341, d'avril 1348, et febvrier 1365. — Autographe de de Serre à Camusat, *Bibl. Imp.*, M. 1859. — Ibid. M. timbré du cabinet d'Hozier, nº 589, etc., etc. — *Nobil. Univ.*, t. XV, p. 60, etc. Ibid. etc., etc.

femme, à Andry de St. Fale, pour le fief de Boue, le 11 janvier 1386; idem, sommation à la requête de Martin Guerry à J. de la Brosse, dame de St. Fal, à recevoir foy et hommage du fief sous l'étang Philippe, le samedi après Pâques 1366, qu'elle avait fait saisir; idem, sentence sur un différend entre les habitants de St. Fal, et Adrien de St. Fal, au sujet des droits de corvée dus au château de St. Fal, rendue par le bailly de la comtesse de Flandres, d'Arbois et de Bourgogne, à Isles, le 25 novembre 1372.

Un autre titre latin établit, en novembre 1365, la fondation faite par ADRIEN de ST. FAL, seigneur dudit lieu, et sa femme Jeanne de la Brosse, de la chapelle Saint-Jacques, dans le château de St. Fale, et la cession de rentes et héritages pour l'entretien du chapelain de ladite chapelle.

Andrieu fit foi et hommage de sa terre de St. Phal à la comtesse de Flandres, d'Arbois et de Bourgogne, à cause de la terre d'Isles-les-Aumont, — en juillet 1381 (1).

« A la malheureuse journée de Poitiers, Andrieu de St. Fale, était à la tête de 500 hommes. Il fut grièvement blessé et laissé pour mort sur le champ de bataille, mais cherché, retrouvé et enlevé sous sauvegarde. Il guérit de ses blessures. » (*Généal. Alixant.*) Plus tard, il eut des différends avec un des capitaines de DU GUESCLIN, JEHAN DE ST. FALE, son cousin, ce que nous verrons plus bas dans une lettre du roi Charles V, où il est qualifié de riche et puissant homme.

D'après Mr du Deffand, il ne laissa qu'un fils, « PIERRE DE ST. PHALLE, chevalier, seigneur dudit lieu de Pésiancourt en Picardie, de Beaune en Brie, de Villers-le-Bois, etc. Celui-ci épousa Jeanne de Montault, FILLE DE PIERRE DE MONTAULT ET D'AGNÈS DE BOURBON, dame de Fain et de la Boulaye, alliance illustre par le nom de Bourbon, et celui de Montault, que porte de nos jours un maréchal de France. »

« Cette Jeanne était sœur de Jean de Montault, qui servit le roi dans ses guerres de Gascogne, en 1359, avec quatorze écuyers, quatre sergents à cheval et quatorze à pied, et qui, dix ans après, appela en parlement à Paris, le 2 octobre 1369, de ce que le prince de Galles, duc de Guyenne, avait baillé au captal de Buch, Anglais, le comté de Bigorre, dans lequel tous ses biens étaient assis. Il eut de Gaillarde de Miraumont, son épouse, toute la maison de Montault jusqu'au maréchal de Navaille (2). »

Pierre eut pour fille, ou peut-être plutôt *pour sœur*, qui lui survécut, ISABELLE, dame de la seigneurie de *St. Fale*, qu'elle hérita, ainsi que les biens de Simon de St. Fale. ISABELLE épousa *en premières noces* PIERRE DE MARMEAUX, chevalier, seigneur de Ramiris, Chiny, Ormoy, Lynant... comme appert par titres passés entre elle et Jehan de Blaisy, conseiller et chambellan du roi, seigneur de Marmoillan, curateur de Jeanne de Marmaux, sa fille, au mois de mars 1386, portant règlement du douaire d'Isabelle de St. Phale. Elle n'eut qu'une fille de ce mariage. La proche parente de Pierre de Marmeaux, *Jeanne*, épousait vers le même temps Etienne, de la branche royale de COURTENAY, seigneur de Tanlay. (V. *du Bouchet* à T.)

En secondes noces, elle épousa Gilbot (*ailleurs Gilbert*) DE BEAUJEU DE MONTOST, chevalier, seigneur de Montost, fils d'Etienne de Montost et de Perrine de Tallecey, comme appert par titres du mois de mars 1386 et de novembre 1393 (3).

De ce second mariage sont issus Pierre, Jehan et Claudine de Montost.

(1) Autog. chart. Montg.
(2) *Généal.*, art. V. Pierre du Def.
(3) Id. Autographe de de Serres, manusc. *Bib. Impériale*. 1860.

PIERRE, fils aîné de GILBOT DE MONTOST et d'ISABELLE DE ST. FALE, fut seigneur dudit lieu. Répétant du côté maternel de sa femme l'alliance de Pierre, son aïeul ou plutôt son oncle, il épousa Jehanne de Loges, fille de GUILLAUME DE LOGES ET D'AGNÈS DE BOURBON, dame de Fain, en Bourgogne, sœur de messire GIRARD DE BOURBON, chevalier, seigneur de la Boullaye, du mariage duquel est sortie Claude de Montot, héritière et dame de ST. FALE, qui épousa ARTUS DE VAUDRAY, vers 1440 (1).

CLAUDE, ou Claudine de ST. FALE-MONTOT porta avec elle dans la maison de VAUDRAY, le sang, le *nom*, — les *armes* — et la seigneurie de ST. FALE qu'elle tenait d'Isabelle son aïeule (2).

Pierre de l'Estoile mentionne à plusieurs reprises ces Vaudray de St. Phal dans son journal historique. Il les désigne d'abord par le nom de leur seigneurie de MOUY, ainsi que l'explique la note de la p. 257, V. 1. Collect., Petitot, Paris, 1821.

Il dit : « Le roi, après avoir marié le duc de Joyeuse avec la sœur de la reine, et du Bouchage, son frère, avec la sœur du duc d'Épernon, voulut étendre la faveur pour toute la race. Il fit le tiers frère... etc., et le cinquième, Georges de Joyeuse, mari de la fille de MOUY de Bellemcombre. »

Le père de ce MOUY, ou VAUDREY DE ST. FALLE, « tenait le premier rang, après Coligny, dans le parti des confédérés. » Maurevert s'étant promis de tuer Coligny, se lia d'abord avec MOUY pour cacher son jeu ; puis il l'assassina et se sauva sur le cheval même qu'il lui avait donné (3).

« Le jeudi 14 d'avril, le seigneur de MOUY, Claude-Louis de Vaudrey (*St. Phal*), qui, dès longtemps, cherchait à venger la mort de son père par celle de Maurevert, l'ayant trouvé près la Croix-des-Petits-Champs, vers Saint-Honoré, le chargea l'épée au poing. » Neuf ou dix combattirent alors de chaque part ; et de Mouy s'attachant à Maurevert qui était manchot, « le perça du bas-ventre jusqu'à la mammelle, » le frappant de la sorte, parce qu'il le croyait armé d'une cuirasse, ainsi qu'il l'était ordinairement. Mais un des hommes de Maurevert mira de si près le seigneur de Mouy « qu'il lui tira le coup de la mort ; car la balle ramée entrant par la bouche lui rompit la mâchoire inférieure et la langue, et lui traversa le cerveau (4). »

Une année après mourait Georges de Joyeuse, vicomte de St. Didier, gendre de ce seigneur du sang et nom de ST. PHALLE, ainsi que le témoigne la généalogie des Vaudrey, c'est-à-dire le frère du duc de Joyeuse marié lui-même à la sœur de la reine (5).

Ailleurs, L'Estoile rend à ces Mouy de Vaudrey le nom de St. Phalle. Dieu, dit-il, avait donné de si grands biens à de l'Argentière : (*Argentier*, *hargentier*) un fils à la cour auprès du roi, appointé en prince..., une fille mariée à M. DE ST. PHALLE, etc !... (6)

La généalogie des Vaudrey de St. Phalle nomme en effet cette alliance, placée entre celles qui furent illustres par la naissance (7).

(1) Ibid. Autographe *de Serre*, ci-dessous cité ; — Id. *Nobil. Univers.* de 1690, t. XV, p. 60, 61, art. St Phalle, et ibid. dernier vol., art. Vaudrey, etc., etc. Ces deux premiers documents omettent Pierre de St Phalle, et font Isabelle fille, et non petite-fille, d'Andrieu. Ce Pierre excepté, tout est d'accord pour les personnages. De Serre, s'adressant à l'illustre Camusat, dans son autographe, lui fait observer que ces plus anciens titres de St Phalle lui furent communiqués par lui-même, Camusat. Ceux-ci font partie de ceux des Vaudrey St. Phalle, *Bib. Imp.*, 1859.

(2) Mêmes titres que ci-dessus.

(3) 1599, p. 187, éd. Petitot, 1823, vol. 1er : et 245, l'Estoile.

(4) Ib. p. 257.

(5) Ib. p. 274, vol. 1er : *l'Estoile*, t. XLV.

(6) P. 276, coll. des mémoires relatifs à l'*Histoire de France*, t. XLVIII, et l'*Estoile*, IV.

(7) Voir Courcelles, *Dict. Nob.*, t. IV, p. 209.

Voici, d'ailleurs, quelques lignes de cet auteur sur la maison de Vaudrey : « Elle tire son nom de la terre et chatellenie considérable de Vaudrey, près Arbois, au comté de Bourgogne. Célèbre par un grand nombre de chevaliers, et de capitaines également distingués par leur valeur et par leur expérience, cette maison remonte à Charles, sire de Vaudrey, chevalier, gentilhomme accompli par sa valeur, son adresse et sa bonne mine, qui jouissait de la plus grande faveur sous Hugues Ier, duc de Bourgogne, en 1075. Elle a formé plusieurs branches qui se sont alliées aux maisons les plus illustres. Elle a donné plusieurs généraux à la tête des armées en Espagne, en Empire et en France : et aux ducs et comtes de Bourgogne un grand nombre de chambellans, échansons, écuyers, grands baillis, etc., enfin, des chambellans et chevaliers de l'Ordre du roi de France, On trouve dans la plupart des abbayes des témoignages, depuis l'onzième siècle, de leurs libéralités ; et surtout dans le nécrologue des abbayes nobles des deux sexes des preuves qu'ils y ont été reçus et jurés dès le treizième siècle : à Lyon depuis 1205, à Remiremont dès l'an 1500, et en grand nombre à Malte, depuis 1470, et qu'ils ont donné dix-sept chevaliers de Saint-George, dont un gouverneur de ce corps illustre de noblesse. »

« Les principales alliances de cette maison sont avec celles d'Accolans, d'Achey, d'Andelot, d'Aussonville, de Beaujeu, de Bourgogne, de Clermont, de Conflans, d'Estavaié, d'Esterno, de Grammont, de Granges, de l'Aubespin, de Montgommery, de Montot de St. Phal, d'Orsano, de de Montreuil, de la Palu, de Ray, de Rotembourg, de Salives, de Saluces, de Sforce, de Soyecourt, de Villaflans, etc., etc. »

En un mot, « cette illustre maison éteinte de nos jours, était très-marquante entre les plus distinguées de l'ancienne chevalerie des deux Bourgognes (1). »

Artus de Vaudrey, chevalier de l'ordre du roi, et grand chambellan des rois Charles VII, Louis XI et Charles VIII, reçut donc de Claude de Montaut St. Fale, descendue d'Isabelle et d'Andrieu de St. Fale, le *sang*, — le *nom* — et la seigneurie de St. Fale, effaçant ses *armoiries* et son nom pour ceux de la maison de St. Fale. Ainsi que l'exprime le célèbre Du Bouchet, dans la généalogie de la royale maison de Courtenay, il « suivait en cela l'usage introduit (alors) dans les grandes familles où, bien souvent, les enfants prenaient le nom et les armes de leur mère, *quand elle était héritière d'une maison illustre* (2). »

Ce fut de la sorte que les Vaudrey devinrent pour un temps, de fait et de droit, les aînés de la baroniale maison de St. Phalle, la branche cadette étant celle des St. Phalle barons de Cudot, qui, plus tard, vit revenir à elle les droits et titres d'aînés.

Ainsi le voulait alors le droit féodal ; question tranchée par le parlement anglais, à cette même époque. En 1460, Richard, duc d'York, réclame ses droits à la couronne contre la branche régnante, et fait valoir sa descendance des aînés,

Le parlement lui répond : « ayant toujours *porté les armes d'York et non celles de Clarence*, vous ne pouvez réclamer des droits comme héritier de ce côté. « As Richard had, all along, born the arms of York, not of Clarence, he could not claim as successor to the latter family (3). »

(1) T. IV, p. 209, ibid.)
(2) *Hist. du Bouchet*, p. 13.
(3) P. 206. — Hume Hist. of England, v. III, London 1789. Hume est, comme historien, un fieffé menteur, mais il rapporte ici *un fait* de notoriété parlementaire.

Issus par les femmes de la maison royale de France (1), de même que les St. Phalle le sont par les hommes, les Vaudrey portaient : coupé, émanché de gueules sur argent, et pour devise : j'ai *valu, vaux* et *Vaudray.*

A la salle des manuscrits (2) se trouve une feuille sur laquelle se répète, avec les écussons de quelques-unes de leurs nobles alliances, l'écusson de St. Fale, que dut substituer au sien Arthus de Vaudrey. Or, cet écusson de St. Fal, adopté par les Vaudrey, y est brisé d'un franc quartier de gueules... Ce qui indiquerait que la branche regardée par nous comme aînée, par suite de la disparition de celle qui l'était en effet, et de ses titres, n'avait elle-même que rang de cadette, tant sont reculées les origines de cette maison (3).

La branche cadette établie à *Cudot,* qu'elle possède encore en 1860, portait alors pour brisure un lambel à plusieurs pendants, ce que témoignent, de nos jours même, les tombes de cette insigne baronnie.

On lit au-dessous de l'esquisse des armoiries qui se trouvent en la salle des manuscrits : « Ces huit écussons sont représentés en une vitre qui est en l'église des religieuses de Notre-Dame de Troyes, sur la porte par laquelle on entre au cloître ; laquelle vitre semble avoir été faite et mise environ l'an 1350. Il est vraisemblable que ce sont les alliances de Estienne de St. Fale, décédé en l'an 1342, qui a sa sépulture au milieu du chœur des religieuses, et pareillement de Guillemine de Ray, sa femme. »

Parmi ces écussons des ancêtres par alliance d'*Etienne de St. Fale* sont ceux de *Joinville*, etc. et celui de *G. de Ray*, sa femme, tel qu'il est dans l'histoire de la maison de *Bourgogne*-Vergy, son alliée.

Les Vaudrey de St. Phalle avaient fait transporter, par copie, les écussons de leurs ancêtres maternels dans la chapelle du château de St. Fale.

La branche aînée de St. Phalle se perpétua dans la lignée des St. Phalle-Vaudrey, jusqu'en 1677, dans la personne d'Anne-Louis de Vaudrey St.-Phalle, qui vendit la terre de St. Phalle à M. le comte des Marais, grand-fauconnier de France. Celui-ci, après avoir dissipé des biens immenses, mourut sans enfants légitimes. Vers 1786, messire *Corps*, conseiller au grand conseil, etc., acheta la terre de *St. Phal.* Jean-Vincent, comte, puis marquis de St. Phalle, fut en correspondance avec lui relativement à des titres importants qui existaient encore dans le château du nom, et qui lui furent gracieusement communiqués.

Arnaud, dans son voyage archéologique, décrit ainsi la tombe d'*Artus de St. Phal* Vaudrey, et de sa femme *Claude* de Montot St. Fale : On y voit un chevalier couché, ayant la tête appuyée sur un coussin d'étoffe damassée, les mains jointes et les pieds appuyés sur un chien. Il est armé d'une cuirasse, avec cuissards et jambières, et, par dessus, une cotte d'armes à larges manches descendant au-dessous du coude. Le heaume et les gantelets du chevalier sont à ses côtés. Sa femme est en regard sur la même pierre et dans la même pose. Sous ses pieds est un petit chien sans collier. Le fond de la tombe, travaillé en lozanges, renfermant alternativement

(1) *Histoire général. de la maison de France,* vol. II, p. 1289, Paris, 1619, MM. de Ste Marthe.

(2) *Bibl. Imp.*; 1860, cotée n° 503, avec St Phale, 118.

(3) Voir Id. Vallet de Viriville, *Archives du département de l'Aube*, p. 353, armoiries. Cette remarque donne du poids à la généalogie antérieure à Milon de St Fale, en 1135, que nous n'avons guère fait que mentionner à défaut de titres à l'appui, et qui date de l'an 803.

des fleurs de lys et un ornement à quatre feuilles. On y lit cette épitaphe : « Ci-gissent noble et puissantes personnes *Artus de Vaudrey*, chevalier, en son vivant seigneur de ce lieu *de St. Falle*, conseiller et chambellan de feu les rois Louis XI et Charles VIII....... qui trépassa le VIIe jour de décembre, l'an mil , et noble dame *Claude de Montot*, dame des dits lieux, laquelle trépassa le Ve jour de juillet, mil , (1). »

Le château *de St. Falle*, de seconde date, dont M. Corps, ancien conseiller au grand conseil, était encore propriétaire en 1812, et qui renfermait de précieux titres des anciens seigneurs, « vient d'être nivelé par la charrue (2). »

PREMIER RAMEAU DES SAINT PHALLE, SEIGNEURS DE SAINT PHALLE, DEPUIS MILON.

VII. SYMON DE ST. FALE, chevalier, second fils d'ESTIENNE DE ST. FALE et de GUILLEMETTE DE RAY, fut seigneur de Biaune en Brie, de Cressantines, de Perchoy, les Vandières, etc., etc., et en partie de Mailly en Champagne, comme il se voit par titres de 1347-8 et 1370. Symon épousa JEHANNE, de la noble maison de ROCHEFORT, comme appert par titres de 1379, novembre (3).

Ils n'eurent qu'un fils, *Guillaume de St. Phal*, mort jeune et sans postérité.

(1) P. 229, 230. Voir sur la seigneurie, marquisat et château de St Fale, la *Notice* qui précède la généalogie.
(2) Arnaud, *Voy. archéolog. et pitt.*, Troyes, 1837, p. 230.
(3) Id. Autographe de Serre, man. *Bibl. Imp.* 1860.

SECOND RAMEAU DES SAINT PHALLE, SEIGNEURS DE SAINT PHALLE.

VI. JEHAN DE ST. FALE, chevalier, second fils de (Guy) GUILLAUME ANDRÉ et d'ISABELLE DE SAILLY (*Joinville*), fut seigneur de Biaune en Brie, de Pichancourt, etc., comme appert par titres postérieurs des mois de juin 1333 et septembre 1337.

Ainsi que le constatent les titres ci-dessus, il épousa N. DE TANLAY, de la branche royale de France de *Courtenay*, et laissa deux fils (1).

ENFANTS : VII. *Odard*, mort jeune et sans postérité, cadet.

VII. GUILLAUME DE ST. FALE, chevalier, seigneur de Beaune, de Villiers aux Corneilles, etc.; l'aîné vendit cette terre ainsi que se voit dans un titre de mars 1365. Il épousa PHILIPPE D'ARCY, dame en partie d'Arcy, et laissa un fils et deux filles.

VIII. *Marie de St. Phalle*, morte jeune sans alliances.

VIII. JEHANNE DE ST. PHALE, qui épousa très-noble JACQUOT DE LOOS, seigneur de Flogny, de la Grange-Guymard, Saint-Sydrenne, Lasson-sur-Yonne, et en partie de Milly, dans le comté de Joigny. Titres de juin et décembre 1337, et juillet 1340.

VIII. ESTIENNE DE ST. PHALLE, l'aîné, chevalier, seigneur de Beaune en Brie, épousa LAURENCE, de la maison de SAUX, tige des Saux-Tavannes, comme appert par titres d'avril 1439, et mourut sans enfants. Sa succession échut aux enfants de sa sœur JEHANNE, et ses biens entrèrent dans la maison de JACQUOT DE LOOS (2).

SUITE DES SEIGNEURS DE SAINT PHALLE, BARONS DE CUDOT.

Première branche. — V. PIERRE DE ST. FALE, chevalier, fils puîné de haut et puissant seigneur Jobert de St. Fale, seigneur de St. Fale et de Cudot, et de Mathilde... eut en partage la baronnie de Cudot et ses dépendances, provenant de ses ayeux maternels DE SEIGNELAY ET DE COURTENAY, *anciens*. Cette baronnie, insigne par ses priviléges, qu'il transmit à ses descendants, et qui, jusqu'à cette année 1860, n'a jamais cessé d'appartenir à la maison de St. Phalle, est située dans le département de l'Yonne, non loin de Joigny et de Saint-Julien-du-Sault.

Dans le cartulaire de la comtesse Blanche de Champagne et du comte Thibaud, son fils, PIERRE DE ST. FALLE, l'un des principaux seigneurs de cette cour, est pris à témoin par le comte d'Auxerre, s'adressant à la comtesse souveraine.

(1) Id. fragment d'Hozier, manusc. *Bibl. Imp.*, n° 589, St Phalle, 717. — Généal., etc., etc. Ce qui confirme cette alliance, c'est que les Courtenay-Tanlay sont seigneurs de Mailly, et que nous lisons ce titre : « Jean de St Fale, écuyer et seigneur de Biaune en Brie et autres lieux, fit division et partage avec le prieuré de la Ferté-les-Mailly, au diocèse de Troyes, en Champagne, membre dépendant de l'abbaye d'Auchy, au diocèse de Thérouenne, des hommes et femmes qu'ils avaient en commun à Mailly, le.... du jour de St André 1331. *Archives de l'abbaye d'Auchy*... La Ferté prieuré. » *Trésor. généal.* dom Ville Vieille, lettres *sai. Bibl. Imp.*, M. 1860.

(2) Chart. de M., documents divers.

« Carissimo domine suo Blanche, comitisse Trecensi Palatine.—Petrus comes Autossiodorensis salutem et dilectionem.—Noveritis quod omnia facta quæ vobis promiseram, et hoc idem Petrus *de sancto Fidolo* (en marge *St. Falle*), et gentes vestre testificabunt. Mitto igitur ad vos fidelem servientem (*sergent*) meum, latorem presentium, ut per eum mihi mittatis centum marchas. Et ego vos inde quitto (1). »

Toutes les généalogies s'accordent à donner à PIERRE pour femme, après 1250, N...... DE FOIX, de la maison princière de ce nom. Les titres originaux de cette alliance sont détruits ou égarés, mais les preuves originales, et d'autres subséquentes, en subsistent.

La généalogie de la maison DE FOIX, Art de vérifier les dates, ne mentionne point l'alliance de cette fille avec Pierre. Est-ce une omission? une erreur? et quel fut son nom de baptême? Plusieurs généalogies des seigneurs de St. Fale la nomment BRUNE, et nous ne voyons rien qui légitime ce nom, si ce n'est, peut-être, que sa mère, femme de Roger IV, se nommait *Brunessinde* de Cardonne. — Un généalogiste dit, contrairement aux autres, que cette femme dut être marquèse de Foix; sa raison est qu'elle épousa Pierre-André, sans autre désignation. — Mais Pierre-André n'a de commun que son premier nom avec PIERRE DE ST. FALLE, nommé partout de ces deux noms uniques, jusque sur sa tombe encore existante, et désigné par le nom de St. Falle entre les grands seigneurs, ou *chevaliers bannerets*, qui accompagnèrent le Roi de Navarre en l'ost de Foix, l'an 1271 (2).

Ailleurs, ce rejeton de la maison de Foix est qualifié de *comtesse de Foujulonque*, lequel nom, est-il dit, équivalait à Foix. Au lieu de discuter, nous citerons les pièces.

Le Nobiliaire universel (3) dit : « PIERRE DE ST. PHALLE, chevalier, seigneur de Cudot, mort en 1275.-N......, COMTESSE DE FOIX, qui portait d'or à trois pals de gueules écartelés, gisant au prieuré de Cudot *avec leurs armes;* celles des St. Phalle brisées d'un lambel à 4 pendants, pour marque de cadet (4). »

Les tombes de ces deux époux se voient encore à *Cudot*, dans la chapelle Notre-Dame de l'église prieurale, qui est la sépulture principale des barons de cette branche. Sur une des pierres tombales se lit : Exumé en l'an de grâce 1234. Puis auprès, sur une autre :

« CI GIST MESSIRES PIERRES DE SEINT FALE
CHEVALIERS QUI TREPASA LA SURVEILLE DE NOE (NOEL) EN L'AN DE GRACE MHCLXXV (1275).
CUI DIEX FACE MERCI, ET GARDE DE MÉCHANCE QUI PRIRA POUR LI (5).

La figure de ce baron est sous une arcade trilobée, que soutient de chaque côté une colonnette à chapiteaux ornés de rinceaux. A droite et à gauche, au-dessus, se répète l'écusson de St. Phalle, d'or à croix ancrée de sinople. Il est représenté tête nue, avec sa cotte de mailles

(1) P. 3, verso, parchem. relié en veau, *Bibl. Imp.* manusc. 1860.
(2) *Rôle de la Chambre des Comptes*, de La Roque, traité de la nobl. p. 60.
(3) Manusc. *Bibl. Imp.* t. XV, p. 60, etc.
(4) Id. le cah. St Phalle, même salle, etc., etc., etc.
(5) Plusieurs de ces sept derniers mots sont abrégés en signes.

complète, surmontée d'une tunique sans bras, à demi ouverte du bas et tombant au-dessous du genou. Il a son épée près de lui, et, sous les pieds, un chien.

Une autre tombe à côté de celle-ci porte :

« SI GIST NOBLE DAME CONTESSE DE FOIXS
QUI FUT FAME MON SEIGNEUR PIERRE DE SEINT FALE, NOTRES SIRES OIT L'AME DE LUI (*elle*).
ANIMA REQUIESCAT IN PACE. AMEN. »

Cette tombe représente la comtesse la tête sur un coussin ; elle porte un bandeau élevé formant couronne, qu'un voile recouvre à demi. Cette belle et douce figure a les mains jointes ; une élégante aumonière est suspendue à sa ceinture ; sur la poitrine, au-dessus de la robe et attachée à la chemisette, est une broche carrée ornée de grosses gemmes. De ses épaules tombe jusqu'aux pieds un manteau ouvert, montrant de chaque côté sa noble fourrure intérieure. Ses pieds posent sur une levrette. Au-dessus d'elle est une ogive trilobée, que surmontent à droite et à gauche deux anges lançant leur encensoir. Les armes, situées à côté de cette figure à Cudot, sont : d'or, à trois pals de gueules ; ce qui est de Barcelone et Foix, écartelé des vaches de Béarn.

L'inscription de cette tombe fut encore relevée en janvier 1854, par M. Duplès-Agier, élève de l'Ecole des Chartes, et bibliothécaire à la Bibliothèque Impériale de Paris. La curiosité l'avait dirigé vers Cudot. Elle est écrite et signée de sa main. Six siècles n'ont pu passer sur ces tombes, que protége aujourd'hui un parquet mobile, sans user les traits de la pierre. Mais, en se donnant quelque peine, peu de lettres échappent à la lecture.....

Dans le registre intitulé Extrait du chartulaire de l'Abaïe des Escharlis (1), nous lisons cette lettre de CATHERINE, de la royale maison de CAPET-COURTENAY, impératrice de Constantinople, cousine et suzeraine de PIERRE DE ST. FALLE.

« Nous, Catherine, par la grâce de Dieu, *Empereris de Constantinoble* (impératrice), fesons savoir à tous que, comme nous eussions mis empeschement ès pastures, et en l'usage que religieus hommes li abbes et li couvans de l'Eglise des Eschallies, de l'ordre de Cystiaus, en la diocèse de Sens, disoient aus avoir au nom d'aus et de leur église, ès terres gaingnables qui sont lès (près) leur clos, que l'on dit d'Erabloy, pour ce que nous disoions les dites pastures estre communes aux hommes et aux bourjois de notre féable MONSEIGNEUR PIERRE DE SEINT FALLE, jadis seigneur de *Cudot* (mort en 1275) et de ses hoyrs. Et le dit religieus aient finné à nous pour notre droit par 20 livres tournois petits, jà paiés à nous, et avec cen (ceux) li dit religieus au nom de eux et de leur église, s'estoient acreu en deux sesiers (septiers) de mousture à prendre chacun an sur le moulin henri de Saint-Hillaire, liquel leur furent donné si comme l'on dit de feu Aubert dit le Sec. Nous, par la finance dessus dit, les di pastures délivrons au dit religieus à toujours, avec les dites deux setières de mousture, et amortissons à perpétuité pour nous et pour tous nos hoirs. Et pour tous ceaux qui ont ou pourroient avoir cause de nous, sans

(1) *Bibl. Imp.*, Paris, 1860, manusc.

espérance de rappeler. Au tesmoing de laquelle chose nous avons donné ces lettres, scellées de notre propre seel. Données en l'an de grâce 1300, au mois d'octove (1). »

Une pièce analogue concerne un PERRINEZ DE SEINT FALE, seigneur en partie de Cudot, et, *comme tel, relevant de la terre de Courtenai, au droit de laquelle* va parler le prêtre Guillaume de Montagu. Ce Perrinez n'est point classé dans la généalogie.

« A tous cels qui ces présentes verront, Guillaumes, prêtre de Montagu, tenons le bal de la terre de Courtenai, salut en notre Seigneur. Nos fesons savoir à tous que tel franchisseux que PERRINEZ DE SEINT FALE, escuier, notre hons lige dou fie de Cudot a fet et donné de novel à ses hommes de Cudot, nos le dit franchissement, loons (louons), agréons et aprouvons tant que à nos appartient, et en avons eu le quint denier, dou quel nos nous tenons à paie au témoin de la quelle chose nos avons donné au dit hommes de Cudot ces lettres scellées de notre contreseel. Données à Courtenai, le jeudi après Penth., en l'an de grâce 1290, au mois de mai (2). »

La haute et baronniale position de PIERRE DE ST. FALE, époux de N....... DE FOIX, et que l'impératrice de Constantinople, sa cousine, vient de qualifier de Monseigneur, est constatée par son titre de *chevalier banneret*, le plus grand qui fut alors:

LISTES DES CHEVALIERS ET ESCUYERS QUI DOIVENT SERVICE AU ROY, ET QUI VINDRENT EN L'OST DE FOIX, AN 1271.

« Le duc de Bourgogne amena avec soi sept chevaliers bannerets. » — Puis, viennent les chevaliers bannerets du roy de Navarre (*comte de Champagne*). « C'est assavoir, Hugues de Conflans, maréchal de Champagne, Hugues de Conflans, son fils, le seigneur de Croisilles, le seigneur de Toureste, Raoul de Toureste, son frère, le seigneur d'Arras, le seigneur d'Arzillières, le seigneur de Broies, le seigneur de Pacey, Monsieur Gieffroi de Joinville, LE SEIGNEUR DE SAINT FALLE (3). »

Or, ayons ici quelques mots pour des titres qui reviennent sans cesse. « Nos Rois, pour reconnaître le mérite des nobles par des récompenses dignes de leur grandeur, en établirent trois degrés : bannerets, bacheliers et écuyers. »

LES BANNERETS étaient des *gentilshommes* (*gentis homines*), qui avaient *de grands fiefs*, lesquels leur donnaient le droit de porter bannière dans les armées royales. Elles étaient à pennons ; et ces bannerets étaient obligés de soudoyer cinquante hommes d'armes, (*au moins, Philippe, fils de Pierre de St. Fal, en commandait cent à la bataille de Mons-en-Puelle*), et les archers et arbalétriers qui la devaient accompagner. Chaque homme d'armes devait avoir à sa suite deux hommes à cheval, » ce qui s'appelait *fournir* la lance.

Ces « gendarmes, gens à cheval ou à pied, étaient entretenus à sa table et soudoyés à ses dépens. » Et « pour parvenir à la dignité de bannerets, il ne suffisait pas d'être puissant en fiefs et en vassaux, c'est-à-dire de faire une compagnie complète de gens de cheval; il fallait être gentilhomme de nom et d'armes; car le titre de banneret était réservé à la haute noblesse. »

(1) Eschalis, p. 411. *Bib. Imp.* 1860, Man.
(2) P. 369, id. ibid.
(3) Rôle de la chambre des comptes, de La Roque, *Traité de la Noblesse*, p. 60. De Broies, 1er *baron* de Champagne.

Aussi, les grands seigneurs « de Bretagne portaient-ils leurs armes *carrées* (*l'écusson prenant la forme de la bannière sur laquelle il flottait*), pour montrer qu'ils étaient descendus de chevaliers bannerets. Le pouvoir de *lever bannière* était réputé à grand honneur, et cette cérémonie se fesait avec beaucoup de solennité. »

« Les bannerets étaient d'ordinaire reconnus sous ce nom, AUSSI BIEN QUE SOUS LE TITRE DE BARONS, » qui désignait alors, d'une manière générale, la plus haute noblesse. — Mais, « en Bretagne, les barons étaient distingués des bannerets. » Et comme ceux-ci « avaient souvent la qualité de chevaliers, c'est ce qui les a fait appeler chevaliers bannerets. Il y avait aussi des écuyers bannerets, qui possédaient des fiefs avec le droit de bannière; mais ils ne prenaient point la qualité de messire, de monseigneur, ou de monsieur, non plus que les simples écuyers. Ils portaient des éperons blancs, et non des éperons dorés, réservés aux seuls chevaliers; » mais ces nobles écuyers commandaient aux chevaliers placés sous leur bannière.

« Les bannerets avaient le privilége DU CRI DE GUERRE, qui leur appartenait privativement à tous les bacheliers et à tous les écuyers, parce qu'ils avaient droit de conduire leurs vassaux à la guerre, et d'être chefs de troupes et d'un nombre considérable de gendarmes. »

« Les Bacheliers étaient du second ordre, c'est-à-dire inférieurs aux barons et aux bannerets. Le banneret recevait l'investiture par la bannière carrée, le bachelier par le pennon qui finissait en queue. Charles-le-Sage ayant donné la lieutenance générale de son armée à B. du Guesclin, il s'en voulut excuser, dit Froissard, parce qu'il n'était que bachelier, sur quoi ce prince lui témoigna publiquement qu'il voulait que les grands lui obéissent. »

« Le bachelier n'ayant ni assez de biens, ni assez de vassaux pour les mener à la guerre à ses dépens, marchait et combattait sous la bannière d'autrui. »

« Les bannerets et bacheliers commencèrent à être en oubli durant les divisions et diverses factions de ce royaume sous Charles VII, qui fit les ordonnances de gens à cheval. Et ce qui fit négliger la qualité de bannerets, c'est qu'ils ont perdu le commandement des armées (1). »

La qualification ordinaire des nobles, lorsqu'ils n'étaient point les aînés, était celle de chevalier, s'ils avaient individuellement conquis ce droit, et en attendant d'écuyer. « Autrefois, il fallait être *de race considérable* par la noblesse et par la chevalerie pour pouvoir être chevalier. Ceci se justifie par une enquête au parlement de l'an 1261, sous le règne de saint Louis, pour savoir si Pierre-aux-Massues était *de telle race* QU'IL PUT *et dut être fait chevalier.* » (p. 276, *id., ib.*).

Quant au titre de baron, qui ne passe plus aujourd'hui qu'après celui de vicomte, il était jadis le titre par excellence, et le synonyme de grand seigneur. Dans le principe, « il comprenait tous ceux qui tenaient leur principale seigneurie immédiatement de la couronne. » Aussi, « aux registres du Parlement de la Toussaint de l'an 1282, une enquête du 12 décembre porte ces mots : Appert que baronnie *anciennement* était seigneurie souveraine après le roi, et dessous lui. Aussi baronnie était plus que comté, attendu qu'il y a des comtes qui sont barons, et d'autres non. « Baron signifie homme par excellence, homme d'importance, et fort vaillant; et, en langue gothique, grave et brave seigneur, à cause de la prestance de sa noblesse, » p. 240. La loi somptuaire de l'an 1283, du roi Philippe-le-Hardi, ne met point de différence entre le

(1) De La Roque, *Traité de la Noblesse*, p. 18 à 21.

duc, le comte et le baron. — Item, li duc, li conte et li baron, de 6,000 livres de terre ou de plus, pourront faire quatre paires de robes par an, et non plus, et leurs femmes autant. » « Nul seigneur ne pouvait se dire baron qu'il n'eût ville close, qu'il n'eût fondé une abbaye ou un prieuré, et qu'il n'eût pour le moins deux châtellenies, haute justice, moyenne et basse (1). »

Lorsque nous atteindrons le règne de Louis XIV, ennemi de la puissance aristocratique ou baronniale, et que nous verrons le titre de marquis surtout, remplacer le titre de baron, quitté par la haute noblesse, ces données nous expliqueront ce qu'il nous serait sans cela difficile de comprendre. (*Voir plus bas.*)....

Il est dit de PIERRE DE ST. FALE, BARON ET CHEVALIER BANNERET, comme ses pères, qu'il suivit le comte de Champagne et roi de Navarre, dont il fut un des principaux officiers. Après avoir vaillamment combattu avec le roi saint Louis, en croisade, criblé de blessures et accablé d'infirmités, il se retira en son château de Cudot, où il finit ses jours dans les sentiments d'une grande piété.

De son mariage avec N... de Foix, contre le frère de laquelle, à la suite du roi de France et du roi de Navarre, il avait levé bannière, en 1271, (*Voir ci-dessus.*) Pierre de St. Fale eut :
VI. Pierre de St. Phale qui suit...

VI. ISABELLE DE ST. PHALE, abbesse de l'illustre abbaye de Notre-Dame-aux-Nonnains de Troyes, 1315, et morte le 6 avril 1328. Des arbitres terminèrent une contestation née entre elle et l'évêque de Troyes, au sujet des chevaux des évêques entrant dans la ville après leur sacre. Ladite abbesse de St. Phalle prétendait que les chevaux lui devaient appartenir. Elle eut gain de cause, à charge de donner à l'évêque, selon la coutume, le lit de plume sur lequel il avait couché (2).

VI. AGNÈS DE ST. PHALLE, mariée à JEHAN DES BARRES, chevalier, seigneur de Villemanoche, entre Montereau et Sens, etc., etc. JEHAN DES BARRES est un des grands seigneurs de Champagne que nous allons voir figurer, avec Pierre de St. Phalle, au nombre des barons, pairs de la crosse, qui intronisent l'archevêque VICOMTE DE SENS. — Il est nommé dans le cartulaire laïque de Champagne, p. 95 verso *de Barris.* (3).

« Jehan des Barres, seigneur de Chaumont-sur-Yonne, etc., etc., conseiller du conseil étroit du roi, est envoyé, en 1311, avec Anseau de JOINVILLE, et SIMON DE MENOU, (*deux maisons auxquelles est alliée la maison de St Phalle*) pour la guerre qui se faisait en Lorraine. — Il porte : lozangé d'or et de gueules (4). » Dans l'extrait du Cartulaire des Échalis, nous retrouvons un acte témoignant d'une alliance antérieure des deux mêmes maisons, car il est au nom de Pierre des Barres, chevalier : *Ego Petrus de Barris, Miles*.... Il a pour date l'an 1228, et se termine par le sceau seigneurial, portant d'un côté les armes de la maison Des Barres, et de l'autre celle de St Phalle (5).

Nous copions au cabinet des manuscrits une pièce conçue en ces termes : « Par un aultre titre d'après la saincte Lucye, 1313, il appert que Jehan Des Barres, chevalier, seigneur de Ville-

(1) De La Roque, *Traité de la Noblesse et de toutes ses différentes espèces, etc.* p. 211.
(2) Voir ci-dessus Vallet de Virivlle, *Gallia Christiana*, t. XII, p. 567, — et en cet essai, p. 33 et 34.
(3) Man. *Bibl. Imp.*, 1860.
(4) P. Anselme, p. 686, v. VI.
(5) Voir p. 281, manusc. *Bibl. Imp.*, 1860, registre Eschallis.

neuve-la-Guyard, fils de JEHAN DES BARRES, chevalier, et de DAMOISELLE AGNÈS DE ST. FALLE, héritière de feue Perronnelle de St. Falle, dame de Bretigny et Villetard, recognus que la dame Perronnelle, par son testament, avoit faict ung grand lais aus d. abbesse et religieuses pour fonder en la dicte église Notre-Dame un autel de SAINCT GEORGES ET SAINCT FALLE, et y annexer les héritages et rentes qui seroient acquis des deniers de la d. Perronnelle, tant pour l'entretien du dict autel que du chapelain qui deservivrait icelluy. Et, pour ces effets, le d. des Barres aurait constitué 16 livres de rente par chacun an sur la dicte terre de Villeneuve-la-Guyard, et généralement sur tous ses autres biens. Icelle rente rachetable de la somme de deux cent livres à tous cas, et moyennant ce, le d. des Barres serait demeuré quitte et déchargé du dict lais. Et lui seraient demeurés les héritages affectés aux dicts lais francs quittes et déchargés d'icelluy. Et, par lettres patentes du roy Charles, données à St-Germain-en-Laye, au mois de féburier 1341, les héritiers de la d. Perronnelle impétrants auroient faict admortir au proffet du dict autel et de Mre Jehan de Château-Villain prêtre chapelain d'icelluy les héritages qui des (*illisible*)... de la d. Peronnelle auroient esté acquis par le d. chapelain du sieur de Dosche assis au maiguilles les Cellières, comme appert par les (*deux ou trois mots illisibles*) d'admortissement (1). »

VI. PIERRE DE ST. PHALLE, chevalier, baron de Cudot et autres lieux, fils de PIERRE DE ST. PHALLE et de BRUNNE DE FOIX. — Agé de moins de vingt ans, il accompagna le roi saint Louis dans sa dernière expédition d'outremer, et prenant part à la croisade d'Afrique, il assista au siége de Carthage et de Tunis, en 1270. Une légende, recueillie par des chroniqueurs, explique par sa réponse aux instances de sa mère la devise de la maison de ST. PHALLE : *Cruce Deo, gladio regi jungor*. Sa mère usait de prières pour détourner un si jeune combattant de ce périlleux voyage. Mais, restant fidèle aux exemples de ses ayeux et de son vieux père, il répondit : A Dieu, suis-je par la croix lié, et par l'épée au roy! Paroles qui restèrent depuis attachées au blason des siens.

Lorsque mourut le roi saint Louis, PIERRE DE ST. PHALLE se trouvait devant Tunis. Emporté par l'ardeur de son âge dans la bataille que livra Philippe-le-Hardi aux défenseurs de la place, il fut enveloppé par les Sarrasins; et, après des prodiges de valeur, il resta entre leurs mains jusque vers 1275, époque de la mort de son père. Des marchands juifs donnèrent alors de ses nouvelles à Florence, puis à Marseille, puis à sa mère BRUNNE DE FOIX; mais ce fût en lui apprenant que la rançon, fixée d'après la mine et la riche armure de son fils, s'élevait à une énorme somme. Ne pouvant se la procurer après les dépenses considérables qu'elle avait faites pour les équipages de son mari, puis de son fils, et pour les hommes d'armes qui suivaient leurs bannières, elle languit et mourut de chagrin. Touchés de la situation de leur seigneur, les habitants de Cudot aidèrent de toutes leurs ressources pécuniaires à la rançon du captif.

Pierre de St. Phalle, à son retour, voulut rembourser ses vassaux en vendant ses biens; mais ceux-ci s'y refusèrent. Ce fut en reconnaissance de ce dévouement qu'il accomplit l'affranchissement des serfs de Cudot, déjà commencé par son ayeul. Il leur remit, à eux et à leur postérité, les droits de servitude et de main morte, par acte passé le lendemain de la fête de saint Marc, 1296.

Cet acte, écrit sur parchemin, fut approuvé, signé et scellé du sceau de CATHERINE, apparte-

(1) Timbre fleurdelysé rouge, *Bibl. Imp.*, 1859, Liasses St. Phalle, Man.

nant par son mari à la royale souche de la maison de FRANCE, branche de COURTENAY, impératrice de Constantinople, et, par les Courtenay, cousine de PIERRE DE ST. PHALLE; car, d'elle relevait la baronnie de *Cudot*. La ratification de cette princesse est de l'an 1300, le dimanche après la Saint-Nicolas d'hiver.

L'original de cette pièce était, en 1712, aux mains de messire DAVID, marquis DE ST. PHALLE, guidon des gens d'armes de la garde du roy. Il passa ensuite à JEAN-VINCENT, comte DE ST. PHALLE, et pourrit en terre dans la révolution de 1793, avec plusieurs autres titres fort précieux. Nous ne le trouvons point mentionné dans l'extrait du chartulaire des Eschalis, où nous avons copié un acte de cette même princesse, touchant MONSEIGNEUR PIERRE DE ST. PHALLE, père de celui-ci, acte antérieur de quelques semaines. Mais il est mentionné dans l'article relatif à PIERRE DE ST. PHALLE, mari d'ALIX, au Nobiliaire universel (t. XV. p. 60, etc.). Il était de notoriété publique dans la maison de ST. PHALLE, et chez les amis de cette maison; il se trouve, d'ailleurs, uniformément décrit dans les anciennes généalogies (*E. du Deffand*, etc.) et dans *les catalogues* anciens des titres du chartrier de Montgoublin. Nous ignorons s'il en existe quelque part copie entière et authentique. Il eut fait admettre Pierre à la Salle des Croisades de Versailles, où il eût figuré à côté d'ANDRÉ DE ST. PHALLE, le seul des barons croisés de son nom de qui *le titre original* étant resté intact entre les mains de MM. de St. Phalle, put être présenté.

Un autre acte, entre le même Pierre de St. Phalle et les habitants de sa baronnie de Cudot, marque qu'il leur accorda la commutation du droit de terrage ou champart, en un boisseau-journal pour les chevaux *des seigneurs barons de Cudot*, ce qui subsistait encore avant la révolution de 1789.

PIERRE DE ST. PHALLE est, héréditairement, l'un des grands seigneurs pairs de l'archevêque et vicomte de Sens, primat des Gaules et de Germanie. Il coopère, en cette qualité, à son intronisation, qu'explique la pièce suivante :

INTRONISATION DE L'ARCHEVÊQUE DE SENS.

« L'an du Seigneur 1294, le dimanche après l'Epiphanie, jour où monseigneur Etienne Béguard, par la grâce de Dieu, ARCHEVÊQUE DE SENS, fut, à son arrivée dans le diocèse de Sens, reçu dans le monastère de Saint-Pierre-le-Vif, se présentèrent devant ledit archevêque les personnes énoncées plus bas, pour rendre audit monseigneur l'hommage qu'ils lui devaient (*servitium*) comme à tous les archevêques de Sens; c'est à savoir que, le jour de sa réception, ils devaient porter ledit archevêque de cet endroit jusqu'à l'église de Saint-Etienne de Sens. — Il fut porté, savoir, pour le comte de Joigny, par GUILLAUME DE JOIGNY, son oncle; pour les sieurs DE PIFFONS et DE COURTENAY, par messire ETIENNE DE GALATAS, chevalier; pour messire PIERRE DE ST. PHALLE, par lui personnellement; par messire GUILLAUME DE TIANGES, par messire DE MAROLES, pour lui personnellement; par ANSELME DE TRIANGLE, pour lui personnellement; par JEAN DES BARRES et GUILLAUME DES BARRES, son frère, écuyer, pour eux personnellement, se présentant tous pour eux ou pour les absents, à qui il appartenait de le porter. Ensuite et ledit jour, Monseigneur l'Archevêque fit demander dans le monastère susdit si le comte DE CHAMPAGNE était présent, ou s'il y avait son délégué, car on disait qu'il était tenu de porter l'archevêque. Messire HUGUON DE BOUILLÉ se présenta devant l'archevêque pour le comte de Champagne, et dit que si ledit Comte s'était cru *obligé* à cet hommage ou à tout autre, il l'aurait fait et rempli librement, mais qu'il ne croyait pas y être obligé, et ne pensait pas qu'aucun de ses ancêtres l'eût jamais rempli ; et, à cause de cela, il refusa de rendre cet hommage. »

« Le texte original est dans les archives de l'archevêché de Sens ; et moi, JEAN-VINCENT, COMTE DE ST. PHALLE CUDOT, chevalier de Saint-Louis, etc., et CHARLES-MAXIMILIEN DE ST. PHALLE, branche de Neuilly, abbé-doyen de Vézelay, nous affirmons qu'il nous fut montré, en 1778, par M. l'abbé de Chambertrand, *à la tête* du chapitre de Sens, ainsi que différents échanges entre ledit Pierre de St. Phalle et l'église de Sens. Mais ce texte est rendu public dans le *Gallia Christiana* des Bénédictins de Saint-Maur (1). »

Mais afin de rendre le sens de cette pièce plus intelligible, nous la ferons suivre d'un extrait de quelques lignes, relatives à l'ancien évêché de Meaux, dont le titulaire, quoique beaucoup moins considérable que l'archevêque de Sens, avait jadis pour pair, assujetti au service féodal, le roi lui-même.

« Il est une coutume que l'on retrouve dans l'histoire de plusieurs évêchés, c'est celle du joyeux avènement des nouveaux titulaires le jour de la prise de possession de leur siége. »

On la comprend en se rappelant que les évêques étaient considérés au nombre des plus grands seigneurs du royaume ; qu'ils étaient souvent revêtus des plus hauts titres laïcs, enfin que, selon l'expression même du célèbre historien protestant Gibson, la France étant une monarchie fondée par ses évêques, ainsi qu'une ruche l'est par ses abeilles, les évêques y figuraient, en quelque sorte, comme les pères et les ancêtres des rois.

Or, en ce jour, « à Troyes, l'évêque était porté triomphalement par les quatre barons de la crosse : les seigneurs d'Anglure, de St.-Just, de Poussey et de Méry sur-Seine, *pairs* et *vassaux* de l'évêché. »

« A Meaux, les quatre seigneurs obligés à cette marque de vassalité, » considérée comme une preuve de pairie, c'est-à-dire de la plus haute position seigneurale, « étaient le vicomte de Meaux, le vidame de Trilbardou, le seigneur du fief de St.-Clair, à Mareuil près Meaux, et le seigneur de Boulard, en Multien. »

Aussi l'évêque devait-il *reconnaître* cet hommage, ou ce service féodal, *servitium*, qui lui était rendu par ses pairs laïcs !

Ainsi, par exemple, « le VICOMTE DE MEAUX revendiquait pour ce service, entre autres objets, la vaisselle d'or et d'argent qui avait servi au repas de l'évêque, le linge de table, son *anneau*, sa chaise à porteur, et surtout le drap d'or. Les pairs de l'évêché de Troyes avaient droit aux joyaux et aux dépens. » Et, de même qu'à Sens, l'archevêque réclame cet hommage féodal de son souverain le comte palatin de Champagne et de Brie, roi de Navarre, qui de très-bonne heure le refusait, de même, à Meaux, l'évêque le réclamait en circonstance analogue du roi lui-même, qui n'hésitait pas à le rendre, au moins par procuration.

« Dans l'église, le jour de la fête patronale de St.-Étienne, au moment de l'offertoire, un homme de l'évêque appelait par trois fois le roi. Après le troisième appel, se présentaient le procureur et l'un des avocats du roi au baillage. L'un des deux représentants de l'autorité

(1) T. XII, p. 79, instruments, an 1291, CIIIe pièce.

royale s'approchait du maître-autel, et y prenait l'un des trois cierges qu'on avait disposés à cet effet. Le cierge que prenait le procureur était garni d'un écusson aux armes du souverain. Son porteur s'approchait de l'évêque, dont il baisait l'anneau, puis il offrait le cierge. A leur tour, et l'un après l'autre, le VICOMTE DE MEAUX et le VIDAME DE TRILBARDOU, étaient appelés par trois fois, et chacun d'eux allait prendre un cierge sans armoiries, pour accomplir la même cérémonie. » Celui qui représentait la personne du roi devait, seul, avoir ce jour-là les honneurs du cierge à écusson (1).

En définitive, cette cérémonie était celle *de l'investiture* des principaux évêques. Elle était l'analogue de celle des rois francs, *élevés sur le pavois, et* PORTÉS, ainsi que l'archevêque vicomte de Sens, par leurs pairs. Ce devoir rendu par ces pairs-de-la-crosse à certains évêques, qui se considéraient eux-mêmes comme les pairs du souverain, et qui recevaient de lui cet hommage, était donc considéré comme un des droits et priviléges les plus importants par la haute aristocratie du moyen âge. Les fiefs soumis à ce service féodal, c'est-à-dire les fiefs qui conféraient à la fois cette obligation et ce droit, ne pouvaient, à cette époque, être seigneurialement possédés que par des personnages. Nous voyons ici PIERRE DE ST. PHALLE le partager avec le comte de Joigny, Jehan des Barres, Guillaume de Thianges et l'un des rejetons de la souche royale Capétienne du rameau de Courtenay, auquel s'allie à diverses reprises la maison de St. Phalle. C'est assez dire le rang que témoigne cette insigne prérogative!

PIERRE DE ST. PHALLE, épouse vers l'an 1278 ALIX, fille de JOUFROYS DE LA CHAPELLE, sire de Sespaus, de Chanvalon, etc., chevalier, et de dame MARIE-ANTOINETTE DE TENELLES DE VILLEGAGNON, dame de Pessy et de Beaulieu. En l'an 1295, Pierre a pris une seconde femme.

« Pierre de St. Phalle, chevalier, sire de Cudot, et MARGUERITE sa femme, s'accordent avec l'abbé sur les limites de *Cudot*... » et l'écusson portant les armes de St. Phalle, scelle en cire verte cette pièce de l'abbaye des Echalis (2).

PIERRE DE ST. PHALLE fut inhumé dans l'église du prieuré de Cudot. Sa tombe encore existante (1860) le représente tête nue, vêtu, du haut en bas, de sa cotte de mailles, que recouvre une tunique à manches étroites, descendant au-dessous du genou, et les mains jointes auxquelles est attachée une paire de gants tombant en contrebas. Ses pieds reposent sur un lion éveillé, à queue dressée, et prêt à s'élancer, qui témoigne de sa vaillance. Il porte au flanc son épée, à demi couverte de son écu semblable à celui de son père, et marqué de la même brisure. (*Voir ci-dessus.*) Près de lui, sur la droite, est sa lance. Il figure sous une ogive trilobée, dont la retombée pose de chaque côté sur un tailloir de colonnette. Deux pinnacles ornés s'élèvent à droite et à gauche de l'ogive. Entre eux et le rampant sont, des deux côtés, un ange dont l'encensoir plonge sous le lobe médial. L'inscription dit :

ISSEI GIES MESSIRE PIERRE DE SAINT FIULE (3)
CHEVALIER, QUI TRÉPASAS AN L'AN DE GRACE MIL DEUX CENT QUATRE VINGT DIX SEPT
LE DIEMINCHE DEVANT LA SAINT LUC.

(1) Voir *les Monuments de Seine-et-Marne*, par MM. Aufauvre et Ch. Fichot, Paris, 1858, p. 173. — Id. *Archives de l'Aube*, Vallet de Viriville, professeur à l'école de Chartes. — Paris, 1841, p. 96, 97, 343, etc.

(2) Extr., Ech. manusc. *Bilb. Imp.* 1860, p. 12.

(3) Mis quelquefois pour Fal, Phal, ou Phale, de fidolus; aux mêmes lieux et avec mêmes armes qu'ascendants et descendants.

Pierre de St. Phalle laissa deux enfants :

VII. PHILIPPE qui suit. — VII. ANNE DE ST. PHALLE, mariée à MICHEL DE VICHY, seigneur de Précy; « Laquelle maison de Vichy étant tombée en quenouille, la terre de Précy est passée à la maison d'Allègre; et, plus tard, à celle des du Prat, marquis de Nantouillet.» (*E. du Buffand, gén.*)

Anne avait eu, dans son partage, une partie du vaste domaine de Cudot.

En l'an 1250, RENAUD DE VICHY était grand-maître du Temple. Ce fut lui qui engagea saint Louis à prolonger son séjour en Syrie, pour y relever les affaires des chrétiens ; il mourut vers 1256.

VII. PHILIPPE DE ST. PHALLE, chevalier, baron de Cudot, etc., etc., fut filleul de Philippe III, dit le Hardy. En reconnaissance des longs et loyaux services de son père, chevalier banneret, Philippe le Bel le nomma capitaine de cent hommes d'armes. Le brevet original sur parchemin était en la possession de Jean Vincent, comte de St. Phalle, chevalier de Saint-Louis, etc., qui l'affirme sur l'honneur. L'ayant enterré avec d'autres titres pendant la révolution de 1793, il le retira pourri. Mais, en cette année 1812, il existe encore chez M. d'Hozier plusieurs quittances originales relatives à cette commission, portant le seing de Philippe de St. Fale, et scellées de ses armes.

A la tête de ces cent hommes d'armes, et de ceux qui devaient suivre sa bannière, il combattit à la bataille de Mons-en-Puelle, en l'an 1304. Le roi Philippe le Bel étant serré par les Flamands, désarçonné, et n'ayant plus son armure qui le fit reconnaître, avait à ses pieds Gilbert de Chevreuse, étendu mort et tenant en ses bras l'oriflamme. Avisant la bannière de Philippe de St. Phale qui, sans doute, ignorait que le roi fût si près de lui, il jeta ce cri : Aïe sainct Phale ! c'est por le Roi ; — ce que la ballade traduisit longtemps après par :

Sainct Phalle à moy,
C'est pour le Roy.

St. Phalle, suivi de Destain, se ruant avec une poignée de gentilshommes, le roi fut remonté... et des Flamands se fit un effreux carnage... Le père Alixand cite dans sa généalogie ce fait d'armes, qu'une autre généalogie rapporte d'après un chroniqueur ; nous ne savons quel il est. Il a cependant pour lui la tradition écrite; et comme, en qualité de chevaliers bannerets, les seigneurs de St. Phale avaient de nécessité *leur cri de guerre* (*Voir ci-dessus, à V. Pierre de St. Fale*), ils le changèrent pour ces paroles d'appel qui, de nos jours, surmontent non plus leur bannière, mais leur écusson et leur *devise* : A MOY ST. PHALLE, C'EST POUR LE ROY !

Philippe de St. Phalle épousait vers l'an 1325 ISABIAU DE LOOT, fille de Jehan de Loot, chevalier, baron d'Aigremont, et d'ISABIAU DE CONDÉ, dame de Cérilly..., village près de Sens, canton de Cerisiers (1). Un vieux titre de 1345 établit la vente de la terre d'*Arablay* par Philippe de St. Phalle et Isabeau de Loot sa femme, dame de Cerilly. (*Ibid.*)

De ce mariage, cinq enfants : VIII. *Jehan de St. Phalle* qui suit. VIII. MARIE DE ST. PHALLE, mariée à PIERRE DE MOUCHET, chevalier, lequel, dit le père Alixant, commandait cent hommes

(1) *Nob. Univers.*, t. XV, p. 60, etc. — Id. Fragm. général, liasse St. Phalle, manusc. *Bibl. Imp.*; 1859. — Général. Cherin, etc., etc. — Chart. de M.

d'armes. VIII. MARIE-AGNES DE ST. PHALLE, DAME ABBESSE de Villechasson, Rosoy (1). VIII. JEHANNE DE ST. PHALLE, mariée à JEHAN DE DICY, écuyer, seigneur de Vernoy (2). VIII. GUYOT DE ST. PHALLE qui épousa noble dame N..., et eut deux filles : *Marguerite* et *Jehanne*, comme il appert d'un acte de partage du 15 février 1375. On ignore si *Jehanne* prit alliance. MARGUERITE *fut la cinquième des nobles abbesses de Notre-Dame-aux-Nonnains* de Troyes, issues de la maison de St. Phalle (3).

VIII. JEHAN DE ST. PHALLE, chevalier, baron de Cudot, seigneur de Cerilly, etc., etc., fit le partage de la succession de son père avec les sires Guyot de St. Phalle, Pierre du Mouchet et Jehan de Dicy, ses frère et beaux-frères, par acte fait à Villeneuve-le-Roy, par *Crépy*, *Jehan Billy* y étant prévost, le samedi après *oculi*, l'an 1363, ou 8. (*Doc. chart. de M.*) Cette même année, J. de St. Phalle, chevalier, plaide contre JEAN DE CHATILLON, seigneur de Dampierre et de Sompuis (4).

Le vendredi après Pasques 1368, JEHAN DE ST. PHALLE, épouse damoiselle Jehanne de Vaux, fille du sire GUILLAUME DE VAUX et de dame SIMONINE DE BAZOCHES. Le contrat, passé devant le *Riche*, clerc tabellion à Courtenay, lui donne les seigneuries de Corbeilles et de Juranville dans le Gâtinais, près Beaumont et Puiseaux ; et celles de *Vaux-Profonde* et des *Cuissarts*, près de Courtenay, où fut bâti plus tard, par un des siens, un des châteaux du nom de ST. PHALLE, et mouvant en plein fief du roy, pour lors seigneur de Courtenay. (*Doc., char. de M.*)

Entre ledit seigneur baron Jehan de St. Phalle, et les habitants de Vaux-Profonde-les-Courtenay, il existe un accord au sujet de la démolition du château de Vaux-Profonde. L'acte fait par *Cliquant*, à Courtenay, — *Renaud Dufresne* y étant prévot, — est daté du mardi après les Brandons de l'an 1382. Pendant les guerres de la Jacquerie, les paysans révoltés contre les Seigneurs avaient attaqué, pillé, puis démoli ce château, qui se trouvait avoir servi de retraite aux Anglais (5).

Jehan de St. Phale fut, contre ses maudits envahisseurs, un des plus rudes capitaines de son temps. Dans la lettre de rémission que lui adresse, en 1372, le roi Charles V, dit le Sage, et de laquelle nous allons extraire ce qui suit, le monarque appelle ce seigneur « homme de bonne renommée et drouete conduite, ayant souffert pertes et dommaiges pour le fait et occasion de nos guerres et autres. » Mais il avait violé la sauvegarde du roi, dont s'était muni contre lui son cousin « *Andrieu de St. Phalle*, chevalier, riche et puissant homme. » Sous un prince tel que Charles le Sage, il lui fallait donc des lettres de grâce, quels qu'eussent été d'ailleurs ses services. Ces lettres disent :

En l'an 1366, à la tête de dix enseignes de cent hommes, « *Jehan de St. Phalle* était allé au pays d'Espagne, en la compagnie de notre amé et féal chevalier *Bertrand du Guesclin*, connétable de France, » (6) purgeant le royaume des grandes compagnies, ou des malandrins, par lui

(1) Roselum abbatissarum series XII. Agnès de S. Falle, sic. *Gallia Christiana*, t. XII, à Ecclesia Senonensis. — Id. *Nob. Univers.*, t. XV, p. 60, etc. — Id. titres de 1380, 1388, 1392. — On dit qu'elle y mourut en odeur de sainteté.

(2) Voir sur les *Dicy* : extraits de l'abbaye des Échalis, man. *Bibl. Imp.*, p. 250, et le P. Anselme, grands officiers de la couronne, v. VIII, p. 470.

(3) 1380, 1394, et archives de Celles, 1407-9, année où elle mourut. *Gallia Christiana*, t. XII, p. 567.

(4) *Histoire de Chastillon*, p. 381.

(5) V. id. cab. Cherin, *Bibl. Imp.*, m. 1859.

(6) Lettre du roy Charles V.

conduites au secours de Henri de Transtamare, qui disputait le trône de Castille à son frère Pierre le Cruel. Mais Jehan de St. Phalle fut malheureux; et, dit la chronique, confirmée par la lettre du roi Charles V, « il fut grossement domaigié et fait prisonnier, » dans une rencontre avec les Anglais, auxiliaires de Pierre le Cruel.

A son retour en France, Jehan trouva que la possession de certaines terres et héritages était enlevée par un riche et puissant seigneur, son cousin de nom et d'armes, Andrieu de St. Phalle, chevalier, « meu de convoitise » peut-être, ainsi qu'il le lui reprochait, mais non sans vaillance!

Bref, après mains débats, « Jehan pensa qu'il lui loisit, si comme les nobles ont accoutumé de prendre par voie de guerre, et ne croyant pas à ce enfreindre ladite sauvegarde du roi, qui ne empesche à chacun user de son bon droit, il fit défier ledit chevalier son cousin. » Mais, cette fois, ne fut trahi par sa valeur; car, « icely Jehan tint de guerre, et le prist. »

Des chevaliers amis s'interposèrent, et franche paix se fit entre les cousins. Andrieu, remis en liberté, rendit à Jehan de St. Phalle, le compagnon de Du Guesclin, qui venait de lui donner une leçon d'armes, les terres qu'il avait cru pouvoir s'adjuger.

Mais la guerre ayant repris en Guyenne avec les Anglais, Jehan de St. Phalle, qui autant les aimait que le connétable son chef, ne put se retenir de les y aller voir. Selon les termes du roy, Jehan de St. Phalle se rendit donc « ès parties de la Gascogne, en compagnie du féal chevalier et chambellan Jehan de Vienne. » Etant détaché au fort du Montpaon, où vinrent se ruer les Anglais, et qu'une vigoureuse défense ne put sauver, Jehan tomba de nouveau dans les mains de l'ennemi: force lui fut de chercher rançon; et, dans ce dessein, il revint en Champagne vendre ses terres.

Mais il apprit aussitôt qu'il n'aurait pas moins à redouter des officiers royaux que des Anglais; et, plein de foi dans le souverain, qu'il avait si généreusement servi, il s'adressa au roi contre ses gens, se voyant « en peril d'estre du tout déconfit. » Ce fut alors qu'il obtint la lettre de rémission d'où sortent les faits principaux de cet extrait.

Elle est donnée, dit le roi, « en considération des choses dessus dites et mesmement auxdites pertes et dommaiges que ledit Jehan de St. Phalle a eus et soutenus pour le fait et occasion de nos guerres, et autres, par la manière que dessus est dit. » « Et imposons, sur ce, silence perpétuel à notre procureur et à tout autre. »

Nous eussions transcrit cette pièce d'un bout à l'autre sans son excessive longueur. La copie en est entre nos mains. Elle est prise sur l'original, écrit sur une longue feuille en parchemin, et communiquée avant 1793 à Maximilien de St. Phalle, abbé doyen de Vezelay, par M. le comte de Bethisy, allié par sa femme à la maison de St. Phalle, et devenu, avant la révolution, propriétaire du château des Cuissarts St. Phalle, où se trouvaient beaucoup d'autres actes de la même maison. Cette lettre est d'ailleurs mentionnée au Nobiliaire universel de 1690, t. XV, p. 60-61, et dans la généalogie de la Bibl. Imp., (Liasse St. Phalle) qui doit être de MM. Cherin et Dupré de Sainte-Maure (Manusc. 1860).

Un peu avant cette date, « noble homme Jean de St. Verrain, chevalier, seigneur d'Asnois, tant pour lui que pour Jean de St. Phale, et autres ses compagnons et alliés, donne quittance des sommes convenues avec les habitants de Varsy, en réparation des insultes que lui et ses gens en avaient reçu, le mercredy après Saint-Barnabé, 1363 (1). »

(1) Arch. de l'hôtel de ville de Varsy, n° 4. Trés. généal. de dom. Ville Vieille, lettres, *Sai. Bibl. Imp.*, m. 1860.

En 1382, le vieux guerroyeur figure à la terrible bataille de Rosebecq, où périt le fougueux Artevelle, combattant le roi Charles VI à la tête des Flamands révoltés. — Jehan de St. Falle laissa cinq enfants : IX. *Pierre de St. Phalle*, qui suit. IX. *Philippe de St. Phalle*, baron de Cudot, qui suivra. IX. *Raymond de St. Phalle*, seigneur de Corbeilles en Gastinois, qui vivait en 1421, et mourut sans alliance ni postérité.

IX. Godefroy de St. Phalle, seigneur de Millerol, etc., vivant en 1423, meurt en 1443 des suites d'une blessure au siége de Pontoise en 1441. Il y commandait une partie considérable d'infanterie. Une note du cabinet d'Hozier (1), qui se rapporte à ce Godefroy, dit : « Godefroy de St. Phal, chevalier, lieutenant de cent hommes d'armes du comte d'Armagnac, épousa Simone de Broyes, dame de Paroys en Brie, de Lours, de Mitois, de Lisines, de Enterelle, de la Haye....., de *Joutard de Sigy*, fille de Gilles de Broyes, premier baron de Champagne, et de Jeanne d'Acorre, en 1378. »

IX. « Guillaume de St. Phale, écuyer, seigneur de Cresantines. Celui-ci déclare avoir reçu du chapitre Saint-Pierre de Troyes la somme de 40 s. à cause d'une vigne que ledit chapitre avait acquise en sa censive, et que le roy avait amortie le 13 juillet 1413 (2). »

IX. Pierre de St. Phalle, chevalier, seigneur de Cerilly, fils aîné de Jehan de St. Phalle et de Jehannette de Vaux, fit foi et hommage de ses domaines au duc d'Orléans, comme il se voit par titre du 8 novembre 1409. — Il épousa Charlotte de Lignières, ainsi que le constatent des actes de 1410 et de 1418, fille d'Artus, baron de Linières et de Charlotte de Bois-Jourdan. — « Il conduisit au roy, avec ses frères Raimond et Godefroy, cent dix-huit gentilshommes, tant de leurs terres que voisins et amis, et quatre cents hommes de pied contre les Anglais, que battait Jehanne d'Arc la Pucelle. Le roy les accueillit avec de grandes démonstrations de joye, et cette noblesse se signala par sa vaillance. » (*P. Alixant, ch.*).

De ce mariage deux fils :

X. « Noble homme Pierre de St. Phal (*sic*), capitaine de quarts, comme mary de noble dame Agnès de Meilhac, fit foi et hommage à noble et puissant homme messire Jean de Lastours, chevalier, pour raison de l'hôtel de Meilhac, le 2 mars 1449. Et, le 20 mars 1455, noble Gouffier de Meilhac, damoiseau, fit foy et hommage au même, pour raison dudit hôtel qu'il tenait avec noble homme Jean de St. Phal (*sic*) ; ces titres furent produits au procès que soutenait ledit messire Jean de Lastours, au Parlement séant à Poitiers, contre messire Gauthier de Pérusse, sénéchal, gouverneur de la vicomté de Limoges, appelant d'une sentence de la sénéchaussée touchant la châtellenie de Lastours, dont ledit Gauthier prétendait une portion, l'an 1465 (3). » — Sans postérité.

X. Jehan de St. Phalle, chevalier, seigneur de Cerilly, de Rippière, etc., etc., épousa Marguerite de Villiers-l'Ile-Adam, issue de l'une des plus illustres maisons du royaume. Elle fournit en effet deux maréchaux de France et deux grands maîtres de l'ordre de Saint-Jean de Jérusalem, entre autres l'illustre défenseur de l'île de Rhodes contre les 200,000 Turcs de Soliman, en 1532. Ce fut lui qui transfera de Rhodes à Malte les indomptables chevaliers qui portèrent dès lors le nom de cette île.

(1) M. *Bib. Imp.*, p. 392.

(2) Arch. du chap. de S. Pierre, de Troyes. arm. J, case 10, dom Ville Vieille, t. IX, l. *sai*).

(3) Arch. du chât. de S. Martin, l'an. — Tr. 9, don ville vielle, Let. *Sai*...

Il est dit dans une note généalogique du cabinet d'Hozier (1) : JEHAN DE ST. PHALLE, seigneur de Paroy, épousa Marguerite ou Jeanne DE VILLIERS L'ILE-ADAM, *et* lui porta les terres de Pacy, Marcilly-le-Rayer (2). »

MARGUERITE ou Jeanne eut-elle un premier mari? Ce qui nous amène à cette supposition, c'est que la note de M. d'Hozier lui donne deux fils et six filles, tandis qu'elle n'eut de Jehan qu'un seul fils. On ignore la date de son mariage et de sa mort, et l'on ne s'accorde pas sur ses prénoms, soit qu'il y ait eu erreur sur ce point, soit que les différents auteurs, s'arrêtant à un seul de ces noms lorsqu'il y en a plusieurs, ne se soient point fixés au même.

M. l'abbé de Challemaison appartenant à la haute noblesse, et grand collectionneur de titres, écrivait à Maximilien de St. Phalle, abbé, doyen de Vezelay : il y a peu de maisons « avec lesquelles mes ancêtres aient eu plus d'alliances qu'avec la vôtre, non directement, mais avec d'autres avec lesquelles notre maison était alliée comme les de David (*marquis de Chancy*), les St. Perier (*ou St. Pérus*), les Melun, les Vignacourt, les VILLIERS-L'ILE-ADAM. — Dans les contracts de mariage, actes de tutelle, etc., on voit toujours des St. PHAL. Il y a un, en particulier, qui se qualifie seigneur de CHALLEMAISON (3). »

Jehan de St. Phalle, étant encore presque enfant, fut rejoindre et surprendre son père à la guerre avec deux jeunes gentilshommes et quelques domestiques. Il s'attacha au roi Louis XI, combattit à Montlhéry, au siége de Liége, etc., etc.

Une note du chartrier de Montgoublin énonce « deux actes prouvant que Pierre de St. Phalle, fils de Jehan et de Mlle. de VILLIERS-L'ILE-ADAM, est mort sans alliance ni postérité. » Ils sont datés de 1470 et 1488. La suite démontre qu'il y a erreur quant au fait de l'alliance, Pierre ayant contracté mariage.

Ailleurs, nous lisons : « Noble homme Jean de St. Fal, damoiseau, seigneur de Rippière, Eyssenac, et de Meilhac en partie, fait foi et hommage lige à noble et puissant seigneur Foucaud, Vte de Rochechouart, seigneur de St.-Laurent de Got, le Mas Eirlet, le bois de Cirlet, et plusieurs redevances en ladite paroisse, l'usage dans le bois de Treno, plusieurs choses à Compulhac, etc., le 17 octobre 1446. » (4).

« Noble homme JEAN DE ST. FAL, damoiseau, fut présent à l'hommage au vicomte de Rochechouart par Fortoinet Flamène, damoiseau, pour les châteaux et chatellenie de Haut-Brussac (5).

« Noble homme JEAN DE ST. FAL, damoiseau, seigneur de Rippière, Esseynac et de Meilhac en partie, reconnaît tenir en foi et hommage lige, de noble et puissant seigneur Jean, vicomte de Rochechouart, seigneur de St. Laurent, le Mas, et le bois de Cirlet, sa vigne de St. Laurent, sa borderie de Goret, son usage en la forêt de Trène, la moitié des maisons aux éperons de Compulhac, etc. Item, la borderie de Girot en la paroisse de St. Cyr, qu'il a acquise avec le domaine foncier par échange de noble seigneur messire Guy du Barry, chevalier, avec encore le Mas, et

(1) M. *Bib. Imp.*, en 1859, cotée 592.

(2) Cet *et* est probablement mis au lieu de *qui*. — La généal. Cherin D. de Ste Maure dit : Mlle de Villiers, sans y ajouter de l'Ile Adam ; même dépôt cah. Phalle (saint), *sic*. — La généal. du Deffant commencée en 1687, dit Villiers-de-l'Ile-Adam, d'autres documents, idem).

(3) Troyes, ce 31 mars 1789, l'abbé de Challemaison. Cet autographe est au chartrier de Montgoublin et scellé de ses armes.

(4) Arch. de la vicomté de Rochechouart, carton St-Cyr. Dom. V. V.

(5) Le 8 octobre 1454. Arch. du château de Rochechouart. Cart. Haut-Brussac. — Dom. V. V., *Bibl. Imp.*, m., 1860.

héritages des Pareaux, au territoire d'Esseynac, qu'il a acquis par échange de noble homme Audouin de Farge, damoiseau, le 23 septembre 1473 (1). »

XI. PIERRE DE ST. PHALLE, chevalier, seigneur de Cérilly, de Launoy, de Milleroy, de Chal'autre, fils de Jean de St. Phalle et de Mlle. de Villiers-l'Ile-Adam, rend foi et hommage le 10 mai 1474, des héritages, cens et rentes qu'il avait en la ville de Chalemaison, à noble CHARLES DE BRICHANTEL, à cause de son hôtel appelé cour d'Averly (2).

Il est dit de cette maison des marquis DE BRICHANTEAU-NANGIS, à laquelle vont s'allier les ST. PHALLE : « Les anciens seigneurs de la ville (*Nangis*) furent les membres de la famille de Beauvais Nangis. Au XVe et XVIe siècles, on trouve les Brichanteau, les Raguier, barons de Poussey et seigneurs du Châtel et de Nangis. Les d'Harcourt figurent aussi parmi les seigneurs de la terre, témoin une transaction du 6 novembre 1488 entre PIERRE DE ST. PHAL, seigneur de Chalautre la Réposte, et Antoine de Berriot, curateur de Jeanne de Chailly, veuve de Matthieu d'Harcourt, duc de Nangis. La terre, érigée en duché, devint, plus tard, un marquisat. Pour comprendre la coïncidence des noms et des dates, il faut se rappeler que souvent les seigneurs ne possèdent que pour partie (3). »

On voit par un titre du 24 juin 1482 que Pierre de St Phalle a épousé Eustache d'ULLY, ailleurs de DULLY, dame du Plessis au chat (*château*), dans le baillage de Donnemarie en Montois, entre Montereau et Provins. (*Chart. de Montg.*) Il se retira en cette ville où il mourut. « Il avait échangé avec PHILIPPE, son cousin, les fiefs de Launoy et de Melleroy en 1490 (4). »

XII. « PIERRE DE ST. FAL, écuyer, seigneur de la Ripière d'Esseynac, et en partie de Meilhac, — fils de PIERRE qui le précède, — reconnait tenir en fief et hommage lige, de noble et puissant seigneur François de ROCHECHOUART, vicomte dudit lieu, seigneur de St. Laurent de Got, son lieu et noble hôtel d'Esseynac, le sixième des dixmes de St. Laurent, le Mas, le Cirlet, la borderie de Goret, etc., la borderie de la Combre, paroisse de St. Laurent, qu'il a acquise de Mathurin de St. Laurent, écuyer, seigneur de la Cour, et le village de la Joussalière, paroisse de St. Laurent, le 12 septembre 1505 (5). »

Ainsi finit la première branche des St. Phalle barons de Cudot. Ou bien, si les St. Phalle seigneurs d'Anès et barons de St. Vaast d'Arras, dit aujourd'hui la Franchise, — (***baronnie qui put leur écheoir par héritage, ou par apport matrimonial***) et seigneurs de la Haute-Maison-les-Provins sortent des St. Phalle-Cudot (6), ainsi que le pensent les marquis de Féra, continuateurs du nom de ces St. Phalle par les femmes, il faut chercher le point de raccordement à l'époque actuelle, où des seigneuries sont possédées par des seigneurs de St. PHALLE-CUDOT, auprès de Provins, et purent être réunies par héritage.

MICHEL DE ST. PHALLE ST. VAAST se marie l'année où PIERRE DE ST. PHALLE Cudot épouse

(1) Arch. de la vicomté de Rochechouart, carton St. Cyr. Très. 9. Dom Ville-Vielle, L. *sai.*

(2) *Trésor de Nangis*, original en parchemin, sceau en cire verte, écu à croix ancrée avec lambel à trois pendants. — Signé P. de S. Falle. — V. man., *Bibl. Imp.*, 1860.

(3) P. 156, *Monuments de Seine-et-Marne*, cités plus bas, art. Brich.

(4) Chart. de M. — Id. M., *Bib. Imp.*, cah. Cherin, Phalle (saint). — *Nobil. univers.*, t. XV, p. 60, etc. — Id. pièce au chart. de Montg.

(5) Arch. de la vicomté de Rochechouart, carton St. Cyr. Trés. gén. dom Ville-Vielle, L., *sai. Bib. Imp.* 1859.

(6) Voir encore à Blazon des ST. PHALLE au commencement de ce travail.

Eustache d'Ully. Scipion de St. Phalle son père, premier baron de St. Vaast, et auteur de cette branche, est contemporain de Jean de St. Phale.

SECONDE BRANCHE DES SAINT PHALLE, BARONS DE CUDOT. — BRANCHE DE VAUX-PROFONDE.

IX. PHILIPPE DE ST. PHALLE, écuyer, baron de Cudot, seigneur de Vaux-Profonde, les Cuissarts, etc., était le puîné de Jehan de St. Falle et de Jehannette de Vaux. Il fut sénéchal de Courtenay, situé dans son voisinage, ainsi que le constate un titre du 9 juin 1405, contenant ordre du duc d'Orléans à *Jehan de Flamacourt*, de payer audit Philippe plusieurs rentes, en raison de la place de sénéchal qu'il avait à Courtenay, ayant son logement audit château et devant y faire sa résidence. Cet acte est signé Flamacourt-Houssar.

Les charges de bailly et de sénéchal étaient alors chose recherchée, ainsi que l'exprime LA ROQUE. « La charge de bailly (*d'épée, et nullement de robe*) ou de sénéchal, a toujours été en si grande considération qu'elle ne doit être exercée que par des gentilshommes de nom et d'armes, d'où vient que, suivant les ordonnances, on doit s'informer de la noblesse avant que de les recevoir en ces charges. »

« Les baillis et sénéchaux prennent soin d'assembler le ban et l'arrière-ban (*la noblesse militante*); mais ils ne rendent plus la justice que par leurs lieutenants (1). »

PHILIPPE DE ST. PHALLE épouse, le 23 septembre 1402, Isabelle de Molans, sœur, ou nièce, de PHILIBERT DE MOLANS, grand-maître de l'artillerie de France, en 1422 (2). Isabelle était dame de Thou en Puisaye, près Rosny sur Loire et Briare (3). Cette seigneurie entra par elle, et resta pendant un temps, dans la maison de St. Phalle.

Un titre du 5 décembre 1404 signé Jean Archiat, tabellion à Montargis, constate que PHILIPPE DE ST. PHALLE fait aveu et dénombrement au duc d'Orléans, seigneur de Courtenay, des terres de Vaux-Profonde et des Cuissarts. — Le 28 janvier 1421, il achète la terre de Courti, par-devant *Marchand*, tabellion à Courtenay.

Philippe de St. Phalle sert en second dans la compagnie des nobles qu'a levée son aîné contre les Anglais. Il assiste le roi Charles VII, et combat à côté de la Pucelle à Orléans et à Patai, où Talbot est fait prisonnier (*Chart. de M.*).

PHILIPPE eut trois enfants: X. *Philippe* de St. Phalle, qui suit. X. JEHANNETTE DE ST. PHALLE, mariée à PIERRE DE TIGECOURT (4), gentilhomme de Picardie, de qui une fille mariée selon son rang. Car, « ANTOINE DE ROUX, seigneur de Sigy en Brie, Ablon, etc., échanson de Charles VII, épousa Denise de Tigecourt, fille unique de Pierre de Tigecourt et de I. de St. Phalle. » Leur fils JEAN s'alliait à l'illustre maison de Brichanteau-Nangis (5).

(1) De La Roque, *Traité de la Noblesse*, p. 174. On voit la différence de position qui existe entre ces baillis d'*épée* et sénéchaux, et les petits baillis, juges des villes et seigneuries ayant justice.
(2) P. Anselme. T. VIII, p, 131.
(3) *Nob. univ.* T. XV, p. 60, etc, — et autre *gén.*, id. *Bib. imp.* man., tabl. gén. fragment, deux pièces 1860.
(4) *Nob. univ. et autres gén.*
(5) Nobil. univ., V. Let. B. *Bibl. Imp.*, m.

X. GUILLEMETTE DE ST. PHALLE, mariée à Jean d'Harcourt, d'Arcourt, ou d'Arcoux, gentilhomme normand. Les orthographes de ce nom varient. Ce gentilhomme est-il de la grande maison d'Harcourt? leur généalogie ne le dit point. Est-ce une omission, tenant à ce que Guillemette épouse ce seigneur en secondes ou troisièmes noces? Rien ne le prouve. En tous cas, nous trouvons indiquée, plus tard, une transaction faite entre Pierre de St. Phal, seigneur de Chalautre, près Provins, de 1488, avec Jeanne de Chailly, veuve du duc de Nangis, MATHIEU D'HARCOURT, seigneur de Brichanteau (1). Cette transaction, indique-t-elle ou non, des intérêts de famille antérieurs (2)?

X. PHILIPPE DE ST. PHALLE, écuyer, baron de Cudot, fils d'ISABIAU DE MOLANS, partagea avec ses beaux-frères, le 9 mai 1443, par-devant Marchand, tabellion à Courtenay, les biens à eux abandonnés par Philippe de St. Phalle, son père. La terre de Cudot échut à Jean d'Arcourt. Mais, par acte du 20 décembre 1450, dressé par Bochart, à Sens, sous la prévôté de Ch. de Bragelonne, Philippe racheta la terre de Cudot et celle de Juranville en Gâtinois (3).

On voit par un acte de foy et hommage au seigneur de Courtenay, à cause des seigneuries de *Cudot*, de Vaux-Profonde et des Cuissarts, par devant Bardois, Tabellion à Courtenay, le 24 août 1478, que Philippe avait exercé les fonctions de Sénéchal de Courtenay.

PHILIPPE DE ST. PHALLE, épousa le 2 juin 1442, CLAUDINE DE BAILLY, — d'autres ont écrit de Bolly — maison de Brie, aucuns disent de Bretagne. Le titre retrouvé à Châteaudun milite en faveur de cette dernière province, à cause de la proximité (4). Ce titre est une sentence du bailly de Courtenay, condamnant Philippe de St. Phalle, et Claudine de Bailly sa femme, à desservir la fondation faite à l'Église de Courtenay, par Isabelle de Molans et Philippe de St. Phalle (5).

Ce baron fut un des capitaines des rois Charles VII et Louis XI, qu'il servit avec honneur dans leurs guerres.

Nous aurons à citer, souvent, une vérification des preuves de noblesse faite par les commissaires de Malte, députés par délibération du chapitre provincial tenu au Temple de Paris, le 17 juin 1666, — ces délégués : Pierre de Culan, chevalier commandeur d'Auxerre, et frère Fr. Octave de Fleurigni... déclarent être descendus dans l'Église du prieuré de *Cudot*, dédiée à S. Benin, où ils avaient vu une grande tombe de pierre, soulevée d'environ deux pieds, soutenue par quatre lions, et posée vis à vis et devant le grand autel, laquelle tombe *on leur avait dit* (6) être le lieu de la sépulture de MM. DE ST. PHALLE, et que, sur la dite tombe était écrit : Ci-git haut et puissant seigneur messire PHILIPPE DE ST. PHALLE, chevalier, baron de Cudot et autres lieux... et LOUIS DE ST. PHALLE son fis, l'un des 100 gentilshommes de Charles VIII, décédé l'onze d'octobre de l'an 1509 (7).

« On ne doit pas oublier qu'il y a un titre à la chambre des comptes, où il est dit qu'il suffi-

(1) Brichanteau-Nangis, maison illustre, avec laquelle s'allie, en 1496, la maison de St. Phalle.
(2) *Voir Monuments illustrés de Seine-et-Marne*, p. 156.
(3) Voir sur Cudot, chart, de Monig., 15 fév. 1375, etc.
(4) Cab. Phalle (saint), *Cherin; Bibl. Imp.*, m. 1860; — et autres généal., id. *Nob. univers.* t. XV, p. 60, etc.
(5) Année 1445, retrouvé en 1788, original.
(6) *Formule habituelle*, qui ajoute la tradition au témoignage oculaire.
(7) Tombes de Cudot, preuves de Malte, *Bibl. Imp.*, m., liasse St Phalle 1860, pap. d'Hozier.

sait de prouver sa descendance de la maison DE ST. PHALLE pour être reçu dans l'ordre de Rhodes, » *qui fut l'ordre de Malte après la prise de Rhodes* — (*signé d'Hozier, chart. de Montg.*) Telles étaient, là et ailleurs, les preuves de l'illustration de ce sang.

De Philippe et de *Claudine*, quatre enfants : — *XI. Philippe* qui suit. — *XI. Louis de St Phalle*, barron de Cudot qui suivra. XI. MARGUERITE DE ST. PHALLE, mariée à BERTRAND DE VIÈVRE, baron de... seigneur de Launoy en Gatinois, (*Cherin. ch. de Mongt.*) Elle eut en partage la seigneurie de Garchis, du Hay, ou Het en St. Loup d'Ordon, deux étangs et d'autres fiefs et héritages.

XI. CATHERINE DE ST. PHALLE, encore mineure lors du partage de 1486, avec ses frères et sœurs, mariée plus tard, au sire MATHIEU DE NOYEN ; elle eut en partage les fiefs et seigneuries du Vernoy, deux étangs, et divers héritages environnant les dits étangs (1).

XI. « PHILIPPE DE ST. PHALLE, chevalier, seigneur de Thou, en Puisaye, de Vaux-Profonde, les Cuissarts, Chambrose... demeurant dans la paroisse de St. Pierre de Courtenay, plaidait avec son frère, sa sœur et son beau-frère, au sujet du partage des biens de leurs père et mère. Il s'accorda avec eux, comme parait par sentence arbitrale de Jean de Courtenay, seigneur de Bléneau,... du 2 mai 1491. — Il fut nommé l'un des exécuteurs du testament de son frère le 25 juillet 1502. Il partagea avec ses belles-sœurs les biens de ses beau-père et belle-mère en 1517. »

« PHILIPPE DE ST. PHALLE, épousa par contrat de mariage, par devant Félix-le-Bœuf, notaire au comté de Joigny, le 14 janvier 1488, Jeanne de St. Julien, fille de CLAUDE DE ST. JULIEN, écuyer, et de DAME DE BOUCART (2). Dans un inventaire de production fait devant l'intendant de Bourgogne en 1668, par Edme et George de St. Phalle-Neuilly, et conservé dans le cabinet de M. de Clérambault, se trouve mentionné ce contrat (*id. chart. de Montg.*) JEANNE lui apporta en dot la seigneurie de Nully (3).

Cette dame DE BOUCART, alliée à la noble maison de St. Julien, appartient elle-même à un sang très-noble, et Marguerite, fille de Lancelot Boucard, chevalier, seigneur de Blancaford de Blandy, la Fontaine l'Hermite, etc., épousait vers le même temps Jean de Courtenay, mort en 1480, seigneur de Bléneau, du rameau royal de la souche Capétienne. Leur fille Louise épousait CLAUDE DE CHAMIGNY, notée ci-dessous à l'alliance des ST. PHALLE et des CHAMIGNY (4).

Et puis, « il y avait M. de BOUCCARD, jadis fort aymé et favory du feu roy Henry deuxième, et son écuyer quand il estoit Dauphin, et qui avait fort veu les guerres étrangères et s'y étoit fait fort renommer (5). »

Acte de partage le 2 février 1517, entre noble seigneur Pierre de Consac, chevalier, au nom de demoiselle Catherine de St. Julien, sa femme, — noble seigneur Jean de Blosset, écuyer, au nom d'Anne de St. Julien, sa femme, — noble seigneur Philippe de St. Phalle, chevalier, au nom de Jeanne de St. Julien, sa femme... Id. acte par lequel le seigneur Charlot de Blosset cède à Guillaume et Nicolas de St. Phalle, seigneurs de Neuilly et de Brion, en partie, tout ce

(1) Mentionnée dans la sentence arbitrale du 2 mai 1491, Cherin, *Chart. de Montg.*, id. *Liste des Alliances*, fragm. *Bibl. Imp.*, m. 1860.

(2) *Char. de Montg.* — Id., *Bibl. Imp.*, m., cab. Phalle ; — Id. *Nob. Univers.*, t. XV, p. 60, id., etc., etc.

(3) C'est-à-dire de Neuilly, près Joigny, duquel est mouvant le fief au Diable, et d'où la branche des *St. Phale-Neuilly*, contrat de mar. — *Chart. de Mongt.*

(4) P. Anselme, v. I, p. 493. — *Nobl. Univ.*, t. III, art. Cham.

(5) Mémoires de Brantôme, Leyde, 1722, t. III, p. 233. *Vie du prince de Condé.*

qui lui compète en la terre justice et seigneurie de Brion, sauf la quarte partie du bois de Brion, d'environ 300 arpents, 6 novembre 1525. (*Ch. de M.*)

Par un acte de foy et hommage du 24 juillet 1487, à la comtesse de SANCERRE, en raison de la seigneurie de Thou, il se voit que Philippe de St. Phalle, avait succédé à son aïeul dans la charge de séneschal de Courtenay. Les séneschaux commandaient alors la noblesse de leur ressort. — Philippe, dit le père Alixant, commanda un corps de six cents hommes de cavalerie sous le roi Charles VIII, et eut pendant quelque temps le commandement de Capoue pendant la campagne d'Italie. Il servit également avec zèle et distinction le roi Louis XII, puis se retira pressé par ses affaires domestiques, qu'avaient fort dérangées ses absences, et par les dépenses extraordinaires auxquelles l'obligeaient ses campagnes. Son frère Louis, qui épousa Marie, fille du marquis de BRICHANTEAU NANGIS, avait suivi son exemple; Philippe laissa de son mariage huit enfants.

XII. *Philippe de St. Phalle*, qui suit. XII. *Guillaume de St. Phalle*, de qui la branche des seigneurs DE NEUILLY. XII. *Jean de St. Phalle*, seigneur de Vaux-Profonde, qui partagea avec ses frères et sœurs le 28 mars 1518 et mourut sans postérité. XII. ADRIEN DE ST. PHALLE, mentionné au même partage, et reçu chevalier de Malte, langue de France (1).

XII. *Nicolas de St. Phalle*, seigneur des Cuissarts, qui a fait la branche de St. Phalle Cuissarts. — XII. N... DE ST. Phalle, aumônier de Moustier Saint-Jean (Chart. Montg.) XII. CATHERINE DE ST. PHALLE, mentionnée au partage de 1518, et mariée déjà à ALEXANDRE, sire DE LA LANDES. (Chart. Montg. Cherin). — XII. MARGUERITE DE ST. PHALLE, mariée à messire ANTOINE DE ROLLET, seigneur d'Erbelet, près Joigny, etc., dont elle était veuve en 1518, lors du partage des biens de ses père et mère. (Chart. Mont., *id.* généal.)

XII. PHILIPPE DE ST. PHALLE, seigneur de Thou, de Champrose, etc, partagea avec ses frères et sœurs devant Jean Ricon, notaire à Courtenay, le 28 mars 1518. Il épousa par contrat du 8 juin 1518, ANTOINETTE DU ROUX DE SIGY, « d'une ancienne maison de Brie, d'où sont MM. de Sigy, de Tâchy, de Gaudigny, de Grateloup (2). »

« Contrat de mariage de noble seigneur DE ST. PHALLE, seigneur de Thou, de Neuilly en partie, accordé le 8 juin 1518 avec demoiselle Antoinette du Roux, fille de noble JEAN DU ROUX, seigneur de Sigy, Tâchy et d'Abloy, écuyer, et de demoiselle CATHERINE DE BRICHANTEAU. En présence de nobles seigneurs, Edme du Chesnay,.. JEAN DE COURTENAY, seigneur de Chevillon, Louis de Brichanteau, seigneur dudit lieu... par devant Bureau, notaire en la Chatellenie de Bray. » — En 1496, Louis de St. Phalle, baron de Cudot, etc., avait épousé Marie, de la maison DE BRICHANTEAU NANGIS, sœur de Catherine, mère d'ANTOINETTE DE ROUX (3).

« ANTOINE DU ROUX, seigneur d'Abloy et de Sigy en Brie, Echanson de Charles VII, avait

(1) *Vertot*, dit en 1522, par erreur, V. D. p. 63. — Id. Cherin. *Le Chart. de Montg.*, dit : au chap. de 1519. — Aux archives de Malte, point de date; elles sont antérieures à l'entrée des chevaliers dans cette île. — Hector de St. Phale, de la Haute-Maison, 1505. Plus tard, entrèrent dans l'ordre, Antoine en 1531. — Claude, en 1607. — François, en 1668, e les chevaliers de St. Phalle, Montot-Vaudrey. L'histoire a consigné les exploits de quelques-uns de ces intrépides chevaliers; nous nous bornons à mentionner, au fur et à mesure, ceux dont les titres nous ont laissé trace.

(2) *Nobil. Univers.*, t. XV, p. 60, etc., m., *Bibl. Imp.*, 1860. — Id. Cherin. — Id. *Chart. Montg.*

(3) P. Anselme, *Généal. de la Maison de France*, vol. VII, p. 891. — Voir *Bibl. Imp.*, plusieurs titres, liasse S. Phalle, 1860, — et titres ci-dessus. — Id., P. Anselme de nouveau, v. VII, p. 891-2, *Généal. de la Maison de France.*

acheté la seigneurie de Sigy du sieur Denys de Chailly, seigneur de la Motte et de Nangis en 1444, et il avait épousé Denise, fille unique de Pierre de Tigecourt et de Jeannette de St. Phalle. »

« Les du Roux sont encore alliés aux maisons de Chaumont, de Bruillard, de Coursan, de Tourneboeuf, de Piedefer, de Damas, etc., etc, (1). »

De *Philippe et d'Antoinette*, un fils, à savoir:

XIII. PHILIPPE DE ST. PHALLE, écuyer, seigneur de Thou, de Champrose, etc. Il épousa en 1519, Barbe de Courtenay, fille d'illustrissime seigneur DU SANG ROYAL DE FRANCE, et DE LA MAISON IMPÉRIALE DE CONSTANTINOPLE, LOUIS DE COURTENAY, seigneur de Bontin et de Jeanne Charlotte, DE MÉNILSIMON. Par A. Jeanne de Seignelay, l'une de leurs ayeules (1190), nous avons vu déjà que les seigneurs de St. Phalle descendent de cette illustre maison. (Courtenay *ancien.*) Depuis qu'à la suite du mariage de PIERRE, fils du roi de France Louis VI, en 1150, avec ELISABETH DE COURTENAY, ce nom est porté par un rameau de la maison de France, formant Courtenay *nouveau*; la maison de St. Phalle a encore plusieurs alliances, directes ou non, avec cette illustre lignée (2).

Il n'y eut point d'enfants de ce mariage. Barbe de Courtenay se remaria en 1555 avec François de Thianges, seigneur de la Beurrières; et, avec elle, sortit de la maison de St. Phalle, la seigneurie de Thou.

« Le roi François Ier avait donné à Philippe de St. Phalle un commandement considérable, sur la demande, faite à son insu, par l'amiral DE CHABOT, seigneur de Brion, son parent et son ami, à raison de ses grands biens qui le mettaient en état de soutenir le service avec honneur. Il ne put résister à cette faveur, quelque besoin que lui inspirassent pour la vie tranquille les campagnes qui avaient épuisé sa santé (3).

De très-beaux faits d'armes et de brillantes positions auprès de nos rois, sont attribués avec une parfaite vraisemblance à de nombreux seigneurs de ST. PHALLE, dans plusieurs pièces semblables à celles-ci. Nous les négligeons presque toutes.

Il est à regretter que les investigateurs de ces documents n'aient pas assez compris leur devoir, d'appuyer chacun de leurs dire sur des autorités incontestables.

TROISIÈME BRANCHE DES SAINT PHALLE, BARONS DE CUDOT. — BRANCHE DE NEULLY (MUGNOIS).

XII. GUILLAUME DE ST. FALE, chevalier, fils puîné de PHILIPPE DE ST. PHALLE, ET DE JEHANNE DE ST. JULIEN, seigneur de Neuilly, Brion, Villeneuve, Guerchy, Saint-Hilaire, Pison, Chauvigny, Berty, etc., partage avec ses frères et sœurs le 28 mars 1518, et le 15 février 1541.

(1) *Nobl. Univers.*, vol. , lettre B. L'ordre de Malte décrit leurs armes d'azur à trois têtes de léopard d'or, arrachées de gueules. — T. III, p. 77, Vertot.

(2) *Chart. de M.* — *Nobil. univers.*, t. XV, p. 60. etc., *Bibl. Imp.* 1860. — Ibid. m., liasse St Phalę. — Id. du Bouchet, *Généal. de la Maison Royale de Courtenay*, St Phalle, vol. I, p. 505, etc. La généal. Moreri, qui répète du Bouchet, fait mourir cette Barbe sans alliance, et fait épouser à Ph. de St Phalle, Barbe, fille d'Hector de Courtenay, seigneur de la Ferté-Loupière.

(3) Note d'un relig. Récollet, *Chart. Montg.*, sans preuve.

Autre partage avec René de Courtenay, son beau-frère, époux d'ANNE, fille de GIRARD DE LA MADELEINE et DE CLAUDE DE DAMAS, des Châtellenies de Martrey et de Villiers, le 26 janvier 1551. Il reçoit aveu et hommage, comme noble seigneur de Neuilly entre Auxerre et Joigny, vallée d'Aillan, le 11 juin 1556 et fait une reprise de fief le 17 septembre 1561. Il était mort en 1564.

Par contrat de mariage devant Maillard, notaire à la Ferté-Loupière, le 7 août 1544 (1), Noble seigneur GUILLAUME DE ST. PHALLE, épouse JEANNE DE COURTENAY, dame de Villeneuve de la Cornue, fille de Hector de Courtenay, seigneur de la Ferté-Loupière, et de CLAUDE d'ANCIENVILLE, laquelle Jeanne est petite-fille de Pierre de Courtenay, arrière-petite-fille de Jean, ayant pour dixième ayeul PIERRE DE FRANCE, septième fils du roi Louis le Gros, et prenant le nom de sa femme, Élisabeth de Courtenay, *ancien*. En ce rejeton de sang royal, commençait la maison de Courtenay *nouveau*, l'an 1150 (2).

Claudine d'Ancienville, mère de Jeanne, dame de ST. PHALLE, était fille de Claude, seigneur de Villiers-aux-Corneilles sous Chantemerle, en Champagne, et d'André de Saint-Benoît. Mariée le 14 mars 1508, elle était morte en 1550 (3).

Déjà l'an 1518, Gilbert de St. Phalle Vaudray épousait Guillemette d'Ancienville, dame d'Auriol, fille de JEAN, seigneur de Tanlay, lieutenant-général au gouvernement de Provence, maître d'hôtel ordinaire du roy, et de Madeleine de Laynes ou de Luynes, dame de Turgis (4); et Louis d'Ancienville, baron de Révcillon, épousait en 1573 Françoise de la Platrière, fille de *** et de Catherine MOITIER DE LA FAYETTE, et nièce du MARÉCHAL DE BOURDILLON, qui lui apportait en mariage la baronnie d'Espoisse (5). Armes : d'or à trois marteaux de gueules, 2 et 1.

M. le commandeur de Troyes (ordre de Malte), frère Claude d'Ancienville, bailly de la Morée, oncle de JEANNE DE COURTENAY, lui fit présent à l'occasion de son mariage avec GUILLAUME DE ST. PHALLE de 500 écus d'or (6).

Le 14 juin 1565, il y eut acte d'échange, devant Germain Chandellier, notaire en la prévoté de Joigny, entre nobles demoiselles Marie de Courtenay, veuve de Jean de Sailly, seigneur d'Hartennes et JEANNE DE COURTENAY, veuve de noble seigneur GUILLAUME DE ST. PHALLE (7).

Acte de tutèle pour les enfants mineurs de GUILLAUME DE ST. PHALLE, seigneur de Neuilly, etc., et de demoiselle JEANNE DE COURTENAY, devant Guillaume Moreau, prévot en garde la prévoté dudit Neuilly. Y sont nommés Nicolas de St. Phalle, noble Richard de St. Phalle, seigneur de Cudot, noble seigneur Richard le Prévot, noble seigneur Vespasien de Castelnau, seigneur de la Maulnicerie, noble seigneur Louis Blosset, seigneur de Fleury, noble seigneur Jean de Brienne, seigneur de la Gaillarde, noble seigneur Eustache de St. Phalle, noble seigneur Jean de Biencourt, noble seigneur Nicolas de Rollet, tous lesdits seigneurs proches parents desdits

(1) *Chart. de Montg.*
(2) Mêmes autorités qu'à Philippe de St Phale et Barbe de Courtenay. Du Bouchet, etc. et ci-dessus p. 63.
(3) P. Anselme, *Gén. de la Maison de sang royal de France*, p. 500, v. I. — *Chart. de Montg.* — *Nobil Univ.* t. XV, p. 60, etc. *Bibl. Imp.*, 1860, m.
(4) *Nobil. Univ.*, lettre V. Vaudray de St Phalle.
(5) La Chesnaie, art. Ancienville.
(6) *Chart. de Mongt.*
(7) *Chart. de Mongt.*

enfants dudit noble seigneur Guillaume de St. Phalle, et de ladite Jeanne de Courtenay. Ledit Nicolas de St. Phalle fut établi tuteur, le 6 mai 1566 (1).

Acte de mariage entre noble seigneur Jean des Marins, écuyer, seigneur de l'Échelle en Brie, assisté de messire François du Chaisnais, vicomte de Melun, son frère, François de Villiers, seigneur de Chally, François de Piedefer, seigneur de Champloup, Louis de Soisy, seigneur de Vauchairoys, etc., etc..., et demoiselle Charlotte de Courtenay, fille de feu noble seigneur Hector de Courtenay, seigneur de la Ferté-Loupière, et de noble demoiselle Claude d'Ancienville, assisté de nobles seigneurs Jean de Sailly, seigneur de Hartaines, de GUILLAUME DE ST. PHALLE, seigneur de Neuilly, beau-frère de ladite demoiselle CHARLOTTE DE COURTENAY, et de François de Courtenay, seigneur de Bontin, son cousin-germain (2).

Le chartrier de Montgoublin est riche de titres, que nous nous abstenons souvent d'énumérer; et il en possède un grand nombre relatifs aux seigneurs de St. Phalle et à la maison de COURTENAY (3).

Voulant retracer l'illustration de la maison de COURTENAY, MM. de STE MARTHE, dans leur Histoire de la maison de France, débutent en ces termes à propos de cette branche. « Les deux branches d'Anjou, et celle d'Evreux et de Bourbon, et la première de Bourgogne, toutes issues de la MAISON DE FRANCE, sont décorées du titre royal, et ont porté diverses couronnes aux pays étrangers. Mais cette branche des Courtenay est honorée d'une plus éminente et relevée qualité, qui est le tiltre impérial, afin qu'il ne restat aucune marque de grandeur dont cette illustre famille de France ne fut de tous points illustrée. Le roi Louis le Gros et sa femme, Alix de Savoye, eurent six enfants mâles, et ce prince, Pierre de France, était le septième. Il fut conjoint avec Isabeau-Elisabeth de Courtenay, dame de Courtenay et de Montargis, fille et principale héritière de Renaud, seigneur de Courtenay, les prédécesseurs duquel se firent renommer aux voyages et guerres d'outre-mer (4). »

JEANNE DE COURTENAY transmit à la maison DE ST. PHALLE les seigneuries de *La Ferté-Loupière*, de *Villeneuve-la-Cornue*, etc. Elle se remaria, avant l'an 1566, à Titus de Castelnau, seigneur de la Princerie, d'Hièvre-le-Châtel, etc.; « gentilhomme ordinaire et capitaine des Gardes Suisses de François, duc d'Alençon, fils du roi Henri II. *Castelnau* fut assassiné en 1573 à la cour de ce prince (5). JACQUES, MARQUIS DE CASTELNAU, maréchal de France, commandant l'aile gauche, en 1658, à la bataille des Dunes, et petit-fils de MICHEL, qui fut cinq fois ambassadeur, était de cette maison. Plusieurs titres constatent que Guillaume de St. Phalle et Jeanne de Courtenay laissèrent six enfants, tous morts jeunes, sauf *Claude*, qui suit.

XIII. *Edme de St. Phalle*, l'aîné. XIII. *Pierre*. XIII. *Adrien*. XIII. *Jean*. XIII. *Edmée*.

(1) *Chart. de Mongt.*

(2) *Chart de Montg.*

(3) Voir, en somme, sur ses alliances, du Bouchet, *Hist. génél. de la Maison de sang Royal*, de Courtenay, p. 275, 230, etc. — Paris, 1661. — Le p. Anselme, id. v. VII, p. 586 Paris, 1733, répétant du Bouchet. — Le *Nobil. Univers.*, *Bibl. Imp.*, m., T. XV, p. 60, etc.. plus explicite sur les St. Phalle. — Id. nos documents ci-dessus, vers 1190, à propos de Jeanne de Seignelay, fille de Ferry, petite-fille d'Avalon de Seignelay, et de Blanche de Courtenay, belle-sœur de Pierre de France, et femme d'André Robert de St. Phalle.

(4) V. II, commencement. — Paris, 1619.

(5) *Nob. univ.*, t. XV, p. 60, *Bibl. Imp.*, m., etc. *Hist. généal. de la Maison de France.* [P.] Anselme, 3e édit. Paris 1733, p. 586, D.

XIII. Claude de St. Phalle, chevalier, seigneur de Neuilly, Brion, La Ferté-Loupière, Villeneuve-la-Cornue et autres lieux. Il appert d'un titre que le fief de Neuilly fut saisi de la part de Louis de Ste-Maure, comte de Joigny; Nicolas de St. Phalle, tuteur de Claude, obtint du roi des lettres royaux, pour que foy et hommages lui fussent faits en la personne du bailly de Troyes jusqu'à majorité de Claude, et la fin du procès (1).

Claude paraît avoir eu, à la fois, le brevet de gentilhomme servant du duc d'Alençon, frère du roi, 21 avril 1571, charge considérée depuis comme si minime; et, à la suite de services et de commandements militaires éminents, avait été nommé, mais non reçu chevalier de l'ordre du Roy, ayant été tué presque aussitôt. Il fit foi et hommage du fief du Commun, le 19 may 1574, au seigneur de St. Brice, et des fiefs de Neuilly au comte de Joigny (2).

Par contrat de mariage du 14 janvier 1566, il épousa Catherine du Sart, fille d'Adrien du Sart de Thury, écuyer, seigneur de Ville-Saint-Jacques, d'Epinay, etc.. et de dame Louise de Brucamp ou Bruchamp.

La maison du Sart était d'illustre origine. Guillaume, fils de Raoul du Sart, vivant en 1198, épousait, vers 1245, N., fille de Gobert, seigneur de Bouconville, de la maison de Chatillon. Mathieu, son fils, épousait Jeanne d'Ay, cousine de Guillaume de Sailly, seigneur de Thury, qui lui fit don cette terre. Denys du Sart, vicomte de Muligny, épousait Marguerite, fille de Georges de la Rochelle, seigneur de la Grange des Vaux, et d'Antoinette de Sigogne. Anne du Sart, vicomte de Thury, chevalier de l'ordre du Roy, etc., avait pour frère Louis, chevalier de Malte, capitaine de cent chevau-légers et de deux cents hommes de pied, gouverneur de Meaux, mort au siége de Lagny, en 1590. Sa sœur Catherine épousa d'abord Claude de St. Phalle (3), et, en secondes noces, Edme, de la royale maison de France de Courtenay, seigneur de Blénau, Villars, l'Hermite, Neuvy-sur-Loire, Plancy, etc., dont contrat devant A. Suzanne, notaire en la prévôté de Champignelle (4).

De Catherine du Sart, veuve de Claude de St. Phalle, est issu Gaspard de Courtenay, deuxième du nom, dernier seigneur de Bleneau, lequel ayant épousé Marguerite de Durfort, fille du seigneur comte de Duras et de Lorge, est mort en 1655 sans postérité (5).

Claude de St. Phalle et Catherine du Sart eurent quatre enfants : XIV. *Edme de St. Phalle*, qui va suivre.

XIV. Claude de St. Phalle, chevalier de Malte. Titres de 1607, 1615, 1632-3, 1648-9-1650-1, portant les signatures des dignitaires et les sceaux en plomb de l'Ordre. Ce sont, entre autres, les nominations de commandeur d'Auxerre, à la place de François-Edouard de Thumery de Boisise, son parent ; de commandeur de Coulours, vacante par la mort de Philippe de Lauvilliers-Poincy, et de commandeur de Maunis, en Picardie, signées Jean-Paul Lascaris Castellar, grand-maître, etc. (6). XIV. *Philippe de St. Phalle*, mort sans alliances ni postérité.

(1) *Ch. de Mongl.*, 15 fév. 1569.
(2) *Ch. de Montg.*
(3) *Nob. Univers.*, v. , art. Sart.).
(4) *Chart. de Montg.* — Id. du Bouchet, *Généal. de Courtenay*, etc., etc.
(5) Cahier Phalle (saint), *Bib. Imp.*, ms. 1860, etc., etc.
(6) *Chartrier de Montg.* — Verlot, *Histoire de M.*, t. II, p. 689, etc., du Bouchet, *Généal. de la Maison du sang Royal de Courtenay*, p. 330, etc.

XIV. MARGUERITE DE ST. PHALLE. Elle épouse ANTOINE DE BALLAYNE, seigneur de Champlong, en Champagne, aux enfants de laquelle a passé la seigneurie de Villeneuve-la-Cornue, et sur lesquels elle fut vendue. — Arrêt du parlement de Paris contre Marguerite de St. Phalle, veuve d'Antoine de Ballayne, chevalier, au sujet de la substitution faite par Claude de St. Phalle, chevalier de St. Jean de Jérusalem, au profit de Messire Edme de St. Phalle, 28 août 1666. — Idem, partage des seigneuries de Neuilly, La Ferté-Loupière, Villeneuve-la-Cornue, devant Leras, notaire audit Neuilly, 11 juin 1622, entre Antoine de Ballayne, seigneur de Champlong et Boisbuton.... au nom de noble dame Marguerite de St. Phalle sa femme.... auquel acte est joint une ratification faite par elle devant Nicolas Bouchot, notaire substitut des tabellions de *Coulommiers*, en la Branche de *Béton-Bazoche*, 8 juillet 1622 (1).

L'antique maison des seigneurs de BALLAYNE est nommée en 1140, avec HÉLIE DE SEIGNELAY, dans un acte de l'abbaye des Eschalis (2).

XIV. EDME DE ST. PHALLE, chevalier, seigneur de Neuilly, La Ferté-Loupière, Villeneuve-la-Cornue, Brion..., partage avec ses frères et sœurs en 1622. Il épouse, par contract du 5 septembre 1609, Antoinette de Chamigny sa cousine maternelle, fille d'ANTOINE DE CHAMIGNY, seigneur de Briare-sur-Loire, — issu de JEAN DE CHAMIGNY, vice-amiral de France (*du Deffand. gén.*), le 22 septembre 1356, — et de Jeanne PICOT DE DAMPIERRE, et petite-fille de GILBERTE, du sang royal de France, de COURTENAY-BLENEAU, mère de son père (3).

Le sang royal des CAPÉTIENS-*Courtenay*, qui se mêle encore une fois ici à celui des St. Phalle, s'était mêlé trois fois à celui de l'illustre maison de *Chamigny*. Car, en outre :

En 1375, *Jean de Chamigny*, seigneur de Soufloux, épousait *Jeanne*, fille de *Philippe de Courtenay*, seigneur de Tanlay, et de *Philiberte de Châteauneuf*, dame de Poisy, de Ste. Savine, de Poligny.... etc.

Claude de Chamigny, son arrière-petit-fils, seigneur de Briare, épousait Louise, fille de Jean de Courtenay, seigneur de Blesneau, marié en 1457 à Marguerite de Boucart, fille de Lancelot, chevalier, seigneur de Blancafort (4).

Quant à la maison champenoise DE DAMPIERRE-PICOT, les traces de son illustration sont nombreuses (5). Les PICOT, barons, puis marquis de DAMPIERRE, marquis de Combreux, comtes de Moras, comptaient un grand croix de l'Ordre de St. Jean de Jérusalem, commandeur des vaisseaux de la religion, un ambassadeur extraordinaire, etc., etc. La Chesnaie nommait, de son vivant, pour chef, M. le marquis de Dampierre, capitaine aux gardes (T. XI, p. 298.)

LOUIS DE MONTMORENCY, seigneur d'Aumont, etc..., épousait MARIE, dame DE LA VRILLIÈRE-KERVAGLIO..., fille de NICOLAS GUILLEMANDEAU, seigneur de, etc., etc., et de GUILLEMETTE PICOT, dame de la Brichetière, 14 avril 1668 (*P. Anselme, V. 2.*)... Mais ne relevons que les alliances qui touchent au moins d'une manière médiate aux seigneurs de St. Phalle.

MARIE PICOT, fille de LOUIS, chevalier de l'Ordre du roi, baron DE DAMPIERRE, et seigneur de

(1) *Chart. de Montg.* — *Nobl. Univ.*, *Bibl. Imp.* m., t. XV, p. 60, etc., 1860, etc. etc. — V. du Bouchet, *Généal. de la Maison de sang Royal de Courtenay*, p. 330, etc., etc.

(2) P. 393, m., *Bibl. Imp.*, 1860. — Registre Eschalis.

(3) *Nobil. Univers.*, t. XV, p. 60, etc., etc. St Phalle et t. III, art. Chamigny. — Du Bouchet, *Gén. du sang Royal de Courtenay*, p. 330. — *Chart. de Montg.*

(4) Du Bouchet, *Généal. du sang Royal de Courtenay*, et *Nob. Univers.*, t. III, lett. Cham.

(5) Lire la notice *Album de l'Aube*, t. 1852, ch., F., p. 72.

Pommeuse, épouse par-devant Picault, notaire royal *à Coulommiers*, le 21 octobre 1566, François D'ARCHAMBAULT, DE LANGUEDOUE, chevalier de l'Ordre du roi, capitaine de deux cents hommes d'armes, et qui fit lever le siége d'Etampes. Une fille de cette maison épousait plus tard Alexandre, marquis de ST. PHALLE-COULANGES, mestre de camp de cavalerie, etc. (*La Chesnaie*, voir *Languedoue.*)

François Picot, baron de Connay, frère de Louis, vicomte de Rosnay, baron de Dampierre et de Sompuis, seigneur de Pommeuse, épouse, en 15..., Anne, fille de Jean Grolier, seigneur de..., et d'Anne Briçonnet, de la maison des BRIÇONNET, marquis d'ORSONVILLE, comtes d'Auteuil et de Millemont, seigneurs de Lessay, de Launay, de Varennes, etc., etc., dont une fille, Madeleine, épouse, le 14 août 1686, Georges, marquis de ST. PHALLE, seigneur de Neuilly, La Ferté-Loupière, etc. (1).

Enfin, Jean Picot, baron de Dampierre et de Sompuis, etc., épouse, en 1582, Marguerite de Bridiers, fille de JEAN DE BRIDIERS, seigneur de Vaux, et d'ANTOINETTE DE ST. PALLE (2).

EDME DE ST. PHALLE et ANTOINETTE DE CHAMIGNY laissèrent cinq enfants : XV. *Edme*, l'aîné, qui suit. XV. *Georges de St. Phalle*, de qui la quatrième branche qui suivra. (de Neuilly — La Ferté.) XV. ANTOINE DE ST. PHALLE, lieutenant au régiment du marquis de ST. AUBIN DE GROSSOVE, son parent, en 1639 (3) ; capitaine au régiment de Francières, en 1644 ; capitaine au régiment du cardinal Mazarin, en 1645 ; et tué au siége d'Etampes, en 1652, étant alors premier capitaine, puis major au régiment d'Anjou, puis d'Orléans, où il était en réputation de fort brâve et galant homme (4).

XV. CATHERINE DE ST. PHALLE, épouse LOUIS DE DAVID, chevalier, seigneur de Triguière, de Chenevane, ... dont elle n'eut qu'une fille, morte aux religieuses bénédictines de Montargis (5).

XV. *Lucie de St. Phalle*, morte jeune et non mariée, ayant la terre de Dampierre, dit un manuscrit de la Bib. Imp. liasse St. Phalle, — 1860.

XV. EDME DE ST. PHALLE, chevalier, seigneur de Neuilly et La Ferté-Loupière en partie, etc., demeurant à Dijon. Acte de partage entre messires Edme, Antoine et Georges de St. Phalle, chevaliers, Louis de David, seigneur de Triguère, Chenevane, etc., au nom de dame Catherine Angélique de St. Phalle, son épouse, et Lucie de St. Phalle, tous héritiers de messire Edme de St. Phalle, vivant chevalier, seigneur de Neuilly et La Ferté-Loupière, pour les deux tiers, par l'avis et consentement de dame Antoinette de Chamigny, veuve dudit seigneur de St. Phalle, leur mère ; d'illustrissime, prince du sang royal de France, messire GASPARD DE COURTENAY, leur oncle, et de frère CLAUDE DE ST. PHALLE, chevalier de St. Jean de Jérusalem, leur oncle, commandeur de la commanderie d'Auxerre, — devant Vallodin, notaire au comté de Joigny à Neuilly, 15 février 630. (*Chart. de Montg.*)

(1) *Nob. Univers.*, let. Picot. — *Bibl. Imp.*, m.

(2) Id., *Nob. Univ.*, lett. Picot.

(3) *Nob. Univ.*, t. XV, Edme et S. Aubin. p. 60, etc.

(4) *Chart. de Montg.*

(5) De David, *Généal. de la Maison de sang Royal de Courtenay*, du Bouchet, p. 330, etc. — *Croisades*, 1148, Bernard de David, seign. de la maison de David, en Limousin. — Versailles, d'or, à trois coquilles de Sinople. — Maison illustre de Languedoc, écartelé 1 et 4 d'azur à la Harpe-d'Or, cordée de même, qui est de David, et, pour devise : *Memento domine David*, La Chesnaie, 508, vol. V.

Il rendit hommage pour sa terre de La Ferté au duc DE RETZ, le 1er juin 1668, et produisit conjointement avec son frère, et sa sœur Lucie, la même année, ses titres de noblesse devant l'intendant de Bourgogne qui le maintint. *(Chart. de Montg.)*

EDME DE ST. PHALLE, épousa par contrat du 11 janvier 1650, ANNE DE CLUGNY, fille de CHARLES de Clugny, chevalier, comte de Grignon, seigneur d'Auxois, et de ANNE DE NOISENET (1).

Edme de St. Phalle, a été capitaine au régiment de Pluvant, 14 mars 1635, puis au régiment du nom de St. Aubin, le marquis DE ST. AUBIN DE GROSSOVRE étant son parent, 21 juin 1637; — puis il fut capitaine au gardes-françaises (généal. Edgar). Il servit Louis XIII dans ses guerres, et devint brigadier de ses armées, nous dit un manuscrit sans preuve à l'appui.

Par l'ouvrage intitulé : Catalogue et armoiries des gentilhommes qui ont assisté à la tenue des États-Généraux, du duché de Bourgogne, tenus en 1656, (*publié à Dijon* 1740), on voit qu'Edme de St. Phalle, fut membre de ces États, (*p.* 39.)

La maison DE CLUGNY, où il prit femme, est une noble et ancienne maison de Bourgogne, d'où les barons de Nuis sur Armancon, les barons de Chastenoy, les barons puis comtes de Grignon, seigneurs de Bragelone, etc. Plusieurs se distinguèrent par des charges éminentes. — Jean Ier, fut garde des sceaux aux contrats de la chancellerie de Bourgogne, 18 juillet 1400... Ils eurent, comme illustration d'Église, Féry de Clugny, évêque de Tournay en 1743, — chancelier de l'ordre de la toison d'or, 15 septembre; Guillaume de Clugny, évêque de Poitiers, mort à Tours en 1480 et N..... de Clugny, cardinal prêtre du titre de saint Vital, par le pape Sixte IV en 1480, mort à Rome le 7 octobre 1483 (2).

Le marquis *de Clugny*, en s'éteignant, demanda à transférer ses noms et titres à M. le chevalier DE NARD, qui épousa sa fille Marie, en septembre 1805, à la Guadeloupe, où il commandait (3).

Une signification par exploit, faite par Herbier, huissier au Châtelet à Paris, à Edme Georges et Lucie de St. Phalle, à la requête de Jacques Duret, commis à la recherche des usurpateurs de titres de noblesse, déclare aux dits seigneurs et damoiselle qu'ayant vu leur production, il se désiste — en 1668 (4).

Edme meurt en 1669, et laisse neuf enfants. -- XVI. *Claude*, né en 1651, vécut 24 heures, eut pour parrain son oncle CLAUDE DE St. PHALLE, commandeur de St. Maunis, de Malte. XVI. N... qui mourut en naissant, sa mère l'ayant blessé en couches. XVI. *Georges*, qui suit. XVI. *Edmée*, née le 4 septembre 1655, baptisée à Dampierre, parrain *Louis de Clugny*, marraine *Lucie de St. Phalle*, sa tante. XVI. *Lucie*, née le 6 juin 1659, baptisée à Dampierre, parrain *Georges de St. Phalle*, marraine *Marie Jacqueline de Clugny*, sa cousine. XVI. *Lucie*, née le 23 septembre 1661. XVI. *N...* fille, née le 12 mars 1663. XVI. *Gabrielle*, née le 29 juillet 1664, baptisée à Dampierre, parrain *Charles de Clugny*, son oncle, marraine *Gabrielle de Montagu*, sa cousine. XVI. *Charles Edme*, né le 13 août 1666, baptisé à La Ferté-Loupière, parrain

(1) *Nob. Univ.*, p. 60, etc., vol. XV. Id. *Chart. de Mongt.* Noiseuet, porte d'or, à une figure humaine ayant un pied en l'air.

(2) Lire la Chesnaie, v. VI, 631. — *Généal. du sang Royal de Courtenay*, du Bouchet, p. 330.

(3) *St. Alais*, v. VIII, de Clugny.

(4) *Chartrier de Montg.*

Charles de Clugny, son oncle, marraine *Edmée de Morin*... Il fut religieux de l'ordre de Citeaux, et pourvu, plus tard, de l'abbaye de Pontivy, Poitou. Son testament est de 1691. A la mort du père de ces enfants en 1669, il n'existait plus que *Georges*, *Lucie*, et *Charles Edme*.

Tutèle et curatelle des enfants mineurs de Edme de St. Phalle, chevalier, seigneur de Nully, la Ferté-Loupière, Dampière en Morvan, Baillon, le petit Martroy, Villeneuve-la-Cornue, etc...

En présence de dame Anne de Clugny, mère de Georges de St. Phalle, chevalier, seigneur de Paroy en Brie, oncle de Claude de David, chevalier, seigneur de Triguières... cousin-germain de François de Ladeulz, chevalier, seigneur de Vieuchamp; de Louis de Quinquetz, chevalier, seigneur de la Vieille-Ferté, de Jacques de Chenu, écuyer, seigneur de Gastine, de Joseph de Quinquetz, escuyer, seigneur de Soulot, de Balthasar de Laborde, escuyer, seigneur de Chainschotz, de Charles de Clugny, chevalier, baron de Dardé, oncle maternel, de Charles de Mathelan, escuyer, seigneur de Tabourcau, et de Bénigne d'Urnelles, chevalier, seigneur de Saint-Maurice, tous proches parents ou amis desdits mineurs, il fut convenu que dame Anne de Clugny serait tutrice de ses enfants, et Georges de St. Phalle, curateur. — Extrait sur parchemin du baillage de la Ferté-Loupière, délivré par Lemartin, greffier, 16 juillet 1669 (1).

XVI. Georges, marquis de St. Phalle (*Voir plus bas pour le titre de marquis*), seigneur de Neuilly, de Laferté-Loupière en partie, de Mugnois, de Dampierre en Morvan, de Villeneuve la Cornue, né le 20 décembre 1653, baptisé à Dampierre, avril 1654, eut pour parrain *Georges de St. Phalle*, son oncle, et pour marraine *Madeleine de Menou*, femme de *Barthélemy de Clugny*.

Une sentence de M. *Ferrand*, intendant de Bourgogne, du 3 janvier 1698, et un certificat des vérificateurs de titres de noblesse (1694), maintiennent Georges, marquis de St. Phalle, de la troisième branche des barons de St. Phalle Cudot, dans ses titres et qualités. Il demeurait alors au baillage de Châstillon-sur-Seine (2).

Par contrat de mariage du 11 août 1686, Georges de St. Phalle épouse Madeleine Briçonnet, fille d'Antoine Briçonnet, capitaine d'une compagnie de chevau-légers dans le régiment de la Châtre, chevalier, seigneur de Lessay et de Piffons, — des Briçonnet, comtes d'Auteuil, comtes de Millemont, marquis d'Oysonville (3).....

SECRÉTAIRES DU ROI.

Mais, chemin faisant, et tout en renvoyant sur ce chapitre au traité de la noblesse de de La Roque (*Rouen*, 1734, p. 149, etc.); demandons-nous si la charge de secrétaire du roi prouve contre la noblesse, selon l'opinion vulgaire, en ce qu'elle a pour objet si fréquent de la conférer: bien qu'elle supplée aussi aux titres égarés, en cas de recherches pour usurpation du titre de noble (4).

La maison de Briçonnet est originaire de la Tourraine, et commence *à se distinguer* sous le

(1) *Chart. de Mongt.*

(2) *Chart. de Mongt.*, Cherin.

(3) *Chart. de Mongt.*, *Nobil. Univers.*, t. XV, p. 60, etc., etc.

(4) Il y avait plusieurs raisons pour rechercher, et *transmettre*, ces charges de secrétaire du roi, maison et couronne de France. Elles étaient, pour ceux *qui en avaient l'exercice*, « le moyen le plus considérable d'acquérir la noblesse, » et donnaient de singulières prérogatives. — Voir de La Roque, *Traité de la Nob.*, p. 149.

roi Charles V, dont le règne court de 1364 à 1380. Mais, à cette époque déjà, *Richard Briçonnet* était chevalier (1), et, par conséquent, de race évidemment noble. Cependant, à partir de *Bertrand*, fils de *Jean*, mort en 1447, sept secrétaires du roi se succèdent dans cette maison, et plusieurs consécutivement, à l'époque où leur noblesse est d'éclatante notoriété, à savoir : *Bertrand*, *Jean* son aîné, *Jean* et *André*, fils de celui-ci, *Guillaume*, petit-fils... *Pierre*, fils de *Jean*, le père des pauvres, et *François*, fils de *Pierre*... (2).

On acceptait et on recherchait donc quelquefois, dans les grandes familles, des charges dont la destination principale était de donner, ou de prouver noblesse; et l'histoire de la maison de Briçonnet vient une seconde fois à l'appui de cette vérité :

En effet, « le maire de Tours, qui est annuel, et les 24 échevins qui sont perpétuels (1734), obtinrent de Louis XI le privilége de noblesse, avec permission de parvenir à l'état de chevalerie. Le premier maire fut Jean Briçonnet, père de Guillaume, cardinal du saint siége, et de Robert, archevêque et duc de Reims, chancelier de France (3). »

La maison de Briçonnet compte un grand nombre d'illustrations: plusieurs évêques, dont l'un ambassadeur à *Rome*, près de Léon X qui, à sa sollicitation, canonisa St. François de Paule; plusieurs archevêques, dont l'un, duc de Reims, qui sacra Louis XII, et que le Féron appelle *Oraculum Regis et Regni columna* : l'oracle du roi et le pilier du royaume; plusieurs princes de l'église, sans parler de plusieurs présidents de parlements, d'illustrations militaires, de chevaliers de Malte... (4).

L'incendie qui détruisit une portion de la ville de Meaux, en 1358, après la défaite *des Jacques*, épargna la cathédrale, mais anéantit le chapitre des chanoines, au moins partiellement, et les parties hautes de l'évêché. Guillaume Briçonnet, évêque de Meaux en 1516, en agrandit les dépendances; on lui attribue, entre autres choses, l'escalier *sans marches* qui conduit dans les étages supérieurs (5).

« La mère de Madeleine de Briçonnet, femme de Georges de St. Phalle, était Anne-Marie du Lys, dame baronne de Poiseux en Nivernais, fille d'Angélique du Deffand et de Louis du Lys, chevalier baron de Poiseux, seigneur de Jailly, petit-neveu d'Eustache du Lys, décédé, évêque de Nevers en 1643. Le père de *Madeleine*, Anthoine Briçonnet, est descendu du frère aîné de ce renommé cardinal, Guillaume de Briçonnet, archevêque et duc de Reims, premier ministre d'État sous Charles VIII (6). »

Georges, marquis de St. Phalle, reçut aveu et dénombrement des fiefs de Maroy et Lacaille, relevant de sa seigneurie de la Ferté, 1681, et vendit les seigneuries de Villeneuve-la-Cornue et de la Ferté, pour payer ses dettes et pour acheter la seigneurie de Mugnois, près d'Arcey, canton de Flavigny, arrondissement de Sémur.

Parmi les titres qui concernent les enfants de *Georges* et de *Madeleine*, sont un extrait baptistaire de *Henri*, leur second fils, de Darcey le 18 mai 1702; un acte de curatelle et de tutelle

(1) *Nobil. Univ.*, *Bibl. Imp.*, m., let. B.

(2) Répétition de ce fait chez les N... marquis de Persan, etc., etc., etc.

(3) P. 123-4, *Traité de la Noblesse*, de La Roque, 1734.

(4) *Nobl. Univ.*, liv. B. — Le P. Anselme, *Liste des Grands Officiers de la Couronne*. — Le Féron, Ughel. art. Briç., etc., etc.

(5) *Monuments ill. de Seine-et-Marne*, p. 173-4 déjà cités.

(6) *Bibl. Imp.*, cah. Phalle (saint). — Id, *Charte. de Montg.* — *Cherin*, etc., etc.

pour les enfants mineurs où sont nommés, entre plusieurs parents, le PRINCE ROGER DE COURTENAY, abbé des Eschallis et de St.-Pierre d'Auxerre (1).

Il est dit de Georges de St. Phalle qu'il assista en qualité de lieutenant-colonel au siége de Namur, aux batailles de Nerwinde, etc. Nous ne voyons aucun titre à l'appui. Mais celui qui suit est authentique : « Nous, soubsignés, commissaires nommés par MM. de la Chambre de la noblesse aux Etats derniers (*Dijon*), certifions que GEORGES DE ST. PHAL, seigneur de Mugnois, ... aurait remontré que ses autheurs ont entré et assisté aux Etats, en ladite Chambre de la noblesse, et y ont eu voix délibérative, ce que nous avons recognu véritable par la vérification des registres, ... et qu'iceluy sieur DE ST. FALE est bon gentilhomme, non noble simplement, mais de la qualité requise pour entrer en ladite Chambre de la noblesse ; qu'il fait profession des armes et non de la robe, qu'il possède la terre de Mugnois en toute justice..... en foy de quoy nous nous sommes soubsignés, à Dijon, ce 23 octobre 1694. BERBIS-DEUILLEY, H. DAULLENAY, ARCY, DE CLUGNY-GRIGNON (2).

GEORGES laissa de MADELEINE : XVII. *Joseph*, qui suit. XVII. *Henri de St. Phalle*, qui suivra. XVII. CHARLES DE ST. PHALLE, abbé et prieur de Dicy, prés Joigny, et plus tard missionnaire au Tonquin, où il mourut. — Idem, *quatre filles*, dont les noms sont perdus.

Aveu et dénombrement sont donnés par la dame Madelène Briçonnet, veuve de Georges de St. Phalle, tant en son nom que comme ayant charge de messire Joseph-Charles, etc., pour raison de la seigneurie de Mugnois, au marquis de Jouhay, à cause de la terre de la Roche-Vannaux, 1734-5 (3).

XVII. JOSEPH, marquis DE ST. PHALLE, seigneur de Mugnois, etc., capitaine au régiment de Rouergue infanterie, et chevalier de Saint-Louis, épousa en 173 N... DE SIMON (*sinople à trois lions d'argent*), près de Semur en Auxois. Il créa un lit à l'hôpital de Semur, pour les villages de Mugnois et Darcey, 1771, ainsi que se voit dans l'histoire du duché de Bourgogne, par M. Courtépée.

Joseph survécut à ses deux frères, et fit donation à son cousin Phal de St. Phalle, le jour de son mariage avec PAULINE LEVAILLANT DE SAVOISY, de la terre de Mugnois et de la terre de Cormaillon, d'une somme de 30,000 francs et de ses droits à la succession de M. DE VAURÉAL, évêque de Rennes et ambassadeur en Espagne, qui avait testé en sa faveur.. Il n'avait pas eu d'enfants. — Il fut maintenu dans ses titres et qualités de noblesse, comme le constate un certificat de MM. les commissaires vérificateurs de la Chambre des comptes de Bourgogne. Il mourut en 1779 (4).

XVII. HENRI, comte DE ST. PHALLE, fut baptisé à Darcey le 18 mai 1702. Il servit dans plusieurs régiments, et accompagna en Espagne l'évêque de Rennes, monseigneur DE VAURÉAL, ambassadeur en cette cour. Il y fut nommé colonel des Gardes Vallonnes, et y mourut empoisonné, mais en grand renom pour sa bravoure et fort regretté des grands seigneurs. Par contrat, passé à Saint-Révérien en Nivernais, HENRI DE ST. PHALLE avait épousé en premières noces N... DE LA BARRE DES TROCHES, d'ancienne maison du Nivernais, de grande noblesse.

(1) *Chart. de Mongt.*
(2) *Chart. de Mongt.*
(3) *Chart. de Mongt.*
(4) Cte. Edgard de S. Phalle, Montg.

En secondes noces, N..... DAVOUT, près Tonnerre en Bourgogne, désignée comme portant de gueules, à la croix d'or, chargée de cinq molettes de sable. Par ces armes, elle se relie à JEAN DAVOUT, chevalier, seigneur de Cucey-sur-Loire en 1273, ... maison alliée en 1300 aux comtes de Noyer, et à des maisons considérables. Un descendant de ce nom est LOUIS-NICOLAS DAVOUT, duc d'Auerstad, prince d'Eckmulh, maréchal et pair de France, gouverneur général du duché de Varsovie, et général en chef des armées françaises au delà du Rhin, etc., etc., né à Aunoux en Bourgogne, le 10 may 1770, et marié le 12 novembre 1801 à LOUISE-AIMÉE-JULIE LECLERC, sœur du général LECLERC, beau-frère de NAPOLÉON Ier par sa femme, PAULINE BONAPARTE.

En troisièmes noces N....., en Bourgogne. Il y eut plusieurs enfants de ces trois mariages, mais ils sont tous morts en bas âge (1). Ainsi finit la troisième branche des seigneurs de St. Phalle, barons de Cudot, branche de Neuilly-Mugnois.

QUATRIÈME BRANCHE DES SEIGNEURS DE SAINT PHALLE, BARONS DE CUDOT, ETC. — BRANCHE DE NEUILLY LA FERTÉ-LOUPIÈRE.

XV. GEORGES DE ST. PHALLE, seigneur de la Ferté, deuxième fils d'Edme de St. Phalle, seigneur de Neuilly, etc., et d'ANTOINETTE DE CHAMIGNY, fut baptisé le 22 mai 1624.

Deux certificats, l'un de Louis de Bourbon, prince de Condé, le 10 juin 1647, l'autre du comte de Vaubecours, du 24 août 1648, attestent qu'il servait à cette date comme capitaine dans le régiment du duc d'Enghien (*comte Edg. Mont.*). Un autre certificat témoigne que GEORGES avait été choisi par les officiers et gentilshommes de l'escadron de la noblesse pour la charge de brigadier.

« Le vicomte DE TURENNE, maréchal-général des camps et armées du Roy, etc. »

Certifions à tous qu'il appartiendra que les sieurs DE SAINCT PHALLE et DE BOIS-REGNAULT, choisis par les officiers et gentilshommes du bailliage de Lescadron de Larrière-ban de Montargis, pour faire la charge de brigadier dans ledict escadron, ount for bien seruy le roy, cette campagne en ladicte callité dans l'armée qui est soubs notre commandement en Allemagne, etc. Avons signé le présent certificat, et fait apposer le cachet de nos armes, et contre-signé par l'un de nos secrétaires. »

« Faict au camp de Ditinillers, ce 8 novembre 1674. TURENNE. »

« *Par Monseigneur*, HASSET (2). »

GEORGES DE ST. PHALLE, seigneur de Neuilly, etc., épousa, par contract du 22 février 1659, EDMÉE DE MORIN, troisième fille de JEAN DE MORIN, seigneur de Paroy-en-Brie, de Merle, Montmireil, Gymbroye, Reuilly, Bleney, etc., et de dame MARIE DE THUMERY, son épouse, de laquelle maison de Morin, il y avait un commandeur de Malte, grand oncle de ladite Aimée, vulgairement nommé le commandeur de Paroy (3).

(1) *Généal. Ed. Chart. de Mongt.*
(2) *Chart. de Mongt.*
(3) Cab. Phalle (saint), *Bibl. Imp.*, 1860. — Id. *Généal. sang royal de France de Courtenay*, du Bouchel, p. 330; — Id. Cherin, *Chartr. de Mongt.*, etc. — *Histoire de Malte*, etc., etc.

Georges de St. Phalle, d'après un titre écrit de sa main, laissa quatorze enfants : XVI. Edmée de St. Phalle, née le 21 avril 1660 ; parrain, *Mathurin Le Camus*, marraine Antoinette de Chauvigny. XVI, Edme, le 17 juillet 1661, parrain Edme de St, Phalle, oncle ; marraine, Gabrielle de Chenu. XVI. *Catherine*, 21 novembre 1662 ; parrain, Benigne du Fuel ; marraine, Augustine-Catherine de St. Phalle, tante. XVI. *Lucie*, 17 août 1664 ; parrain, *François de la Duc ;* marraine, Lucie de St. Phalle, tante. XVI. Marie, 29 août 1665 ; parrain, Alexandre-Simon de Bollé ; marraine, Marie de Chastellus. XVI. Edme-Georges, 15 septembre 1666 ; parrain, Edme de St. Phalle, baron de Cudot ; marraine, Marguerite *Le Masson*. XVI. Marie, 21 octobre 1667 ; parrain, Emilien de Cosnier ; marraine Marie de Brouilly. XVI. Louise, 10 janvier 1669 ; parrain, *Balthazar de la Borde* ; marraine, Louise de Bragelonne. XVI, Hanry, (*sic.*) 28 août 1670 ; parrain, Hanry Végnier de Guerchy ; marraine, N... de Vinière. Hanry fut lieutenant dans la compagnie de Chassagny, régiment de Champagne, 10 janvier 1691, et capitaine dans le régiment de Boulonnais, 19 octobre 1694. XVI. Edmée-Louise, 25 octobre 1672 : parrain *Louis Végnier de Guerchy ;* marraine, Louise de Villemor. XVI. Phal de St. Phalle, qui va suivre. XVI. Georges, 1er septembre 1675, lieutenant dans la compagnie commandée par son frère Henry. XVI. Edme, 1 septembre 1675, frère jumeau de Georges. XVI. Louis-Jules, 15 octobre 1676 ; parrain, Louis-Jules de Bollé ; marraine, Marie de la Grange.

XVI. Phal de St. Phalle, seigneur de La Ferté, est le seul de ces enfants qui prit alliance ; son père avait dissipé la majeure partie de sa fortune. Il naquit le 16 mai 1674, servit dans plusieurs régiments, fut chevalier de Saint-Louis, capitaine, le 23 mars 1707, au 2e bataillon du régiment de La Fère, etc., etc. Après avoir dissipé la majeure partie de son bien, il vendit la seigneurie de La Ferté-Loupière, et épousa Anne de la Mare, fille de Jean de la Mare, gentilhomme de Normandie, 13 février 1720. Et ne passèrent point de contrat, vu leur pauvreté ! — à Milly-Gâtinais, près Fontainebleau.

Il mourut le 20 mai 1733, et sa femme, le 2 octobre 1759, laissant trois enfants : XVII. *Adrien-Marie de St. Phalle*, baptisé à Milly, le 11 novembre 1722, mort en duel, non marié. XVII. *Phal de St. Phalle*, qui suit, et :

XVII. Charles-Maximilien de St. Phalle, né le 20 juin 1729. Il est nommé par le roi, le 3 août 1760, doyen de Vezelay (*ch. de Montg.*) Le 20 février 1761, le roi de Pologne, Stanislas, le nomme son aumônier (1). Ce Maximilien fit des recherches sur la maison de St. Phalle, découvrit nombre de titres précieux qu'il remit à son cousin Jean Vincent, comte, puis marquis de St. Phalle, avec toutes les pièces relatives à la branche de Neuilly et de La Ferté. Il mourut en 1791.

XVII. Phal, comte de St. Phalle, né le 3 juillet 1727, servit dans plusieurs régiments, fut capitaine au régiment de Piémont infanterie, chevalier de St. Louis, etc. Il épousa par contrat de mariage du 18 février 1770, Catherine-Ursule-Pauline Le Vaillant de Savoisy, fille de Jean Le Vaillant, seigneur de Savoisy en partie, de Menou, Massingy-les Châtillon, etc. Outre la donation ci-dessus des seigneuries de Joseph marquis de St. Phalle, à Phal de St. Phalle, une tante de Pauline, dame Le Vaillant de Ste Colombe, veuve de Charles de Viesse, ajouta à sa dot une somme de 30,000 fr.

(1) *Chart de Mongt.*, où beaucoup d'autres pièces le concernent.

Les Le Vaillant, barons de Bousbecque, de Vaudripont, etc., etc., autrefois Lumbremont, sont une ancienne et illustre maison de Bourgogne, présentement en Flandres. Gilliard, seigneur de Lumbremont se croise, en 1209, contre les Albigeois, avec Eudes, duc de Bourgogne, qui, à la prise de Carcassonne, le fait chevalier sur la brèche, l'appelle le Vaillant, et lui donne pour armes un soleil d'or en champ de gueules. C'était la bannière des infidèles de cette ville, et il l'avait emportée l'épée à la main. Deux Jean Le Vaillant furent armés chevaliers au sacre de Charles VI en 1380. L'arrière petit-fils de l'un de ceux-ci fut capitaine des gardes du roi Louis XI. Ils sont alliés au Béthune, etc., etc. (*La Chesnaie, l. v.*), mais il ne faut point confondre ces Savoisy avec ceux qui, le 9 mars 1372, deviennent Savoisy-Seignelay (1). Deux maisons dont la plus illustre, celle des Seignelay, donne, vers 1150 aux seigneurs de St. Phalle un de leurs aïeux maternels.

Phal de St. Phalle mourut en 1773, laissant sa femme grosse de : XVIII. Bathilde-Pauline de St. Phalle, fille unique.

Acte en répétition de droits de « la dame Catherine-Ursule-Pauline LE VAILLANT DE SAVOISY, veuve de feu FAL, marquis de St. PHAL, chevalier, etc., à présent épouse en secondes noces de messire François-Gabriel de Tarade Dumesnel, chevalier, comte de Corbeilles, ancien lieutenant-colonel du régiment d'Artois, etc., etc. » (*Chart. de Montg.*)

BATHILDE fut placée sous la curatelle de son oncle Maximilien de St. Phalle, aumônier du roi Stanislas, et doyen de Vezelay ; puis, à la mort de sa mère, en 1783, sous la tutelle de Jean Vincent, comte de St. Phalle, baron de Cudot, lequel lui rendit ses comptes en 1787, en présence de Maximilien. BATHILDE DE ST. PHALLE épousa, le mardi gras 1790, à l'âge de 17 ans, JULIEN EON DE CÉLY, maréchal des camps et armées du roi, seigneur de Cély près Fontainebleau, fils du comte d'Eon de Cély et de N..... DE MÉRY. Elle n'eut point d'enfants, et son mari fut tué à l'Étranger pendant la révolution.

Ce fut Bathilde de St. Phalle, comtesse de Cély, qui présenta au roi Louis XVI et à la reine Marie-Antoinette, le jour de la pentecôte 1790, Charlotte-Hermine Bourgeois DE BOYNES, fille de l'ancien ministre de la marine, et femme de JEAN VINCENT, comte de St. PHALLE, baron de Cudot. Ce fut là, nous est-il affirmé, la dernière dame présentée à l'ancienne cour. (Voir plus bas autographes de M. le duc de Villequier.)

EON, noble et ancienne maison de Bretagne, puis de Champagne et de Bourgogne. — Eon de L'Estoile fut condamné pour ses opinions hétérodoxes et ses extravagances, au concile de Reims, en 1148, par le pape Eugène III. — Il y a les branches de Molesme, de la Toquette, d'Aigremont, de Ramela, de Malassise, de Mouloise, du Chesnoy, de Tissé-de-Beaumont, de Pomard, de Germiny, de Cély...—Cély, en Brière, fut érigé en comté en décembre 1670, enregistré le 5 juin 1671,

GUILLAUME D'EON, chevalier banneret, passa en Angleterre à la suite de Marguerite de France, femme d'Edouard Ier, et fut envoyé comme ambassadeur, par ce prince, au pape Boniface VIII, en 1302.

Un des personnages les plus mystérieux de son temps fut le chevalier, ou la CHEVALIÈRE D'EON, de Beaumont, écuyer, né à Tonnerre le 5 novembre 1728, capitaine de dragons, d'une rare vail-

(1) P. Anselme, v. VIII, p. 550.

lance.... enfin ministre plénipotentiaire du roi en Angleterre. Cette chevalière, *qui fut un homme*, a pris par un ordre spécial du roi et de ses ministres, à son arrivée à Paris, l'habit féminin que l'on lui dit être l'habit de son sexe, et a porté le nom de chevalière d'Eon. Sa vie fut irréprochable et animée d'un vrai patriotisme. A sa mort, Louis d'Eon de Beaumont, son père, dont la mort fut si chrétienne, ayant fait sortir tout le monde, « retint seulement son fils, aujourd'hui madame la chevalière d'Eon » (1).

Bathilde de St. Phalle, veuve du COMTE EON DE CÉLY, eut beaucoup à souffrir de la révolution. Elle y perdit presque tous ses biens, mais elle sauva sa vie en faisant acte de courage et de présence d'esprit. En 1798, elle épousa en secondes noces N..... DE RUFFO DE LA FARE, maréchal de camp, gentilhomme provençal, à la tête d'une belle fortune, et dont elle eut plusieurs enfants, entre autres une fille qui épousa M. DE GOMBERT, d'une ancienne maison de la basse Provence.

L'antique maison de LA FARE eut des rameaux en Sicile, en Calabre, à Naples, en Provence, en Languedoc. — La branche de Calabre existait encore en 1806, car « Alexandre-Augustin, marquis d'Erard, — Normandie, — épousait, en avril de cette dite année, Marie-Caroline des comtes de la Ric, fille d'Alexandre-Louis-Gabriel Ruffo, de Calabre, et de dame Louise-Marie-Félicité DE PERTHUIS (2). »

D'Hozier nomme ceux de Languedoc, — dès le douzième siècle, — chevaliers, seigneurs de la Tour, de Fontrailles et Montjoie, vicomtes de Montclar,... barons de Salendrenque..... Nous citerons ensuite Charles de La Fare, marquis de Montclar, lieutenant-général, chevalier de Malte... Philippe-Charles, lieutenant-général, chevalier de la Toison-d'Or et des ordres du roi, 1718-1731. — Philippe-Charles, évêque-duc de Laon, pair de France, comte d'Anisy, mort en 1741. Antoine-Denys-Auguste de La Fare, marquis de Tornac, maréchal de camp, commandeur de Saint-Louis, mort en 1740 (3)...

Ainsi a fini la quatrième branche des St. Phalle, barons de Cudot, branche de Neuilly La Ferté-Loupière.

CINQUIÈME BRANCHE DES SEIGNEURS DE SAINT PHALLE, BARONS CUDOT. — BRANCHE DITE DES CUISSARTS.

XII. NICOLAS DE ST. PHALLE, chevalier, seigneur des Cuissarts, et de Vaux-Profonde en partie, etc., etc., est le cinquième fils de PHILIPPE DE ST. PHALLE, et de noble demoiselle JEHANNE DE ST. JULIEN. Il est nommé dans plusieurs actes de partage avec Guillaume son frère, 1517-8, 1523, 1541, 1550.

D'après une note manuscrite, sans preuve, il figure âgé d'environ 19 ans à la bataille de Pavie, 1525, s'y bat comme un lion, et est blessé à la cuisse en tête de sa troupe, faisant tous ses efforts pour secourir son commandant et allié, Jacques, comte de Chabannes, seigneur de la Palice, maréchal de France, lâchement assassiné, quoique prisonnier, par le capitaine espagnol Buzarto.

(1) *Biog. Feller*, et pour la Noblesse *La Chaisnaie*, let. E, p. 372 et sup.).
(2) V. IV, p. 180, S. Alais, Paris, 1810.
(3) La Chesnaie let. du nom.

Le château seigneurial de Vaux-Profonde ayant été totalement ruiné dans les guerres, Nicolas de St. Phalle, fit construire au lieu dit les Cuissarts, proche Courtenay, un château composé d'un corps de logis, accompagné de quatre pavillons aux quatre angles, et deux autres gros pavillons, au milieu desquels est la porte d'entrée. Ce château, nommé LES CUISSARTS ST. PHALLE, ne s'appela bientôt plus que ST. PHALLE, de même que le château primitif de ce nom près de Troyes. (Voir ci-dessus).

Il fit aussi construire dans la nef de l'Église de ST. Pierre de Courtenay, proche le chœur, à gauche, une chapelle du nom de ST. PHALLE et portant les armes de cette maison à la clef de voûte, aux quatre angles et aux vitres. Il la choisit pour lieu de sépulture ; elle n'a pas changé de nom (1).

NICOLAS DE ST. PHALLE épousa, devant le Prévost, Not. Tabellion juré à... (*illisible*), le 17 mars 1538, MARGUERITE DE LARMES, fille de messire Philippe de Larmes, seigneur de la Bonnière en Brie, paroisse de Vaudoy, et de Catherine d'Hémery, assistée de messire Antoine de Regnault, escuyer, seigneur de Cours, de messire Antoine le Riche, escuyer, seigneur de Neuville, de messire Auduit du Roux, écuyer, seigneur de Torby, etc., ses parents et amis (2).

Les seigneurs de Larmes, sont noblesse de Bourgogne. La maison d'Hémery, a déjà fourni une ayeule aux seigneurs de St. Phalle, dans la personne de Jeanne, marié à CHARLES, de l'illustre maison de Brichanteau-Nangis, dont la fille Marie, épouse en 1496, Louis de St. Phalle, baron de Cudot, etc. Jeanne, était fille de Pierre de Hémery, écuyer, seigneur d'Hémery, de Sergines, etc., et de Jeanne de Monceau, dame de Vertron, de Mautregnault (3)...

Donation d'une maison en la ville basse de Courtenay pour servir d'école, faite aux plus apparents et notables bourgeois, manans et habitants de Courtenay par dame MARGUERITE DE LARMES, veuve de messire Nicolas de Saymphalle. S'obligent les habitants de Courtenay à faire dire quatre messes par an, pour le repos de l'âme de damoiselle CATHERINE DE SAYMPHALE, sœur du dit NICOLAS DE SAYMPHALE. De plus, le maître d'école et les écoliers s'engagent à dire un salut par an, pour Nicolas de Saymphale, fils de messire de Saymphalle et de dame Jehanne de St. Julien, — par devant Ponchon, notaire à Courtenay, 23 août 1574 (4).

De ce mariage six enfants. XIII. *Jean* qui suit. XIII. Richard, mort jeune et sans alliance.

XIII. FRANÇOISE DE ST. PHALLE. Elle hérita des biens de JEAN, son frère aîné, qui mourut sans postérité, et se maria à LOUIS LE MAIRE, seigneur de Varenne, vers 1556. Celui-ci lui laissa deux enfants, à savoir messire François le Maire, seigneur de St. Phalle Cuissarts, de Varennes... capitaine au régiment de Rambure, mort au siége de La Rochelle et sans enfants, quoique marié à JACQUELINE DE THIANGES qui lui survécut.

Françoise le Maire, sa sœur, hérita de ses biens, et le trois septembre 1607, épousa ANTHOINE FULLARTON, noble écossais, seigneur de Chaumont-sur-Yonne... et exempt des gardes écossaises du roy ; la dame de Varennes, mourut sans enfants. De l'autre mariage sortit une fille unique, JACQUELINE FULLARTON, dame de Chaumont, etc., qui épousa Jacques de Valans, chevalier,

(1) Cherin, *Chart. de Mongt.* — *Bibl. Imp.*, m., cahier Phalle (saint), 1860. — Id. *Nob. Univ.*, *Bibl. Imp.*, 1860, t. XV, p. 60, etc., etc., etc.

(2) *Chart. de Mongt.*, Cherin, Id. — Id. *Nob. Univ.*, t. XV, p. 60, etc. *Bib. Imp.* 1860, et autres titres.

(3) P. Anselme, *Grands Officiers de la Couronne*, t. VII, p. 891.

(4) *Chart. de Mongt.*

seigneur de Montgarant, de Rouvray en Brie, d'une ancienne maison d'Auvergne. Celle-ci, par son mariage, transmit à J. de Valans, les seigneuries de Chaumont, de St. Phalle-Nouveau, etc. D'eux est descendue Marie de Valans, qui épousa Eustache du Deffand, chevalier, seigneur de St. Loup-d'Ordon, etc, le 4 décembre 1672, auteur d'une généalogie de la maison de St. Phalle. (Voir plus bas) (1).

XIII. Espérance de St. Phalle, mariée vers 1558 à Jean de Breschard, seigneur d'Abligny, la Tournelle, Froidefonds en Nivernais, de l'ancienne maison des Bréchard en Bourgogne, Nivernais et Bourbonnais, etc., fils de Claude de Breschard et de N... de Chastellux.

« Ils eurent deux filles, N..., et l'aînée Madeleine de Breschard, qui épousa le 11 juillet 1579 Claude du Deffand, seigneur de Saint-Loup-d'Ordon, capitaine en même temps de cent arquebusiers à cheval, et de deux cents arquebusiers à pied, sous le règne de Henri III. Celui-ci était ayeul dudit sire d'Ordon, Eustache du Deffand, époux de Marie de Vallans par dispense du pape Clément X, attendu qu'ils étaient cousins au quatrième degré (2). »

Eustache avait pour père « Eustache du Deffand, chevalier, seigneur de Saint-Loup-d'Ordon, commandeur et maître d'hôtel du roi, capitaine de chevau-légers, marié à Marguerite de Montbron, tante du seigneur comte de Montbron, chevalier des ordres, gouverneur de Cambray et lieutenant-général de Flandres et des armées du roy (3). »

Angélique du Deffand, (*sœur d'Eustache, époux de Marie de Vallans*), se mariait à Louis du Lys, chevalier, seigneur de Sailly, etc, dont la fille *Anne-Marie du Lys*, baronne de Poiseux, épousait en 1658 Antoine Briçonnet, seigneur de Lessay et Piffons, etc., père et mère de Madeleine, mariée en 1686 à Georges de St. Phalle, seigneur de la Ferté-Loupière, etc. (4).

XIII. Thérèse de St. Phalle, épouse un seigneur de Vaux... Cette Thérèse, aussi nommée Antoinette, est celle dont il est question dans la citation suivante : «... Ladite dame Picot de Dampierre, était fille de Jean Picot, chevalier, baron de Dampierre et de Sompuis, seigneur de Libaudières, d'Ornes, de Chastenoy et d'Ormoy, et de Marguerite de Bridiers, fille de Jean de Bridiers, écuyer, seigneur de Vaux, Chastenoy, d'Estainville de Gratesouris, etc., et d'Antoinette de St. Phalle, — Picot : d'or, au chevron d'azur, accompagné de trois fallots allumés de gueules. — De Bridiers de Vaux, d'or au chevron de gueules (5). »

XIII. Marie de St. Phalle est mariée à un seigneur de Jacquenay en Champagne.

XIII. Jean de St. Phalle, chevalier, seigneur de St. Phalle nouveau, de Vaux-Profonde en partie, etc., fut un des braves de son temps. Le roi lui donna une compagnie de chevau-légers *de ses ordonnances*, faveur insigne et dont il était digne (6).

Jean de St. Phalle épousa en 15... Marie de Rogres, de Champignelles, veuve de Jean Piedefer, seigneur de Champlost, fille de N... de Rogres, seigneur de Langlée, de Bromeilles, de

(1) *Bibl. Imp.*, cah. Phalle (saint), m., 1860. — Du Deffand. — Cherin, *Chart. de Montg.* — *Nobil. Univ.*, t. XV, p. 60, etc., etc., etc.

(2) 4 décembre 1672, Cherin, *Ch. de Mont.* — *Bibl. Imp.*, m., cah. Phalle (saint), 1860. — *Nob. Univers.*, t. XV, p. 60, etc., *Bibl. Imp.*, m., 1860. etc.

(3) *Nob. Univers.* — Id. — *Bibl. Imp.*, m., 1860.

(4) Id. — Ibid. — Voir ci-dessus à *Georges, et Maison de Briçonnet*, marquis d'Oysonville, etc.

(5) *Catalogue des Chevaliers de l'Ordre de St Jean de Jérusalem, de la vén. langue de Fr., prieuré de Champagne*, t. III, 503. — Id. *Nob. Univ.*, aux barons de Picot de Dampierre, vicomtes de Rosnay. — *Bibl. Imp.*, m. 1860.

(6) Cherin, *Ch. Mongt.* — Id. *Nob. Univers.*, *Bibl. Imp.*, m., t. XV, p. 60, etc., 1860, etc.

Chevrin-Villiers, etc., dont il eut plusieurs enfants, morts en bas âge. La maison de ROGRES est d'ancienne chevalerie, et compte de nombreuses illustrations. Guillaume de Rogres, chevalier, est sénéchal de Poitou dans le cours du douzième siècle. — Autre Guillaume, marié à Jeanne Barthélemy de Valory est échanson du roi Charles VII. Catherine, Marguerite et Perrette, leurs filles, sont demoiselles d'honneur de la reine en 1463. Jean de Rogres, chevalier, vicomte de Fessart, bailly d'épée de Nemours et gentilhomme ordinaire du roi Henri III, épouse Marthe de la Beaume, Dame de Chevrainvilliers, fille de Jean de la Beaume et de Jeanne de la Bierne, de qui Marie, femme de Jean de St. Phal.

JACQUES DE ROGRES, chevalier de Malte, est bailly et grand prieur de Champagne, (mort en 1751).

CHARLES DE ROGRES, marquis de Champignelles, est premier maître d'hôtel du duc de Berry. CHARLES CASIMIR DE ROGRES, né en mars 1709, est bailli, grand croix de l'ordre de Malte, lieutenant-général des armées du roi, etc. — Louis René de Rogres est également lieutenant-général des armées du roi, 1719, etc., etc. (1).

Une lettre de Henri III engage JEAN DE ST. PHALLE à opérer la réunion de Courtenay au domaine de la couronne. — L'original est perdu; mais un reçu du 7 janvier 1787 du chevalier de St. Phalle, de Montgoublin, décrivait plusieurs lettres adressées aux seigneurs de ce nom, entre autres une de Henri IV, 4 juillet 1588, signée Henri, et plus bas Brûlart; une du roi Louis XIV, signée Louis, et plus bas Philippeaux; et un titre original, encore au chartrier de Montgoublin, contient une ordonnance de Henri III, pour faire payer Jean de St. Phalle, à cause de la garde qu'il fesait au château de Courtenay, etc., 30 janvier 1580.

Le brave JEAN DE ST. PHALLE fut tué en duel par le sieur DE BAZOCHES, son cousin, héritier du sieur de CHAMPLOST. Celui-ci s'était muni d'une cotte de mailles, et le bruit public est resté qu'il le prit à son avantage (1604). Jean fut autant regretté de ses amis qu'il avait été craint de ses ennemis. (2).

Jean ne laissa point d'enfants, et ses biens passèrent à sa sœur FRANÇOISE, mariée à messire L. LE MAIRE de VARENNES. Le beau château et la seigneurie de ST. PHALLE NOUVEAU, après avoir passé par les femmes dans les maisons de Fullarton, de Vallans et du Deffand, fut possédé par les Béthisy, qui l'occupaient encore en 1810. M. le comte de Béthisy, dont la femme était de la maison du Deffand, et par là touchant aux St. Phalle, leur communiqua avant cette époque divers titres de leur maison, restés au château du nom. Charles-Maximilien de St. Phalle en profita pour ses recherches; il y en avait alors un grand nombre.

Ainsi finit la cinquième branche des seigneurs de St. Phalle, barons de Cudot, dite des Cuissarts St. Phalle.

Nota. Les branches de Vaux-Profonde, Neuilly, la Ferté, et des Cuissarts St. Phalle, toutes issues de Philippe de St. Phalle et de Jeanne de St. Julien, étant toutes éteintes, il ne reste plus que la branche cadette des barons de Cudot, issue de Louis de St. Phalle et de Marie de Brichanteau-Nangis, dont il va être question.

(1) *La Chesnaie*, v. XII, 244, etc.

(2) Cherin, *Chart. de Montg.* — *Nobil. Univ.*, *Bibl. Imp.*, m., t. XV, p. 60, etc. — Cabinet Phalle (saint), ibid. etc.

SIXIÈME BRANCHE DES SEIGNEURS DE SAINT PHALLE, BARONS DE CUDOT.

XI. LOUIS DE ST. PHALLE, fils cadet de Philippe de St. Phalle, baron de Cudot, et de CLAUDINE DE BAILLY, fut baron de Cudot, et eut pour sa part, dans le partage avec son aîné du 26 août 1486, la baronnie de Cudot, les terres de Saint-Benin, de Migennes, près Joigny, et d'Aprigny.

« LOUIS DE ST. PHALLE fut chevalier de l'ordre du Roi, capitaine de cent hommes d'armes des ordonnances, et l'un des cent gentilshommes du roi Charles VIII. » Il était rare alors que d'autres que des princes ou grands officiers de la couronne eussent des compagnies des ordonnances du roi (1).

Louis de St. Phalle épousa en janvier ou juillet 1496, Marie de Brichanteau-Nangis, fille de CHARLES DE BRICHANTEAU-NANGIS, seigneur de Gurci, Verton, etc., et de JEANNE DE HÉMERY (2). Le contrat de mariage original de Louis, — dit le comte J.-Vincent de St. Phalle, — « doit se trouver dans les titres de N..... DE MONTMORENCY, seigneur de Savoisy, près Châtillon-sur-Seine, que Marie de Brichanteau, veuve de Louis de St. Phalle a épousé (3). »

C'est par erreur que Cherin et plusieurs généalogistes donnent pour père à Marie, femme de Louis de St. Phalle, *Louis* de Brichanteau, et, pour mère, MARIE DE VÈRES ou de VAIRES. L'alliance de Louis de St. Phalle et de Marie de Brichanteau est rapportée dans l'Histoire généalogique de la maison de France, à laquelle ils tiennent tous les deux ; et le P. Anselme, qui en est l'auteur, rectifie les faits ainsi que nous le marquons ci-dessus.

Ce fut Louis de Brichanteau, neveu de Marie et de Louis de St. Phalle, qui, étant veuf d'AGNÈS DE CHOISEUL, épousa Marie de Vères, dame de Nangis, de Vienne, d'Amilly, fille de JEAN DE VÈRES, seigneur de Beauvais, Nangis en Brie,... remariée à FRANÇOIS D'ANGLURE, chevalier, baron de Boursault, etc. (4), et morte en 1554.

Louis et Marie de Vères sont les ayeux d'ANTHOINE DE BRICHANTEAU, amiral de France, 1589, chevalier des ordres, colonel des gardes françaises, marquis de Nangis, dont la sœur épousait CLAUDE DE BEAUFFREMONT (p. 894, *id.*), dont le fils PHILIBERT fut évêque-duc de Laon (p. 895. *id.*), et le petit-fils maréchal de France, 1741, etc., etc.

Il serait trop long d'énumérer les illustrations de cette antique maison, qui joue un grand rôle dans les événements politiques et militaires de la France (5)

« La maison de BRICHANTEAU-NANGIS, dont les membres occupèrent les plus hautes fonctions de l'État, est du nombre de celles qui sont alliées par la ligne féminine à la maison royale de France, ainsi que le témoignent aussi MM. de Sainte-Marthe, commençant en ces termes l'article qui les concerne : « Anthoinette de LA ROCHEFOUCAULD, deuxième fille de Charles, ba-

(1) Cherin, *Chart. de Montg.* — D'Hozier, id. — *Nobl. Univers.*, t. XV, p. 60, *Bibl. Imp.*, m. — et autres pièces, mêmes lieux, 1860, etc., etc.

(2) Voir de Hémery ci-dessus, p. Anselme, v. VII, p. 891. — Ab. des Eschallis, *Bibl. Imp.*, 1860, m., voy. p. 30.

(3) Philippe de Savoisy. — P. Anselme, etc., ibid.

(4) P. 892, v. VII, P. Anselme.

(5) V. le p. Anselme, pages citées, etc. — *La Chesnaie*, v. III, 272, etc. — *Nob. Univers.*, etc.

ron de Barbezieux, espousa Antoine de Brichanteau, seigneur de Beauvais et marquis de Nangis, etc. (1).

Cette maison est alliée à plusieurs de celles avec qui les seigneurs de St. Phalle ont contracté des alliances : les du Roux de Sigy, les Rochefort, etc., etc.

Louis de St. Phalle servit avec une grande distinction, et mérita les honneurs qu'il reçut de la royauté. Dans un écrit sur parchemin, il demanda à être enseveli dans l'église de Sainte-Bénigne, de sa baronnie de Cudot, où l'on voit encore sa tombe à côté de celle de ses ancêtres des croisades, etc. Il mourut le 11 octobre 1509.

Marie de Brichanteau avait apporté en dot la moitié de la terre et seigneurie des Bordes, de Coupigny, les Bray-sur-Seine; et, par partage de l'an 1508, ces mêmes terres avec leur justice haute, basse et moyenne, et 50 livres de rentes sur celle de Granches. Louis de St. Phale, écuyer, baron de Cudot, avait été exécuteur testamentaire de son beau-père en 1506 (2).

De ce mariage, trois enfants. XII. Richard, qui suit : XII. Edmée de St. Phalle. Elle eut, pour sa part, une portion de la terre de Coupigny, étant déjà mariée à noble seigneur Antoine le Prévost de Senasvoagre. Ils plaidèrent contre leur beau-père Philippe de Savoisy, au sujet d'acquisitions faites par lui à Coupigny (*Cherin*, *Chart. de Mont.*). Dans la notice généalogique de la bibliothèque impériale, manuscrit intitulé Phalle (Saint), nous lisons une page conforme aux titres du chartrier, la voici dans son style emmêlé :

« Aimée (*Edmée*) de St. Phalle, sœur de Richard, épousa Antoine le Prévost, seigneur de Sennaunongre et Pounay, fils de Guy le Prévot et de Mathée de Suriennе (ailleurs de Surian), qui eurent deux fils, dont le cadet Louis fut fait chevalier de Saint-Jean de Jérusalem en l'an 1550..... (*suivent les forts belles alliances de la maison le Prévost*). Marc du Puy, seigneur d'Igny, etc., épousa une des filles du seigneur le Prévost et d'Aimée de St. Phalle; leur fille Jeanne du Puy, dame de Ratilly, Treigny, Chastenay, Saint-Pierre..., fut mariée à Louis de Menou, chevalier, seigneur de Charnisay, gentilhomme de la chambre de Gaston de France duc d'Orléans, frère unique du roi Louis XIII. Ils eurent un fils, Louis, tué en duel, et deux filles : Jacqueline et Madeleine de Menou. Celle-ci épousa, en 1650, Barthélemi de Clugny, chevalier, baron de Grignon, seigneur d'Aisy, père du comte de Grignon et du seigneur de Chastenay, à présent vivant. Leur deuxième fille, Jacqueline de Menou, dame de Ratilly, Treigny, Perchin... épousa en premières noces, en 1653 ou 1654, David de Chancy, chevalier, seigneur de Chancy, Preny, Chailly, Osay..., dont elle n'eut qu'une seule fille; Marie-Liée de Chancy. Celle-ci, en 1671, épousa David, marquis de St. Phalle, son neveu, avec dispense du pape Clément X. Jacqueline de Menou étant veuve, épousa au mois d'avril 1674, Edme de St. Phalle, chevalier, seigneur baron de Cudot, père dudit David, marquis de St. Phalle, son gendre. Cette digression sert à faire voir que toutes les alliances de la maison de St. Phalle sont très-bonnes et bien qualifiées... » Indiquons cependant, dans cette notice, une erreur que rectifie un petit tableau généalogique qui termine cette branche. (*Id.*, acte de partage, Chart. de Montg.)

XII. Jeanne de St. Phalle. Elle fut mariée avant 1524 à Pierre de Moisson, dont elle eut

(1) V. I, p. 618-9. — P. Anselme, ibid. — *Nobil. Univers.*, B.

(2) P. Anselme, ibid., p. 892. — Richard de St. Phalle a sa tombe dans le prieuré de sa baronnie de Cudot, à la date du 6 mai 1571. — Tombes, pap. d'Hozier, liasse St. Phalle, *Bibl. Imp.*, ms., 1860, preuves pour Malte.

Rénée de Moisson, qui épousa en 1548, Jean de SAINTE-MAURE, d'illustre maison, seigneur d'Origny, Provency, Chassainy, « comme on le voit par la généalogie de cette branche (1). »

XII. RICHARD DE ST. PHALLE, écuyer, baron de Cudot, chevalier de l'Ordre du roi, seigneur de Saint-Martin-d'Ordon, de Saint-Benin, du Ilet en Saint-Loup, de Jailly, d'Issy, etc., etc., lieutenant de cent hommes d'armes de la garde du roi... (*Compagnies nobles.*)

Le 17 janvier 1528, il épousa, par contrat passé à la Motte-Renard, Jeanne le Fort, fille de LÉON LE FORT, chevalier de l'Ordre du roy, seigneur de Villmandor, de Juranville, baron de l'Aunoy, d'Auchy, et de noble dame Charlotte DU SOUCHET, (*ailleurs du Souchay*), fille de Guillaume du Souchay et de N. DE LAUNOY... (2).

Le 11 mai 1524, il rendit hommage à FRANÇOISE d'ANJOU, dame de Courtenay, de sa terre de Cudot (3).

Richard mourut le 6 mai 1571, et sa dépouille fut déposée au prieuré de sa baronnie de Cudot, à côté de celles de ses ancêtres des croisades, etc. (4).

« De toute la postérité masle de Léon le Fort, — son beau-père, — qui fut en son temps un brave homme, et en grand crédit, il ne reste à présent que le seigneur DE VILLEMANDEUR, ci-devant lieutenant-colonel du régiment de Picardie, à présent gouverneur de Keel près Stras-bourg (5). »

Le père de celui-ci, B... le Fort, baron de....onoy, commandait la noblesse de Montargis au ban et arrière-ban de 1635. Il épousait CLAUDE D'ESTUD. (*D'Estud de Tracy, alliés plus tard aux seigneurs de St. Phalle.*) Son fils, Gabriel, gouverneur du fort de Keel, était chevalier de St. Lazare, commandeur de Boigny; — son autre fils, Antoine, chevalier de Malte; son petit-fils, Richard, capitaine aux chevau-légers, mourait à Maestricht, en 1674, — duquel une sœur, Marie-Anne, épousait Pierre, de l'illustre maison DE CHAMBORAN, marquis de la Clarrière. L'autre sœur, Claude-Madeleine, se mariait à Pierre DE CHASSY, marquis de Loz et baron de Donays (6).

RICHARD DE ST. PHALLE, et JEHANNE LE FORT, laissèrent six enfants : XIII. Eustache, qui va suivre. XIII. Élie, ou HÉLIE DE ST. PHALLE, mariée en premières noces, le 15 février 1545, à Claude DU DEFFAND, seigneur d'Ordon, de St. Loup... « Celui-ci n'eut qu'un fils, qui épousa, en 1570, Madeleine DE BRÉCHARD (7), dont il eut un seul fils, Eustache du Deffand, conseiller et maître d'hôtel ordinaire du roi, capitaine d'une compagnie de chevau-légers. Celui-ci épousa, le 4 juillet 1613, Marguerite de Montbron, tante du seigneur, comte DE MONTBRON, chevalier des Ordres du roi, lieutenant-général de Flandres et des armées de Sa Majesté, gouverneur de Cambray..., de laquelle il eut trois garçons et trois filles. Le dernier mourut dans ses caravanes, à Malte, sous le nom de chevalier d'Ordon .. Le second, Joseph du Deffand, chevalier, seigneur de Bressy, est à présent lieutenant-colonel du régiment de cavalerie de Sovastre (8). «

(1) Cherin. — *Chart. de Montg.*
(2) *Chart. de Montg.* — Cherin, ib. — *Nobil. Univ.*, t. XV, p. 60, etc., *Bibl. Imp.*, m., 1860, etc., etc.
(3) *Chart. de Montg.*
(4) Cherin. — *Chart. de Montg.*
(5) Cab. Phalle (saint), *Bibl. Imp.*, m., 1860.
(6) *Nobil. Univers.* de 1690. — *Bibl. Imp.*, m., 1860, ast. Le Fort, etc., etc.
(7) Voir ci-dessus les maisons de Bréchart et du Deffand, à XIII, Espérance de St Phalle, fille de Nicolas de St. Phalle et de Marg. de Larmes.
(8) Cab. Phalle (saint), *Bibl. Imp.*, m. 1860. — *Chart. de Montg.*

DIGRESSION SUR LA BRANCHE DU LYS, NIVERNAIS, ALLIÉE A LA MAISON DE ST. PHALLE.

Hélie de St. Phalle, étant veuve, épousa en secondes noces « PIERRE DU LYS, écuyer, seigneur de Montivault, — de Montignac, — maréchal-des-logis de la compagnie des gendarmes (*compagnies nobles*) du maréchal de Bourdillon, l'un des cent gentilshommes de la maison du roi, capitaine de Villeneuve-le-Roi (1), lequel se fit renommer par sa bravoure et son savoir-faire sous Charles IX, qui, pendant les guerres civiles de son règne, le fit gouverneur de Villeneuve-le-Roi, de Courtenay, de Château-Renard et de Chastillon-sur-Loing. »

« De ce mariage d'Hélie de St. Phalle et de Pierre du Lys, naquit révérend père en Dieu Eustache du Lys, aumônier du roi, et évêque de Nevers, mort âgé de 73 ans en 1643. Il avait porté l'épée auparavant, et était gentilhomme ordinaire du roi Henri IV. Son père l'avait fait étudier pour l'Église. »

« Sa sœur, de même mariage, Marguerite Madeleine du Lys, épousa Nicolas Chéry, chevalier, seigneur de Montgazon, en Nivernais, duquel mariage sortirent plusieurs enfants, entre autres Eustache de CHÉRY, qui succéda à Eustache du Lys à l'évêché de Nevers, et mourut en novembre 1669 (2). » « Son frère puisné, fils dudit Nicolas de Chéry et de ladite Madeleine du Lys, se maria, et, de lui, est descendue toute la famille de MM. de Chéry qui subsiste encore aujourd'hui (3). »

XIII. MADELEINE DE ST. PHALLE, quoique la cinquième fille de Richard de St. Phalle et de Jeanne le Fort, est mise à cette place afin de ne point rompre la digression relative aux seigneurs DU LYS. Elle épousa François DU LYS, chevalier, seigneur de la Brosse, de St. Germain.... « FRANÇOIS était fils aîné de Pierre du Lys (*ailleurs il est dit frère*), marié à Hélie de St. Phalle, et de sa première femme dont le nom n'est pas connu quant à présent. Madeleine eut la terre de Sailly en Nivernais. Leur fils, Edouard du Lys, épousa en premières noces Anne DE GRANVILLE, fille du brave Granville; et, d'elle, il n'eut qu'une fille mariée au seigneur DE BONN (*ou Brun, peu lisible*) et baron de Courtebarres en Nivernais. De ce mariage sont venus le baron de La Motte, ci-devant gentilhomme ordinaire de la chambre du roi, et feu le seigneur de Ligny. »

« Léonard du Lys épousa en secondes noces ANNE DE MAZILLIERS, dont il eut Eustache du Lys, chevalier, baron de Poiseux en Nivernais, décédé sans enfants en septembre 1645. »

« La » (*Anne Marie du Lys*), fut mariée en « 1658 avec Anthoine Briçonnet, chevalier, seigneur de Lessay, de Piffons....., dont l'une des filles, Madeleine, épousa le 13 août 1686 Georges de St. Phalle, chevalier, seigneur de la Ferté-Loupière (4). »

« Eustache et Louis du Lys avaient deux sœurs; l'aînée, Perrette, épousa le seigneur DE LORGUES en Nivernais, dont elle eut une fille, à présent épouse du seigneur DU NOISET; et la

(1) Cherin. — *Chart. de Montg.*

(2) *Chart. de Montg.* — *Généal. de la maison de St Phalle*, par Eustache de Deffand, ci-dessus nommé. — Cab. Phalle (saint), *Bibl. Imp.*, in., 1860.

(3) *Généal. Eust. du Deffand*, id.

(4) Voir St. Phalle et Briçonnet, marquis d'Oizonville, etc., ci-dessus.

cadette, Françoise, mariée à ANTHOINE DU VERNE, seigneur de la Roche, — dont elle a eu plusieurs enfants, — à présent seigneur de la terre de Jailly (1). »

DU LYS porte d'azur, à trois espagneux d'or, passant l'un sur l'autre, surmontés d'une fleur de lys d'or. Elle fut donnée à Pierre du Lys par le roi Charles IX, pour récompense de ses services (2).

Autres enfants de Richard : XIII. ANTOINETTE DE ST. PHALLE, mariée avant 1571 avec JACQUES DE BOISSY, écuyer, seigneur de la Tombe, qui intervint pour elle dans l'acte de partage du 11 mai 1571 (3).

XIII. MARIE DE ST. PHALE, mariée à messire Edme DE SOISY, seigneur de la Vieillecourt, qui intervint au nom de sa femme au partage du 11 mai 1571 (4).

XIII. CHARLOTTE DE ST. PHALLE, mariée après 1571 à Artus DE L'ENFERNAT, chevalier, seigneur de la Jacqueminière et d'Asnières (5), d'où sont descendus MM. de la Jacqueminières et de Villars (6).

La devise des l'Enfernat, barons de Pruniers, etc., est ce jeu de mots : *Qui fait bien, l'Enfer n'a.*

La maison de L'ENFERNAT est une ancienne noblesse, originairede Brie, ayant des branches en Champagne et en Bourgogne.—N... de l'Enfernat, qui s'établit dans le Perche en 1490, était le trisayeul de Louise-Marie de l'Enfernat, auteur du monastère de Chaise-Dieu. Parmi leurs illustrations militaires, ils comptent des chevaliers de Saint-Jean de Jérusalem, et, entre leurs belles alliances, est celle de Courtenay, du sang *royal de France*, plusieurs fois aussi alliée aux seigneurs de St. Phalle (7).

XIII. EUSTACHE DE ST. PHALLE, chevalier, baron de Cudot, Saint-Benin, Saint-Martin D'Ordon, du Het d'Ordon, de Villefranche en Bourgogne, etc., etc., de Francheville, d'Icy....

Eustache de St. Phalle fut du nombre des seigneurs dont la vaillance et les précoces talents militaires attirèrent l'attention du roi Henri II, sous lequel il s'éleva aux plus hautes positions (8). Un trait qui nous est conservé par le seigneur de Brantôme, dans ses Mémoires, démontre la réalité de cette assertion. Le narrateur nous entretient du célèbre duc DE GUISE, à propos de la bataille de Renty, où le roi Henri II s'efforça de combattre corps à corps l'empereur Charles-Quint, qui l'évita.

« J'ai veu ce seigneur discourir quelquefois des querelles et des satisfactions, mieux que j'ai jamais veu faire à seigneur ny à capitaine, si bien que ses leçons eussent servy aux plus grands capitaines : il ne se plaisait nullement d'offenser personne ; ou si, sans penser, il l'offensait, il le contentait, car il en savait très-bien la manière. A la bataille de Renty, il avait pour son lieutenant Monsieur de St. Fal, lequel pour s'être avancé et être party plustôt qu'il ne fallait, monsieur

(1) Cah. Phalle (saint), *Bibl. Imp.*, m. 1860. — Id. en partie, Cherin, *Chart. de Mongt.*, etc., etc. — Id. *Nob. Univ.*, *Bibl. Imp.*, 1860, m., art. du Lys.
(2) Ibid., cah. *Bibl. Imp.*, — *Nobl. Univ.*, ibid.
(3) Cherin. — *Chart. de Montg.*
(4) Id., Cherin. — *Chart. de Montg.*
(5) Cherin, *Chart. de Montg.*, d'Hozier, liasse St Phalle, *Bibl. Imp.*, m. 1860. — *Nob. Univers.*, t. XV, 60, etc.
(6) E. du Deffaud dit : de la *Jacquinière*, et de *Villar*, aujourd'hui vivants, vers 1700.
(7) *La Chesnay*, VIII, p. 603.
(8) Manuscrit sans preuves, *Chart. de Montg.*

de Guise alla à lui de colère et lui donna un grand coup d'espée sur la salade (*sur le casque*), pour le faire arrester. — Cela luy fascha fort, et luy dit : Comment, Monsieur, vous me frappez, vous me faites tort? — Monsieur de Guise ne s'y amusa pas autrement, mais alla au plus pressé. Et comme, après la bataille, on luy eut dit que Saint-Fal se sentait offensé de ce coup et le voulait quitter, monsieur de Guise dit : Laissez faire, je le contenteray.

Et se trouvant dans la tente du Roy, il luy dit devant tout le monde : Monsieur de Saint-Fal, vous vous tenez offensé du coup d'espée que je vous donnay hier, parce que vous vous avanciez trop ; il vaut bien mieux que je vous l'aye donné pour vous faire arrester en un combat où vous alliez trop hasardeusement, que si je vous l'eusse donné pour vous y faire aller et avancer en le refusant poltronnement ; si bien que ce coup, à le bien prendre, vous porte plus d'honneur que d'offense, et voicy tous ces messieurs les capitaines qui m'en peuvent être témoins ; — qui admirèrent tous ces beaux mots et cette belle satisfaction. — Parquoy vivons, dit-il, comme devant, ce qui fut fait. Monsieur de Guise, — le dernier, — me fit ce conte à la cour. » « Lorsque Bussi-d'Amboise et St. Fal (*fils de celui-ci*), eurent querelle, son bon homme (*brave*) de père Saint-Fal y vint pour assister son fils (1). »

Ce duc de Guise, alors âgé de trente-cinq ans, et dont St. Phalle, plus jeune encore, eut l'honneur d'être un des principaux officiers, ou lieutenants, notamment à la bataille de Renty, fut FRANÇOIS DE LORRAINE, le premier Balafré, celui qui, en 1588, chassa de Calais les Anglais, maîtres de cette ville depuis 1347. — Ce héros fut au-dessus de tous les capitaines de son temps, et il fut question de le créer vice-roi de France. Mais on craignit de lui donner un autre titre que celui de Lieutenant-général des armées du roi au dedans et au dehors, et il fut appelé par le Parlement : le Conservateur de la patrie. C'est contre lui qu'éclata la conspiration huguenote d'Amboise, sous François II, ayant pour chefs le prince de Condé et La Renaudie (1560). Il était le maître de la France sous Henri II ; et telle était son autorité qu'il recevait assis et couvert Anthoine, roi de Navarre, se tenant debout et tête nue. Comme il se préparait à assiéger Orléans, il fut assassiné par le protestant Poltrot.

La tradition, chez les seigneurs DE ST. PHALLE, est qu'un combat singulier avait eu lieu entre le duc DE GUISE et leur ayeul, de même qu'entre CLAUDE DE ST. PHALLE et BUSSI-D'AMBOISE (voir ci-dessous). Brantôme fut sans doute, sur ce point, mieux renseigné qu'eux ; et sa narration fait voir que les choses finirent comme elles le devaient entre ces deux braves, dont l'un commandait à l'autre.

Beaucoup plus tard cependant, nous voyons Eustache de St. Phalle jouer un rôle important au milieu des troubles de la Ligue, en faveur de la maison de Bourbon contre la maison de Guise. Il apparaît notamment, et comme homme d'épée et comme homme de conseil, aux États de Blois de 1588, où il siége en qualité de député de la noblesse.

Le 6 août 1561, le roi Charles IX écrit à « son cher et bien amé » Eustache de Cudot-St. Phalle une lettre, où il lui marque « qu'ayant fait, il y avait quelques jours, un édit pour conserver le repos et la tranquillité de ses sujets, et empêcher qu'il n'arrivât aucun trouble ni sédition, il était besoin que tous les gens de bien et beaucoup de ses fidèles serviteurs y tinssent la main, et particulièrement dans les principales villes du royaume ; qu'il le priait de s'en aller

(1) *Mémoires de Brantome*, vol. III, p. 127-8. — Leyde, 1722.

dans la ville de SENS (1) dont elle lui avait donné la charge, afin qu'il y donnât les ordres nécessaires pour l'observation dudit édit, et faire punir les premiers qui y contreviendraient. » Signé Charles, et, plus bas, Robertet. (2).

Vingt jours après, LÉGER DE LURE publiait cette pièce :

« A tous ceux qui ces présentes verront, Léger de Lure, écuyer, seigneur de la Lande, commandeur du roy, bailli (*d'épée*) et capitaine DE SENS, salut. Savoir fesons que aujourd'hui, au siége et baillage de Sens, nous ont été porté par le SEIGNEUR DE CUDOT, les lettres missives du roi, à lui addressées, données à Saint-Germain-en-Laye, le sixième jour de ce mois, par lesquelles le seigneur roi lui mande que, ces jours passés, il a fait un édit pour conserver le repos, etc. »

(*Répétition de ce qui précède*)..... « mandant à tous, pour le bien de son service, obéir audit SEIGNEUR DE CUDOT, avec lesquelles lettres il nous a aussi présenté les lettres de monseigneur le DUC DE NEVERS et de Fontenille, gouverneur de Brie et de Champagne, à lui adressées; desquelles deux lettres nous a requis la lecture être faite en jugement, et acte lui en être octroyé, ce que avons ordonné, et la lecture faite des dites lettres, et d'autres lettres de monseigneur le gouverneur à nous adressées pour le même fait, Moncourt, pour le procureur du roi, a dit que, en ce temps si turbulent, les habitants de la ville de SENS et Circonvoisins, se sont comportés en telle douceur, intelligence et amitié les uns avec les autres que, jusques à lui, grace à Dieu, il ne s'est présenté aucun trouble ni sédition, ni apparence d'iceux, soit pour le fait de la religion ou autre; et, comme un corps politique, si grand que celui de la ville et baillage de SENS, ne peut être tenu en un période et une même disposition, s'il s'est offert quelque petit trouble, la ville de SENS a été douée de tant d'officiers vertueux et notables que, par leur providence, joint l'obéissance qui leur a été prêtée, le tout a été aussitôt apaisé que les nouvelles en sont venues par devers lesdits officiers, signamment, sitôt que le lieutenant criminel auquel en appartient la principale charge en a eu avertissement, dont il s'est vertueusement acquité sans qu'il leur ait été besoin d'employer la force ordinaire qu'ils ont par devers eux, et encore moins implorer aide et force extraordinaire. Toutefois, puisqu'il a plu à la Majesté du Roi donner charge au SEIGNEUR DE CUDOT de la ville de SENS, pour prêter la force si besoin est à ce que ledit fait sur l'état et règlement de la religion, conventicules et assemblées, soit gardé et observé comme il est bien raisonable, encore que ce soient simples lettres de cachet—auxquelles par les ordonnances, en matière de conséquence, telle qu'est la présente, il est défendu de s'arrêter, — ce néanmoins il n'empêche, ains consent que ledit seigneur de Cudot ait acte de la présentation d'icelles, le prie, requiert et interpelle, comme il est gentilhomme vertueux, s'acquitter de la charge et commission, et quand il sera besoin, prêter l'aide et secours à ce que le roi et sa justice soit obéis, dont nous avons octroyé ce présent acte, tant audit seigneur de Cudot que procureur du roi, fait par nous en jugement séant à l'audience des causes, assisté des lieutenants général criminel particulier et conseiller du baillage et siége présidial de SENS, le vingt-sixième jour d'août 1561. » Signé : SANDRIER.

(1) Où les seigneurs de St. Phalle, barons de Cudot, étaient pairs de l'archevêque primat des Gaules et de Germanie; voir à Pierre de St. Phalle et à Brune de Foix.

(2) Titres des St. Phalle, barons de Cudot, etc. — Pap. d'Hozier, original en papier, preuves pour Malte. *Bib. Imp.* m., 1860. — Id. ce qui suit, et que nous désignerons pap. d'Hozier, p. pour Malte.

« Au dos est écrit: lettre et ordonnance adressante à M. DE CUDOT pour le gouvernement de la ville de SENS et DES DÉPENDANCES (1). »

Peu après cette date, arrivait à la ville de SENS cette lettre du roi Henri III (2).

« Chers et bien amés, nous prenons telle assurance de votre fidélité et de l'affection que vous avez à notre service que, suivant ce que nous vous avons ci-devant mandé, vous vous maintiendrez, et conserverez notre ville de SENS en notre obéissance comme vous y êtes obligé et qu'il est nécessaire pour votre propre bien, lequel nous voulons procurer autant qu'il nous sera possible, vous envoyant le SEIGNEUR DE CUDOT présent porteur, pour avoir l'œil à tenir la main à tout ce qu'il verra être nécessaire en notre dite ville pour notre service; vous le recevrez donc, continuant le devoir duquel vous ne vous êtes jamais départis, et vous trouverez en nous toute la gratification que vous sauriez désirer de votre roi, qui prie Dieu qu'il vous ait, chers et bien amés, en sa saincte et digne garde. » « *A Blois, le 4 janvier* 1589. » Signé : HENRI, et plus bas RUZÉ (3).

« Au dos est écrit : à nos chers et bien amés les officiers de justice, maire et échevins de notre ville de Sens. » Le chartrier de Montgoublin contient une autre lettre du roi, du 4 juillet 1588, au SEIGNEUR DE CUDOT. Elle est très-flatteuse pour un sujet ; mais, ce n'est qu'une copie sans preuve ; nous la supprimerons. — La liasse des preuves pour Malte mentionne « une autre lettre, écrite le 9 janvier 1589 par Sa Majesté à Eustache de ST. PHALLE, signée HENRI et contre-signée RUZÉ. »

« Un procès-verbal est dressé le 8 Mars 1598, par le sire DE CUDO ST. PHAL, en conséquence d'une lettre qu'il avait reçue de sa Majesté. Ce procès-verbal où le dit sire de Cudo prenait la qualité de haut et puissant, contient le serment de fidélité de la ville de SENS; il est signé Langlois (4). »

« Une autre lettre, est écrite par sa Majesté, en l'an 1589, à monseigneur DE CUDO, par laquelle il l'exhorte de venir à son armée, et de joindre le COMTE DE TURENNE. » (Signée HENRI.)

Car « Eustache de St. Phallé, député de la noblesse du pays, pour se trouver aux États, commandait la noblesse de l'arrière-ban — » (5). Disons que « ban et arrière-ban sont deux mots qu'on ne sépare pas, pour signifier le service que les gentilshommes tenant fief et arrière-fief devaient faire dans l'armée royale (6). »

Eustache de St. Phalle servit vaillamment les rois Henri II, Charles IX, Henri III et Henri IV. Après la lettre de ce roi en 1589, où il l'invitait à se joindre au comte de Turenne, il prit part, entre autres, au combat de Fontaine-Française en 1595, et au siége d'Amiens en 1597 (7).

Le Nobiliaire universel de [illegible] s'exprime en ces termes sur le sire de Cudot. « EUSTACHE DE ST. Phalle, chevalier, baron de Cudot, gouverneur DES VILLES ET PAYS JOIGNYOIS ET AUXERROIS, pour les rois Charles IX, Henri III et Henri IV, député de la noblesse du BAILLAGE DE SENS,

(1) Pap. d'Hozier, preu. p. Malte, *Bibl. Imp.*, m., 1860, liasse St. Phalle.
(2) Orig. en papier.
(3) Pap. d'Hozier, id. pr. de Malte, *Bibl. Imp.*, m., liasse St. Phalle, 1860.
(4) Id. Ibid. — Pap. d'Hozier p. Malte, *Bib. Imp.*, m., 1860. — Cherin, *Ch. de Montg.*
(5) Preuves de Malte, p. d'Hozier, *Bibl. Imp.*, m., 1860.
(6) De La Roque, *Traité de la Nob.*, p. 2.
(7) *Doc. du Ch. de Mongl.*

aux États de Blois en 1588, où il demeura si ferme en son devoir qu'encore que les députés généraux des trois États, et la plupart des députés particuliers des baillages fussent gagnés en faveur de la maison de Guise, il parla avec tant de force en faveur de la maison de Bourbon, qu'il en ramena plusieurs en leur devoir (1). »

« Feu monseigneur le comte de Soissons (*Louis de Bourbon*), qui fut malheureusement tué (*bataille de la Marsée*) en 1641, en estoit tellement instruit que, dans le temps qu'il commandoit les armées du Roy, entendant nommer le nom de Cudot, il demanda si celui qui le portoit descendoit de celuy qui avoit si hautement soutenu les intérêts de la royale maison de Bourbon aux état de Blois. A quoi luy ayant esté répondu que c'estoit son petit-fils, lequel estoit alors jeune capitaine d'infanterie dans son armée, il l'embrassa tendrement. Et c'estoit justement Edme de St. Phalle, seigneur de Cudot (2). »

Eustache de St. Phalle épousa, le 6 février 1567, Marthe de Blondeau, fille d'Hector de Blondeau, écuyer, seigneur de Ville-Franche, d'Issy, etc., maréchal-des-logis de monseigneur de Barbezieux, puis lieutenant pour le roi en Champagne et en Brie... et de demoiselle Rénée de Rhodon, assisté de Philibert du Buyard, écuyer, seigneur de Meuble et d'Henri Hobreau, écuyer, seigneur de Courférant, ses frère et beau-frère, devant Thomas Grenier, notaire royal au Bourget, paroisse de Ville-Franche S. L. ressort de Villeneuve-le-Roi (3). La seconde fille d'Hector de Blondeau, épousa le marquis de Crèvecœur, seigneur de Vienne. etc., bisayeul des sieurs marquis et chevaliers de Crèvecœur, et de la dame comtesse de Polignac (4).

Marthe de Blondeau apporta en dot la maison seigneuriale de Villefranche, plusieurs autres héritages, etc., etc. (5).

En 1602, Eustache de St. Phalle, donne au roi un dénombrement des châteaux seigneurial et maison forte de Villefranche, relevant du fief du roi à cause de la grosse tour de Villeneuve-le-Roy (6).

Nous lisons dans les preuves pour Malte : « les dits commissaires déclarent avoir trouvé aux fonts baptismaux de Villefranche les armes en pierre de la maison de Damas et de Pesselière, (*ayeux des seigneurs de St. Phalle, par les de Grivel-Grossove*), et qu'autour des dits fonds était écrit : ces fonds ont été présentés par dame Gabrielle de Damas. Qu'en plusieurs lieux de la dite église, et de la maison Curiale, ils avaient vu les armes de la maison de St. Phale, de Blondeau, et de Grossove, au-dedans et au dehors, dont étaient aussi composés les litres (7) et ceintures qui étaient presque effacés; que, dans le château de Villefranche, en une petite chambre au-dessus de la cuisine de l'ancien bâtiment, étaient les armes de la maison de Blondeau aux deux jambages de la cheminée, par haut et par bas; qu'à une grosse pierre servant de sous-murage à la salle du pressoir du dit château, s'étaient aussi trouvées les armes de la maison de Blondeau, et que, dans la salle du château, ils avaient vu aussi aux vitres des croisées, les

(1) T. XV, p. 60, etc., *Bib. Imp.*, m., 1860, — *Nob. Univers.* — Cherin, *Ch. de M.*

(2) *Bib. Imp.*, m., cah. Phalle (saint), 1860.

(3) P. d'Hozier, p. p. Malte, *Bibl. Imp.*, m., 1860. — Cherin, etc., etc. *Chart. de Mongt.* — *Nobl. Univ.*, t. XV, p. 60, etc. — B. 3, m.

(4) Cah. Phalle (saint), *Bibl. Imp.*, m., 1860. — Id. du Deffant, *Chart. de Mongt.*

(5) Id. pap. d'Hozier, *Bibl. Imp.*, m., liasse St. Phal, 1860.— *Chart. de Mongt.*

(6) Id. pap. d'Hozier, — p. pr. Malte. *Ibid.*

(7) Litres : bandes noires, dans les églises, où se peignent les armoiries du Seigneur.

armes pleines de la maison de St. Phalle, telles qu'elles étaient dans l'arbre généalogique. — Signé le chevalier de Culan, le chevalier de Fleurigny,.... et certifié par les dits Viollette et Aublet, notaires royaux (1).

La femme « d'Eustache de St. Phalle, gentilhomme de nom et d'armes, s'appellait MARTHE DE BLONDEAU, demoiselle de nom et d'armes, et d'ancienne famille. D'elle était venue la terre et seigneurie de Villefranche et de Francheville; elle vivait fort noblement, portant pour armes d'azur au ch°°-d'or, accompagné de trois roues de même, deux en chef, une en pointe (2)... »

Prirent place dans les tombes du prieuré de la baronnie de *Cudot* : « EUSTACHE DE ST. PHALLE, fils de RICHARD, député de la noblesse aux États de BLOIS, sous le règne de Henri III, décédé le 2 juin 1602, et Marthe de Blondeau sa femme, décédée le 13 du mois d'août de l'an 1610 (3). »

EUSTACHE ET MARTHE laissèrent deux enfants : XIV. *Claude*, l'aîné, qui suivra, et :

XIV. LOUIS DE ST. PHALLE, chevalier, seigneur de Villefranche, d'Issy en partie, etc.... En 1648, il était mort sans enfants, et ses biens passèrent à ses neveux, fils de Claude.

C'est à la jeunesse de LOUIS DE ST. PHALLE, âgé de quelques vingt-cinq à vingt-six années, que nous rapporterons le fait suivant, où se peignent les passions bouillantes du temps. Il ne devait trouver qu'un juge indigné dans le narrateur journaliste qui nous le transmet :

« En ce mois, novembre 1597, M. DU PLESSIS-MORNAY (*dit le Pape des protestants*), gouverneur de Saumur, fut traîtreusement attaqué d'une querelle d'Allemand, à Angers, par un nommé ST. PHALLE, gentilhomme, qui, indignement le bastonna en pleine rue, de telle façon qu'il le laissa sur le pavé pour mort. Et, pour ce que ledit Du Plessis était un des principaux de la religion, qui, pour la défense d'icelle écrivait ordinairement, et fesait livres et escrits contre les traditions reçues en l'Église romaine, mesme contre le Purgatoire, on en fit le quatrain suivant en forme d'allusion sur lui et le baston de St. Phalle : »

Le gouverneur, armé de l'escritoire,
Dans la citée d'Angers sera contraint,
Ayant voulu tollir le purgatoire,
Se prosterner sous le baston d'un saint !

« Cependant M. Du Plessis, désirant avoir raison de ce vilain outrage, et y employant tous ses amis, en escrivit aussi au roy pour supplier Sa Majesté de lui en faire justice : lequel, pour le justifier, lui escrivit la lettre suivante : »

« M. Du Plessis, j'ai un extrême desplaisir de l'outrage que vous avez reçeu, auquel je participe et comme roy et comme vostre ami. Pour le premier, je vous en ferai justice et me la ferai aussi. Si je ne portais que le second tiltre, vous n'en avez nul de qui l'espée fust plus preste à desgainer, ni qui y apporta[illegible]a vie plus gaiement que moi. Tenés cela pour constant qu'en effect je vous rendrai office de roy, [illegible] maistre et d'ami. Sur cette vérité, je finis, priant Dieu vous tenir en sa garde. »

« De Fontainebleau, ce — novembre 1597. »

(1) Pap. d'Hozier, p. pr. Malte, *Bibl. Imp.*, 1860, liasse St. Phalle.
(2) Id., ibid., signé sur l'orig. de Quinquet.
(3) Id. *Tombes de Cudot*, p. pr. Malte, p. d'Hozier, *Bibl. Imp.*, m., 1860, liasse St. Phalle. — Id. *Chart. de Mongl.*

« Je serai le 16 prochain à Blois, sans faillir, bien résolu d'apprendre le passe-pied de Bretagne (1). »

S'attaquer de la sorte à l'un des sujets du roi, à l'un de ceux dont il avait partagé la foi religieuse, qui l'avait servi de toutes ses forces, et auquel il donnait le titre d'ami, ce ne pouvait être une légère offense à la majesté royale. Aussi le roi exigea-t-il une réparation raisonnable, et autre que celles qui se donnaient l'arme au poing.

La femme de Louis de St. Phalle était Françoise de Grivel de Grossove, sœur d'Éléonore qui épousa son frère Claude de St. Phalle, et fille de JEAN DE GRIVEL GROSSOVE, marquis de Pesselière. Françoise fit une donation à autre Claude de St. Phalle son neveu, lors de son mariage avec ELISABETH DE CHASTELLUX, en 1650, et la fit insinuer le premier mars 1651 au baillage de St. Pierre-le-Moutier. — Celle-ci vivait encore en 1652, et se remaria à JACQUES D'ORBSANT, seigneur de Busques, de Villegagnon, etc., capitaine d'une compagnie au régiment de Navarre, et d'une compagnie des gardes du duc DE LONGUEVILLE (2).

XIV. CLAUDE DE ST. PHALLE, fils d'EUSTACHE. Nous citerons à propos de ce gentilhomme ce passage des mémoires de Brantôme qui concerne sa jeunesse :

Quant à « M. de Bussy, il estoit un très-vaillant homme;... il y en avoit qui disoient qu'il se pouvait faire une très-riche comparaison de M. de Brissac et de luy... Quant aux vaillances elles estoient égales, et quant à leurs ambitions, aussi... Si est-ce que je ne trouvois pas M. de Brissac querelleur tant que l'autre, sinon en matière qui luy importast beaucoup ; l'autre, pour un rien querellait. »

« J'estois avec luy lorsqu'il querella M. de St. Fal, à Paris ; nous estions chez les comédiens, où il y avait bonne troupe de dames et gentilhommes, ce fut sur un manchon de broderie de jayet, où il y avait des XX ; M. de Bussy disoit que c'estoient des YY. Dès lors il vouloit passer plus outre que de paroles, mais une dame que je scay, qui avoit grande puissance sur luy, commanda de se taire et ne passer plus avant, craignant un scandale arriver auprès d'elle, qui importeroit de beaucoup. »

« La chose supercèda jusqu'au lendemain, qu'il alla quereller ledit St. Fal en la chambre de sa maîtresse, que M. de Bussy avoit fort aymée, et luy avait conseillé de *se remarier*, car elle étoit veuve. C'étoit madame d'Assigny, mère de la première femme du mareschal de Brissac. Et, elle, *ayant choisi* celuyci, M. de Bussy en conçut quelque jalousie, se repentant de son conseil, et ne l'avoit pas pris pour luy, ni elle et tout, car elle estoit très-riche ; et pour ce querella l'autre sur un pied de mouche, comme on dit, de ce manchon. »

« Estant donc sortis de la chambre, ils se battirent en trouppe, car M. de Bussy avoit cinq ou six honnestes et vaillants hommes dont le chevalier Breton estoit un, M. du Gla, et le jeune de la Guyonnière, et autres. M. de St. Fal, qui se doutait, avoit cinq ou six Ecossais de la garde, d'autant qu'aucuns des siens en estoient venus (3), et se battent. Deux de ces Ecossais avoient des pistolets, qui les desserèrent, et l'un blessa M. de Bussy au bout du doigt. M. de St. Fal le voyant blessé se retira. »

(1) *Mémoire de l'Estoile*, p. 217, 218. — Novembre 1597. Edition Petitot, *Collection des Mémoires relatifs à l'Histoire de France*, t. XLVII, Paris, 1825.

(2) Chérin. — Id. *Nob. Univ.*, t. XV, *Bib. Imp.*, 1860. — Id., *Chart. de Mongi.*

(3) Voir Fullarton, par exemple, seigneur de Chaumont, ci-dessus, p. 77.

« Arriva alors M. de Grillon, son intime amy, lequel il pria de l'aller appeller soudain en l'isle du palais, où il l'allait attendre. Par cas, M. de Strozze et moy, vinmes à passer par là, et le vismes en l'isle du palais tout seul, qui attendoit son homme, et les deux guets bordés d'une infinité de monde. Nous trouvâmes M. de Rambouillet, capitaine aux gardes en quartier, qui nous pria d'aller ensemble dans le mesme batteau pour en garder (*empêcher*) cette batterie. Et allant prendre terre, M. de Bussy s'écria à M. de Strozze : Monsieur, je vous suis serviteur, je vous honore fort, je vous prie de ne me divertir point de mon combat; vous venez pour cela je le scay. Et à moy, il me dit seulement : Cousin, je te prie, va-t-en; — car il m'aymoit fort. Et à M. de Rambouillet, il dit : Je ne feray rien aux commandements de votre charge; retournez-vous en. Et le dit d'une furie, l'espée dans son fourreau et en la main. — Il m'a dit, depuis, qu'il estoit si dépité de se battre et si enragé que si nous n'y fussions été, M. de Strozze et moi, il eust fait un mauvais tour à M. de Rambouillet, car il n'avoit avec luy qu'un seul archer. »

« Enfin, M. de Strozze et moi, prismes terre les premiers et remonstrames à M. de Bussy le tort qu'il se fesoit de désobéir ainsi à un capitaine des gardes parlant *de par le Roy*; aussi que le Roy commençoit dès lors à le desgouter (*à ne plus l'aimer*)... Pour tout, nous luy donnames tant du pied et de l'aisle qu'il nous creut, remettant la partie à une autre fois, et s'en retourna. Et trouvasmes Monsieur, frère unique du roy, qui commençoit alors l'amitié extrême qu'il lui a porté depuis, et qui couroit et l'amena en sa chambre. »

« M. de Rambouillet vit encore, s'il s'en souvient, et pourra tesmoigner si je ments. Et le roy vint après, qui s'estoit allé promener dehors, qui commanda aux gardes de se saisir de l'un et de l'autre, et aux uns et aux autres de ne se battre; M. de Bussy demeurant dans l'hostel de Monsieur, l'autre ailleurs; puis commanda à M. de Nevers et au maréchal de Retz de les accorder. »

« M. de Bussy demandoit toujours le combat en champ clos. Je scay qui lui donna ce conseil, qui fut moy, sans me vanter; et d'autant qu'en France il ne se pouvoit donner sans la permission du souverain, qui ne le vouloit jamais, ni la reine sa mère (Cath. de Médicis) pour l'amour du feu roy Henry son seigneur, qui avoit fait serment de n'en donner jamais, depuis celuy de M. mon oncle. »

« Il fut arrêté qu'on irait à Sédan, où Monsieur de Bouillon donneroit le camp. Je puis assurer que M. de Bussy m'en pria des premiers pour y aller avec luy, car il me tenoit alors pour un de ses grands amys, cousins et confidens. Enfin tout fut rompu, et le roy voulait résolument qu'ils s'accordassent. Et M. de Bussy estant venu devant M. le maréchal de Retz, celui-ci lui dit que le roy lui avait commandé de l'accorder, et qu'il le falloit. M. de Bussy lui répondit froidement : Monsieur, le Roy le veut-il, je le veux donc aussi; mais dites-moi aussi, monsieur, en accord faisant, St. Fal mourra-t-il? — Nanny, dit le maréchal, et pourquoi? — Ce ne seroit point un accord, dit Bussy; je ne veux donc point d'accord, monsieur, car il dit qu'il ne saurait s'accorder si St. Fal ne meurt. »

Pour fin, après avoir bien contesté et débattu, l'accord se fit, et ne se donnèrent jamais rien *plus*. Je crois que le combat en fust été furieux, car St. Fal estoit un brave gentilhomme; il est vray qu'il estoit jeune, et alors ne commençait qu'à venir. J'avais oublié à dire que lorsque M. de Bussy entra dans le Louvre pour faire cet accord, il estoit accompagné de plus de deux cents gentilshommes que nous estions. Le roy estant dans la chambre de la reyne, qui nous vit parler, il en prit jalousie, et dit que c'estoit trop pour un Bussy, et se fascha de quoy l'on avait tenu l'assemblée de l'accord ailleurs que léans (1). »

Tel est l'intéressant récit de ce duel, donné par messire Pierre de Bourdeille, seigneur de Brantôme, cousin, ami et confident de Bussy d'Amboise, l'antagoniste du sire de St. Fal.

« CLAUDE DE ST. PHALLE, maréchal des camps et armées du roi, fut capitaine-lieutenant de sa compagnie de mousquetaires (2). » Le roi de France était toujours capitaine en premier de ce corps noble, — ainsi que des corps nobles qui formaient sa garde, et dont le commandement, sous le titre de capitaine-lieutenant, constituait les premières charges de la maison militaire du roi, et n'était confié qu'à de grands seigneurs.

Claude de St. Phalle eut une cuisse emportée d'un coup de fauconneau devant la ville de Montauban, dans les guerres de religion, en l'année,... Il se fit descendre à Agen, où il mourut fort regretté du roi pour sa bravoure.

Le 9 mai 1604, il avait épousé, par contrat passé devant *Blaize Foussard*, notaire royal à Villefranche, Éléonore, fille de JEAN DE GRIVEL DE GROSSOVE, marquis de Pesselière et de Trussy, comte d'Ourouer, seigneur de Tingy, du Couldray, de Montgobelin, etc., etc., mestre de camp, etc., et de GABRIELLE DE DAMAS, sœur de FRANÇOIS DE DAMAS, capitaine de cent hommes d'armes, chevalier des Ordres du roi, seigneur de Thianges, et d'Hélie de Damas, mariée à RABUTIN, baron de BUSSY, etc., fils aîné de Christophe de Rabutin, baron DE SULLY, et veuf de NICOLE DE ST. BELIN. Ladite GABRIELLE DE DAMAS, belle-mère de CLAUDE DE ST. PHALLE, est assistée de dame CLAUDE D'ORGE, veuve de Léonard de Damas, baron de Thianges, chevalier de l'Ordre du roi, son aïeule, de FRANÇOISE DE DIO, épouse de François de Damas, chevalier de l'Ordre du roi, sa tante, et de Léonarde de Damas, épouse de noble palatin DE DIO, seigneur, baron de Montpéroux, sa cousine (3). »

Autre papier pour Malte « du 1er octobre 1666, original en parchemin. »

« Extrait du procès-verbal des preuves de noblesse de noble FRANÇOIS DE ST. PHALLE, fils de CLAUDE. Les titres énoncés dans ce procès-verbal sont, entre autres, le contrat de mariage de noble seigneur Jean de Grossove, chevalier, seigneur de Pesselières, du Couldray, seigneur de Montgoublin, de Tingi, de l'Echalot, de Vesilli, du Maupas, de Quinci en Morvan, accordé le 18 mars 1585, avec demoiselle Gabrielle de Damas, fille de haut et puissant seigneur Léonard DE DAMAS, chevalier de l'ordre du Roi, gentilhomme ordinaire de sa chambre, et capitaine de cent hommes d'armes de ses Ordonnances, sous la charge de M. le duc du Maine, et de dame CLAUDE D'ORGE, sa femme, baron et baronne, seigneur et dame de Thianges, du Val d'Escureuil, de Fleury, de la tour du Deffand, de Quincy, de Chalency, de Chatenay, de Vauldin. Ce contrat est passé devant Etienne Massi, notaire royal à Arnay-le-Duc, en présence de haut et puissant seigneur messire Antoine DE DAMAS, chevalier de l'ordre du Roi, seigneur et baron de Digoine, GUI DE RABUTIN, chevalier de l'ordre du roi, baron de Chantal, seigneur de Savigni et de Moutelan, Jacques de Changi, seigneur de Lautelin, FRANÇOIS DE RABUTIN, chevalier de l'ordre,

(1) P. 391 à 401, *Mémoires de Brantôme*, t. III, Leyde, 1722.

(2) *Nobil Univ.* de 1690, — *Bibl. Imp.*, m., 1860. — T. XV, p. 61, etc., etc., etc.

(3) *Chart. de Mongl.* — Id. Cherin. — Père Anselme, art. Damas,, branche des marquis de Thianges, p. 324, v. VIII. — Id. preuves p. Malte, p. d'Hozier, *Bibl. Imp.*, m., 1860.

baron de Pisi, François de Damas, baron de Thianges, guidon de la compagnie de M. le duc d'Elbœuf, et Pierre de Damas, baron de Chalenci, frère de ladite demoiselle (1).

Les GRIVEL, marquis de Pesselières, comtes d'Ourouer, etc., etc., sont d'une noblesse fort illustre, et forment l'une des plus importantes maisons du Bourbonnais, du Berry et du Nivernais, par leurs alliances, et par les terres et seigneuries considérables qu'ils possédèrent. Les alliances sont avec les maisons d'Avantois, Bar, des Barres, Bourbon-Busset, Bourgoing de Faulain, de Buffevant, de Champs, Chastellux, Chauvigny, Cournon, la Cressonnière, Crevant, Crèvecœur, Ebral de la Courtade, Ebrard de Montespedan, Damas de Thianges, Durand de Villegaignon, Gudogne, Gamaches de Sussi, Gamaches de Rémond, Gaucourt, Foucaut de Saint-Germain, Beaupré, Guemadeux. Legiac, Beauvoisin, Meung de la Ferté, Montaulieu, Murat de Pas, de Fouquières, Feloude, St. Phale, Pierrepont, Pontville, Popillon, Regnier, Rochefort de Châteauvert, Thianges, Troussebois, Veilhan, Villelume, etc., etc. »

La seigneurie DE GROSSOVE unit son nom à celui des GRIVEL, depuis qu'elle fut donnée à Jean de Grivel par Louis, duc de Bourbon, comte de Clermont, pour ses services et ceux de son père; ce prince le qualifie son amé et féal chevalier, conseiller et bailly du Bourbonnais, par lettres patentes de février 1364. La généalogie de cette maison démontre quels furent, avant et depuis cette époque, les services militaires des seigneurs de Grivel. Le chef actuel du nom, M. le marquis d'Ourouer de Grivel, est aujourd'hui colonel d'un régiment de son nom, et brigadier des armées du Roi (2).

Dans les preuves pour Malte de FRANÇOIS DE ST. PHALLE, nous lisons. « Un dénombrement de plusieurs héritages mouvants de la seigneurie de Chatenay, est donné le 15 avril 1581 par messire Guillaume de Grossove, écuyer, seigneur de *Montcoublin*, de Pesselières, de Tingy et de Coulons en partie, lieutenant de cinquante hommes d'armes des Ordonnances du roi, et chambellan de monseigneur fils et frère du roi. Signé de Grossove, — Guénot, et Suzanne, notaires jurés. — Après laquelle vérification, les dits commissaires, frère Pierre de Culan, chevalier, commandeur d'Auxerre, et frère François-Octave de Fleurigny, députés par délibération du chapitre provincial, tenu au Temple, à Paris, le 17 juin 1666, déclarent s'être transportés au lieu de Pesselières pour justifier l'ancienneté des armes de la maison DE GROSSOVE,... et qu'étant entrés dans l'église paroissiale de Sougères, ils avaient, outre les litres et ceintures, vu une voûte où il y avait une grande tombe qui se levait, et sous laquelle était une autre voûte ou chapelle, où l'on *avait dit* (3) aux dits sieurs commissaires qu'avaient été enterrés Guillaume de Grossove et Marie de Champs sa femme, Jean de Grossove, leur fils, et Gabrielle de Damas, sa femme (4).

Et plus bas, pour le même FRANÇOIS DE ST. PHALLE : « que son ayeule paternelle, âgée d'environ quatre-vingts ans, s'appelait Eléonore de Grossove, de la maison de Pesselière, noble et ancienne famille du Nivernais, portant d'or avec une bande échiquetée d'argent et de sable, et que ladite ELÉONORE vivait alors fort noblement et fort vertueusement. Que la seconde bisayeule dudit présenté s'appelait GABRIELLE DE DAMAS, dont MM. les COMTES DE THIANGES étaient les aînés, et étaient depuis longtemps chevaliers du Saint-Esprit, y ayant même plusieurs chevaliers dudit

(1) Id., ib. p. pr. Malte, pap. d'Hozier, *Bibl. Imp.*, m., 1860.
(2) Fév. 1713. — V. VII, *La Chesnaie*, p. 473. etc.
(3) *Formule habituelle*, appuyant par la tradition le témoignage ordinaire.
(4) Pap. d'Hozier, p. Malte, *Bib. Impér.*, m., 1860.

ordre de Malthe, et y ayant encore alors M. le commandeur de Coursan, et le chevalier d'Anlezy, qui portait pour armes : d'or, à la croix ancrée de gueules. »

Signé de Quinquere (1).

« Claude de St. Phalle donna le dénombrement de sa terre d'Ordon à l'archevêché de Sens, le 28 octobre 1602. Eléonore vivait encore en 1657. On la voit figurer à cette époque dans un acte de la prévosté de Cudot, qui place David de St. Phalle sous la tutelle de son père Edme.

« Claude de St. Phalle, capitaine des Mousquetaires du roi Louis XIII, décédé à Agen » à la suite de sa blessure, avait été transporté à Cudot, disent les commissaires de Malte, chevalier de Culan commandeur d'Auxerre, et chevalier de Fleurigny; et, « autour de ladite tombe, ils avaient vu *les armes de la maison de* St. Phalle, et celles des alliances, entre lesquelles celles de Grossove (2). Eléonore reposait à côté de son mari; l'année de leur mort, quoique fixée dans un document, est douteuse.

Enfants de Claude et d'Eléonore : XV. Gabrielle de St. Phalle. « Le 20 janvier, an 1612, a été baptisée Gabrielle, fille de Claude de St. Phalle, chevalier, baron de Cudot, seigneur de Saint-Martin d'Ordon, etc., etc.... Marraine, noble femme Gabrielle Damas, et parrain, noble homme Louis de St. Phalle, écuyer, seigneur de Villefranche, etc., » registre de l'état civil de Cudot, an 1612. Signé, D. G. Damas — de St. Phalle. — Hélie de la Ferté. — Umignot, prieur de Cudot.

XV. Eustache de St. Phalle, mort jeune sans alliance, des suites d'un combat singulier dans la licence des duels en 1639. Sans autre document actuel.

XV. Edme de St. Phalle, qui suit. XV. Claude de St. Phalle, qui suivra. XV. Françoise de St. Phalle, née en 1621, avant la mort de son père. Elle épousa, par contrat du 21 juin 1644, par-devant *Louis Peschard*, notaire à Cudot, Gabriel de Bosredon, chevalier, seigneur de Manoux en Limousin, et de Chalus, Combraille, Vantage, Saint-Amat, Ranssigeac et Vieu-Voisin en Auvergne. Le père de Gabriel était Jean de Bosredon, chevalier, baron de Puy-Saint-Gulmier, Manoux, Chalus, etc., et sa mère Marguerite de Groing.

Françoise de St. Phalle eut de ce mariage cinq enfants. — 1° Hubert l'aîné, comte de Chaluz. — 2° Edme, marquis de Ventage, dont deux enfants chevaliers de Malte. — 3° Jean François, seigneur de St. Avis, chevalier de St. Louis. — 4° Claude, comte de Ransijac et Manoux, capitaine de cavalerie et aide-major dans les gardes-du-corps. — 5° N... comte et seigneur de Vieux-Voisins (3).

Françoise de St. Phalle « est assistée, à son mariage, de messire Edme de St. Phalle, chevalier, baron de Cudot, capitaine d'une compagnie de chevau-légers; de messire Hubert de Grivel son oncle, chevalier, seigneur de Pesselières, gouverneur pour S. M. de la ville et comté de Saverne; de Charles de Grivel, chevalier, comte d'Ourouer, de dame Edmée de Grivel de Grossove, femme de Charles-Martin de Crèvecœur, chevalier, seigneur de Vienne, ses cousins et cousines germaines, de messire Charles de l'Enferna, chevalier, seigneur de la Jacqueminière et d'Asnières, etc., etc. (4). »

(1) Id., ibid, pr. p. Malte, *Bibl. Imp.*, 1860.

(2) Id. d'Hozier, *Bibl. Imp.*, m., 1860. — Cherin, id., *Chart. de Mongt.*

(3) Cherin. — *Chart. de Mongt.* — *Nobil. Univers.*, t. XV, 60, etc., etc.

(4) Pr. p. Malte, p. d'Hosier, *Bibl. Imp.*, m., 1860. — Contrat insinué au 11 août 1644, au baillage du siège présidial d'Auxerre.

En parcourant rapidement quelques registres de l'état civil de Cudot, nous lisons : « Le 19 febv. 1649, ont esté parachevées les cérémonies baptismales d'Edme-Françoy de Bosredon, fils de haut et puissant seigneur messire Gabriel de Bosredon, chevalier, seigneur de Manoux, Combrailles, Valranges, Vieux-Voisin, etc., et de ma dame Francoyse de sainct Phalle, épouse du dit seigneur, par R. P. en Dieu, messire Charles de Hannique de Benjamin.... Le parrain, haut et puissant seigneur messire Edme de St. Phalle, chevalier, seigneur baron de Cudot, St. Martin d'Ordon, le Hait, la maraine madame Françoyse de Grivelle de Grossoves, veufve de deffunct messire Louis de St. Phalle, chevalier, seigneur de Villefranche, d'Issy, Montcoublin, Tingy, Colon, etc., — *signé* : l'Ab. de Benjamin, — F. de Grivel de Grossoves, Edme de St. Phalle, — Le Coq, prêtre, prieur de Cudot.

Les principales alliances des seigneurs et dames de Bosrédon, sont : les Chauvigny, Scoraille, Levis, Foix, Chaluz, Aubusson St. Julien, Monnot de Tourzel, Changy, St. Phalle, Rochefort, Calvimont, Murat, Lignerac, Almaya de Beaufort, Serval, Cugnac, Royère, la Faye, Raynac, Pelagrue, Gaulejac, du Chataignier, Lustrac, la Duguié, Cadrieu, du Gravier de la Golse, Bourran, etc., etc. (1).

« Cette maison, illustre par son ancienneté ses alliance et ses services, est originaire d'Auvergne. Elle compte un grand nombre de chevaliers de St. Jean de Jérusalem. — Première branche : le comte de Bosredont de Ligny. — Seconde, le marquis de Bosredont. — Troisième le baron de Lacourt.

Géraud Ier, de Bosrédont, chevalier avait fait bâtir le château fort de Bosrédon, *de Bosco rotundo*, sur une montagne escarpée près de Riom; et Géraud III, le château de Bosrédon à Volvic, lequel subsistait encore en 1390. De lui sortent Louis de Bosredon, sénéchal du Berry, grand-maître de France, à qui la baronnie d'Hermant en Auvergne, de laquelle relevaient 3 à 400 gentilshommes les plus qualifiés de la province, et Hugues chambellan du roi, baron d'Hermant, son neveu, etc., etc., (2).

Marguerite de Groing est ayeule des enfants de Françoise de St. Phalle, et de Gabriel de Bosredon. Les GROING, sont d'ancienne et illustre noblesse. Guillaume le Groing, chevalier, fait un don à l'abbaye d'Esquerres de Citeaux, en Berry près Culant, en 1224. Jean III le Groing, mort le 13 août 1446, a épousé HÉLIETTE DE CHAMBORANT. Jean le Groing, le jeune, est écuyer d'écurie du roy, capitaine général en Guyenne et Sénéchal de Saintonge; il meurt le jour de la St. Jean 1479. Antoine le Groing, chevalier, baron de Grisegonet, est capitaine de la garde à cheval du roy Charles VII; il est blessé mortellement à l'assaut de Pontoise contre les Anglais. Hélyon, son frère, chambellan du roy, capitaine de Lectoure, gouverneur d'Armagnac, prévot de Laon, bailly (*d'épée*) de Macon est pourvu de la charge de général maître visiteur de toutes les artilleries de France; il meurt la veille de Noël 1485; son fils, MARC LE GROING, vicomte de Lamothe-au-Groing, chevalier, capitaine de Saintes, eut plusieurs ambassades et vivait encore en 1532. etc. etc., (3)

Les Groing sont originaires de la terre de la Grogne, noblesse d'Espagne.—Ranulfe-le-Groing

(1) *La Chesnaie*, sup. III, p. 122, — L'abbé Brizard, célèbre généalogiste, m., *Chart. de Mongl.*
(2) Suivre la Généal. — *La Chesnaie*, sup. I, p. 356, etc., etc.
(3) Lire le père Anselme, p. 141, etc., v. VIII. — *Histoire des grands Officiers de la Couronne.*

était fixé en France, et comptait parmi les bienfaiteurs de l'abbaye de Prébenoit en 1192. Il y a plusieurs branches de ces seigneurs : les comtes de Lion, les vicomtes de Ligny, les marquis de Groing de Treignac, etc., etc. Groing porte d'argent, à trois têtes de Lions arrachées gueules, couronnées d'or (1).

XV. EDME DE ST. PHALLE, chevalier, baron de Cudot, seigneur de St. Besnin, St. Martin, le Ilet. — C'est lui qui fut embrassé dans sa jeunesse par monseigneur le comte de Soisson, LOUIS DE BOURBON, en souvenir des services de son ayeul Eustache de St. Phalle, aux États de Blois, et à la tête de la noblesse sous les armes. Il était alors capitaine d'une compagnie dans le régiment de messire de St. Aubin de Grossove, son parent : il le fut ensuite d'une compagnie de chevau-légers. Il se signala en plusieurs et importantes actions à la tête d'un corps de cavalerie qu'il commandait. » (*du Deffand gén.*) « Il commanda dans Haguenau au commencement des guerres d'Allemagne, puis fut capitaine de chevau-légers dans le régiment d'Oysonville ; à la tête du quel il était au combat de la montagne Noire en 1644 (2). Dans d'autres manuscrits sans preuves, EDME est également représenté comme officier de grand mérite, et ses exploits sont énumérés.

EDME DE ST. PHALLE épousa « 1° Elisabeth de Bioty, qui ne vécut qu'un an ; 2° Elisabeth de Chancy, fille aînée du deuxième mariage de DAVID DE CHANCY, seigneur dudit lieu, et de Angélique de HANIQUE de Benjamin; 3° Jacqueline de MENOU, veuve de David de Chancy, son beau-père, et mère de sa bru (3). »

Nous ne trouvons que dans le Nobiliaire universel de 1690, cette Élisabeth de Biory, et ce précieux travail ne mentionne point Marie de Fradet, qu'il avait épousée avant les deux dernières, et sur laquelle cessent les titres authentiques. Edme eut-il ces quatre femmes, ou le nom d'Élisabeth de Biory se rencontre-t-il par erreur ?

Il épousa en premières ou secondes noces Marie de Fradet qui ne vécut qu'un an, et avec laquelle il vivait en 1644. Elle ne laissa pas d'enfants (4). La maison de Fradet est d'ancienne noblesse, et, sans remonter à son origine, l'un d'eux est nommé, avec inversion de nom, parmi les champions français du fameux combat des 30, en l'an 1350 (5).

Guillaume de Fradet, lieutenant-général de Bourges, épouse Jacquette de BREUIL, fille de Pierre et de Jeanne de TOUSTAIN. Jean Fradet, comte de Château-Meillant, maréchal de camp, puis lieutenant-général d'artillerie, meurt en 1659. Antoine Fradet, marquis de Saint-Août, est tué en 1675. Jeanne Mené Fradet, héritière de Château-Meillant, épouse en mai 1674 Jacques du PLESSIS-CHATILLON, marquis de Nonant, mort le 15 décembre 1738 (6).

Devant Louis Peschard, notaire à Cudot, « le 3 octobre 1648, haut et puissant seigneur, messire EDME DE ST. PHALLE, chevalier, baron de Cudot, épouse demoiselle Elisabeth de

(1) *La Chesnaie*, id., VIII, 706, etc., etc.

(2) *Nobil. Univers.*, t. XV, 60, etc., *Bibl. Imp.*, m., 1860. — Cah. Phalle (saint), ibid. — Cherin, *Chart. Mongt.*, etc., etc.

(3) *Nob. Univ.*, t. XV, 60, etc., *Bibl. Imp.*, m., 1860. — Cah. Phalle (saint), ibid. — Cherin, Id., *Chart de Montg.*, sauf Elis. de Biory.

(4) Pr. p. Malte, *Bib. Imp.*, m., 1860. — Id. *Chart. de Montg.*

(5) Fradet ou Fardet, *Nob. Univ.*, de 1690, let. F., etc.

(6) De Fradet, *porte d'Or à trois fers de Lance, Sable* 2 et 1. — V. VI, p. 525. La Chesnaie.

Chancy, fille de haut et puissant seigneur, DAVID DE CHANCY, marquis de Chancy, seigneur de la Motte, Chailly, le Prenoi, Josai, gentilhomme ordinaire du roi, etc., etc., demeurant audit lieu de Chancy et de feue dame Angélique de HANIQUE, sa femme, assistée de haut et puissant seigneur messire Charles de Hanique, son oncle, chevalier, seigneur de Benjamin, de Bonnard, de Malmaison..., écuyer de Son Altesse Royale, — et de haut et puissant seigneur Roger de Hanique, son oncle, chevalier, seigneur de Loze, écuyer de la grande écurie du roi (1). »

Nous transcrirons ici deux lettres originales qui se trouvent dans le chartrier de Montgoublin. Elles sont adressées à l'un des ayeux d'Elisabeth de Chancy, mère de David de St. Phalle, marié lui-même à Marie Liée de Chancy.

« Messire de Chancy, ayant reçeu exprès commandement du roy, Monseigneur, d'avertir les membres et archers de ma compagnie pour la servir aux occasions qu'ils se présentent près sa personne, et d'aultant que vostre fils, présent porteur, m'a fait entendre le zèle et affection qu'il a de fère service à Sa Majesté et de se rendre digne de fère chose qui vous puisse aporter un pur contentement, et d'estre imitateur de vos vertus, je vous ay fait cette présente pour vous prier en ma recommandation luy voulloir donner moien d'exécuter la bonne vollonté qu'il en a, et le mettre en meilleur équipage quy vous sera possible, chose quy me sera d'aultant plus agréable que je désire luy faire offres de bon amy, et pour vostre particullier je vous prie croire, messire de Chansy, que vous pouvez fère assuré estat de mon amytié et que personne ne sera toujours aultant prompt à vous fère plaisir que le pouvez désirer. »

« Votre bien affectueux et bon amy François de Bourbon. » (*Plus tard, le roi François II*, sans date, et scellé de ses armes).

De côté, comme post-scriptum. « Messire de Chansy, je vous prie, sy vous m'aimez, *fère pour ceste honnête porteur*, quy m'obligera fort; et de ma part luy feray cognoistre en tout ce que je pourray, que je suis bien son amy. »

« A messire de Chansy, mon chevalier ordinaire. — Messire de Chansy, j'ay esté fort aize de la dilligence que vous avez faicte de fère retirer le canon que les...... abandonnèrent près de vostre maison, et parce que je désire les fère toutes rassembler en mon arsenal à Paris, j'ay depesché le capitaine Myrmond, commissaire ordinaire de mon artillerie avec la présente pour les y fère mener et conduire par les chevaulx de mon artillerie. Je m'assure que vous y tiendrez la main, et qu'en cella ny en aultre chose vous n'obmettrez aulcun debvoir qui me puisse aporter satisfaction, et..... en priant Dieu, messire de Chansy vous tenir en sa saincte et digne garde. — Fait à Nevers au quinzième jour de décembre 1507, Henry, » (duc d'Anjou, — le roi Henri III plus tard), contre-signé « de Neufville. » *Chart. de Montg.*

Du mariage d'Edme de St. Phalle et d'Élisabeth de Chancy, ne sortit qu'un fils, David, marquis de St. Phalle.

Edme de St. Phalle se remaria le 12 avril 1674 devant Jehan Pasquier notaire royal à Prenoy, Gâtinais, à dame Jacqueline de Menou, veuve en seconde noces de David de Chancy. Le fils de David fut tué à la première campagne. Le nom de Chancy qui s'était maintenu éclatant pendant plusieurs siècles, tant par son opulence que par son ancienneté, s'éteignit en la

(1) Pr. pr. Malte, *Bibl. Imp.* m., 1860. — Id. *Chart. de Mont.* — Id., *Cherin*, ibid.

personne de ses filles. Eléonore, son aînée du premier lit, épousa messire GILLES DE CREMEUR, chevalier, seigneur du Gast et de Marolle en Beauce. Ce beau-frère d'EDME DE ST. PHALLE a laissé plusieurs filles dont l'aînée, Jacqueline de Crémeur, dame du GAST, fut mariée à Charles, comte de MENOU, seigneur de Cuissy, près la Loire. « Cornette au régiment de ST. PHAL COULANGES (1), » colonel du régiment de Menou, puis brigadier des armées du roi, il eut une jambe emportée au dernier siége de Turin. » — La quatrième épousa le seigneur de MARBOUTON, ailleurs MARBAUSON en Normandie (2).

La maison de Menou est l'une des plus distinguées parmi les races d'ancienne chevalerie. Elle a donné un grand nombre de chevaliers *bannerets*, de chevaliers de l'Ordre du roi, de chevaliers de Malte, d'officiers de tous grades et d'officiers généraux, de chambellans de nos rois, de gentilshommes ordinaires de la chambre... (3). On la trouve dans le Perche en 1055; elle se répand dans la Touraine, le Berry, le Nivernais, le Poitou, la Sologne, la Normandie, la Bretagne, et forme différentes branches. Elle compte plusieurs chevaliers croisés (*Salles de Versailles*).

Dans un combat devant Damiette, le sire Nicolas de Menou, grand maître des arbalétriers de France, dit André du Chesne, dans son Histoire de Dreux, livre III, commandait l'arrière garde, et perça deux fois le plus épais des Turcs pour dégager entre autres Hugues et Jean de Châteauneuf, chevaliers des plus considérables. Il avait épousé ÉLISABETH DE LA MAISON D'ANJOU, ainsi que le témoignèrent les armes d'Anjou et de Bretagne écartelées sur l'écusson des Menou, et maintenues par arrêt. Simon de Menou servit Philippe le Hardi, et fut membre du conseil de régence en 1316.

Pierre de Menou fut amiral de France sous Charles VI et VII (4). Treignant de Menou fut ambassadeur en Espagne sous Charles VIII. Armand François, marquis de Menou, fut grand bailly de l'ordre de Malte, (*commandant les flottes*) et ambassadeur de la religion auprès de l'archiduchesse gouvernante des Pays-Bas.

Les principales alliances des seigneurs de Menou sont : Marguerite de Beurrières 1267, Alix de Melun 1285, Marguerite de Clermont 1372, Agnès de Galardon même date, Jacquette de Chamborant 1435, Claude du Fau, dont la mère Villiers-l'Ile-Adam 1509, Michelle de la Châtre 1559, Fr. de Viault de Champlivaut 1596, Elisabeth de Morainville 1640. Jacqueline de Cresmeur 1682; — Louis Alexandre de Damas, comte de Crux, épouse demoiselle Louise de Menou, le 5 août 1734... Voir la suite de ces illustres alliances jusqu'aujourd'hui même, 1860.

La maison de Menou a fait ses preuves à la cour en 1767.

Cherin dit, dans la lettre d'envoi de ces preuves : « Cette maison réunit tout ce qui constitue une bonne noblesse; l'ancienneté, de grandes charges et des alliances illustres. » Elle se divisa en un grand nombre de branches, et compte : les Menou, barons de Charnisay, les comtes de Roches, de Saint-Quentin, les marquis et comtes de Menou, seigneurs de Champlivaut-Cuissy, de Boussay, de Mécz, de Villegongis, de Montgobert, etc., etc. (5).

..... On voit, par le contrat de mariage d'Edme de ST. PHALLE et de Jacqueline de MENOU,

(1) La Chesnaie, v. X, p. 40, etc.
(2) Du Deffand, *Généalog. de St. Phalle.* — *Chart. de Montg.* — Id. cah. Phalle (salut), *Bibl. Imp.*, m., 1860.
(3) *La Chesnaie*, v. II, p. 26.
(4) André du Chesne, ibid., enregist. Chamb. des Comptes, 28 septembre 1417.
(5) Abbé Brizard, célèbre généal., manusc. — *Chart. de Montg.* — *La Chesnaie*, v. II, p. 26, v. XX, p. 40, etc., etc. — *Nob. Univ.*, t. XV, 60, etc., etc.

que cette alliance fut contractée à la sollicitation des enfants des futurs époux. Edme prévint par cet acte des contestations qui pouvaient surgir.

Edme de St. Phalle et son père, produisirent leurs titres devant les commissaires pour recherche de noblesse de la généralité de Paris, en 1666, et fut maintenu par arrêt du conseil d'Etat du 13 août 1668 (1).

Edme de St. Phalle n'eut qu'un fils, qui suit :

XVI. « David, marquis de St. Phalle, seigneur de Cudot, Saint-Benin, Saint-Martin-d'Ordon. Il épouse Marie-Liée de Chancy, fille de David de Chancy et de Jacqueline de Menou (2). » Le contrat de mariage du 25 janvier 1671, est devant Pasquet, notaire à Prenoy, en Gâtinais. Furent présents : Edme de St. Phalle, Eléonore de Grivel de Grossove, Charles de Hanique, grand vicaire de l'archevêché de Sens, oncle de David; Jacqueline de Menou, Paul de Vaucouleurs, Elisabeth de Morainville veuve de René de Menou, et beaucoup d'autres parents des futurs époux (3). L'apport de David de St. Phalle fut Chancy et ses dépendances, etc., etc. Marie de Chancy apporta les droits à la succession de son père aux terres de Chailly, Jossé, etc., etc., un douaire, etc., etc., (*id.*, *ibid.*)

Marie-Liée de Chancy était tante de David de St. Phalle, sœur de sa mère ; il ne se maria donc que moyennant dispenses accordées par le pape Clément X, à la date du 5 novembre 1670 (4).

Nous lisons sous le timbre d'Hozier, un imprimé, vers 1680, intitulé *factum* (5), où il est dit : « Pour messire David, chevalier, marquis de St. Phal, baron de Cudot, etc., contre dame Marie-Liée de Chancy, épouse dudit seigneur de St. Phal, autorisée par justice...

La demande de la dame de St. Phal tend à être séparée de corps et de bien..... mais elle est également mal fondée. Elle a déclaré n'articuler aucun mauvais traitement..... Le vray motif a esté un vain scrupule de la dame de St. Phal qui, estant tante de son mary, a cru qu'elle ne pourrait faire son salut tant qu'elle demeurerait avec lui, quoique le mariage eut été célébré dans toutes les formes civiles et canoniques, et précédé d'une dispense de cour de Rome.., etc., etc. » « M. le lieutenant-civil, rapporteur, — maître Barbière, avocat, — Mény, procureur.

Le nuage qui s'était formé entre les deux époux se dissipa.

En 1700, David de St. Phalle est assigné pardevant messire Joubert, intendant d'Orléans, pour produire ses titres de noblesse. Sur le vu de son acte de tutelle et de l'arrê[illegible] 1668, il fut maintenu en date du 22 juin 1700 (6).

David, marquis de St. Phalle a servi dans l'escadron de la noblesse, ainsi que [illegible]n certificat sans date de M. le comte de Chappelles, commandant la noblesse de l'arrière-ba[illegible]e Montargis (7).

Un document manuscrit énumère ses hauts grades, ses grands services, ses blessures..... mais nous passons outre, ne voyant point de preuves à l'appui.

Ce qu'il y a de certain encore, c'est que David de St. Phale fut l'un des cent gentilshommes ordinaires de la maison du roi, dits à becs de Corbin, du nom primitif de leur armure. Cette

(1) Cherin. — *Ch. de Cudot.*
(2) *Nobil. Univ.* de 1690, t. XV, p. 60, etc.
(3) *Ch. de Montg.*
(4) *Chart. de Mongt.*
(5) Aux manusc. de la *Bibl. Imp.*, liasse de St. Phalle, 1860.
(6) *Chart. de Montg.* — Id. Cherin, ibid.
(7) *Chart. de Montg.*

compagnie était originairement composée de 100 lances *fournies*, chaque gentilhomme armé de la lance chevaleresque, ou homme d'armes, étant obligé de *se fournir* de deux archers..... Sur cette même liste, nous voyons les sires Dauvergne, de Belloy, de Thiard, le Tonnelier de Breteuil, de Valembras, d'Aligre, de Lespinasse, de Bonnefond, de Meaux, de Moüy, de Flamarens, de Bragelonne, de Créquy, de Valois, etc., etc., p. 188 à 192. Etat de la France, Paris, 1722.

Ce fut DAVID, marquis de ST. PHALLE, chevalier, baron de Cudot, Saint-Besnin, Saint-Martin, le Hay, Teigny, Ratilly, Chailly, Prenoi, Chancy, Harbois, Bourgneuf, Brévilles, etc., et sa femme Marie-Liée de CHANCY, qui firent donation de la *Baronnie de Cudot*, etc., à Claude-Lié de ST. PHALLE, mineur, fils de CHARLES DE ST. PHALLE et de MARIANNE LE TONNELIER DE CHAMBRUN — DE BRETEUIL. L'acte, en forme de substitution, est du 21 octobre 1719, la publication ayant été faite en audience publique, le 15 octobre 1719, devant Maximilien Gaulthier, président, lieutenant-général civil et criminel au baillage de Villeneuve-le-Roy.

Cette donation contient : la baronnie de Cudot et dépendances, terres et seigneuries de St. Besnin, de St. Martin, du Hay, etc., avec les droits de haute, basse et moyenne justice, de foire, et de halle dans le bourg St. Martin. Ladite donation est faite à CLAUDE LIÉ DE ST. PHALLE, *à condition expresse*, qu'après sa mort, tous ces biens, *sans exception*, appartiendront *à son fils aîné, et ainsi de suite de mâle en mâle, par ordre de primogéniture* (1).

DONATION ; INSTITUTION D'AINÉ.

Dans le cas du décès dudit Claude de St. Phalle sans enfants, tous ces biens passeront à son frère cadet ; et à défaut de postérité de celui-ci, ils reviendront à Charles-Michel de St. Phalle, fils aîné d'Alexandre de St. Phalle, marquis de Villefranche, sous les mêmes conditions (2)...

Cette donation fut attaquée par Elisabeth de St. Phalle, femme de René du Tertre, seigneur de..., et cousine germaine de CLAUDE LIÉ DE ST. PHALLE ; mais elle fut maintenue par arrêt du parlement de Paris du 8 juin 1728 (3).

« Le 13 mai 1678, déclaration est faite par haut et puissant seigneur, messire David de St. Phalle, chevalier, marquis dudit lieu, seigneur de Chancy, de Prenoy, de José, de La Motte, de Chailly..., demeurant au bourg seigneurial de Chancy, paroisse de Prenoy, portant que, dans la somme de 2,500 par lui présumée payée à la dame Bâtonneau, veuve de messire *Pierre* Aubert, écuyer, seigneur de la Ferrière..., il n'était rien entré des deniers dudit seigneur de St. Phalle, lequel avait payé ladite somme des deniers de Madame de Villefranche, sa tante (4). »

Les enfants de David ne vécurent point. Le tableau suivant de la salle des manuscrits (5) et du chartier de Montgoublin, indique la parenté de David de St. Phalle avec sa femme Marie Liée de Chancy.

(1) On voit dans cette généalogie, par les seigneuries nombreuses qui échoient aux cadets dans les partages, ou que les femmes apportent en dot, combien *le droit d'aînesse de l'ancien régime* diffère de la peinture qu'en ont faite les romanciers du régime nouveau.

(2) *Chart. de Mongt.*

(3) *Chart. de Mongt.*

(4) Pap. d'Hozier, dans la liasse des pr. pr. Malte, *Bib. Imp.*, m., 1860. — Id. Cherin, *Chart. de Montg.*

(5) *Bibl. Imp.*, 1860, liasse St. Phalle.

LOUIS DE SAINT PHALLE, BARON DE CUDOT, ETC.
MARIE DE BRICHANTEAU-NANGIS.

Richard de St. Phal, Jeanne le Fort de Villemandor.	Aimée de St. Phal, Antoine le Prévost.
—	—
Eustache de St. Phal, Marthe de Blondeau.	Claude le Prévost, Pierre du Puy d'Igny.
—	—
Claude de St. Phal, Éléonore de Grivel-Grossove.	Marc du Puy, Edmée d'Assuc.
—	—
Edme de St. Phal. Élisabeth de Chancy.	Jeanne du Puy. Louis de Menou.
—	—
David de St. Phal. Marie Liée de Chancy.	Jacqueline de Menou. David de Chancy.
—	—
Ainsi prit fin la sixième branche des seigneurs de Saint Phalle, barons de Cudot.	Élisabeth de Chancy. | Marie Liée de Chancy.

DIGRESSIONS SUR LES TITRES DE BARON ET DE MARQUIS.

A partir de cette époque, tous les titres et parchemins, les actes du conseil du roi, les sentences du parlement, les actes de l'état civil, les notes de la Bibliothèque impériale, salle des manuscrits, ainsi que la liasse des preuves pour Malte (*ibid*), et le Nobiliaire universel de 1690 (1), qualifient David de St. Phalle, et les aînés des héritiers de son nom du titre de marquis. L'une de ces pages dit entre autres : « David de St. Phalle, baron de Cudot, est le marquis de St. Phalle, marié avec Marie Liée de Chancy. »

En effet, jusque vers David de St. Phalle, les branches de St. Phalle-Cudot n'avaient que rarement, et par intervalle, porté d'autres qualifications que celle du grand titre féodal et héréditaire de baron. Encore, et quel qu'ait été le nombre considérable et la qualité de leurs seigneuries, presque jamais ne portent-ils un autre titre de baronnie que celui de Cudot, qui leur conférait un des rangs les plus éminents parmi les hauts barons de Champagne. (*Voir ci-dessus les pairs de l'archevêque, vicomte de Sens, primat des Gaules et de Germanie.*) Nous observerons même que *les seuls aînés* de ces branches portaient le titre baronnial ; car les cadets se conten-

(1) T. XV, p. 60, etc., ibid.

taient alors, selon *l'usage des plus grandes maisons*, du titre de chevalier, qui, d'abord devait être conquis, et tout personnel ; ou de celui d'écuyer par lequel se caractérisait l'ancienne noblesse d'armes.

Mais les choses changèrent avec David de St. Phalle, baron de Cudot, c'est-à-dire à l'époque où s'éteignirent les aînés de ce nom, ceux qui, selon le droit coutumier nobiliaire de vieille date, signifié par le port des armoiries (1), avaient formé *la tête* de la maison de St. Phalle, bien que n'étant issus que du sang des femmes par Isabelle, unique enfant d'Andrieu de St. Phalle et de Jeanne de la Brosse, mariés en 1329 (*Voir ci-dessus*). Car Isabelle, selon les droits et usages de la haute noblesse de son temps, avait imposé à son mari, pour lui et ses descendants, qui se conformèrent à sa volonté, (*les St. Phalle-Vaudrey*), la condition de conserver *les prérogatives du droit d'aînesse* qu'elle tenait de son père. Ainsi greffés par cette opération féodale, ceux-ci, *devenus les aînés*, avaient pris, à ce titre, *les armes* et *le nom* de St. Phalle, que portait de toute antiquité la terre dont Isabelle avait été l'unique héritière, et qui, l'an 1618, avait été érigée en marquisat. C'était l'époque où le titre de marquis, importé dans cette partie de la France par les Médicis, y devenait en vogue et primait tous les autres titres, celui de duc excepté.

Cet usage d'imposer ou de transmettre ses armes et son nom a, *depuis des siècles*, cessé d'exister ou *plutôt de faire droit*. Mais, nous dit du Bouchet, dans son célèbre ouvrage de la généalogie de la maison de sang royal de France, du nom de Courtenay : « cet usage s'était inintroduit *dans les grandes familles* ou, bien souvent, les enfants prenaient le nom et les armes de leur mère, quand elle était héritière d'une maison illustre (2). » Or, l'illustration antique de la maison de St. Phalle est écrite dans la phrase initiale du Nobiliaire universel de 1690, rappelant « l'ancienneté et la puissance de cette maison, qui possédait les plus hautes charges du temps des comtes palatins de Champagne. Ce dont les titres se trouvent en la Chambre des Comptes de Paris, et au trésor des anciens comtes de Champagne (3). »

Au moment donc où s'éteignaient ces aînés du titre de marquis de St. Phalle, la branche cadette de St. Phalle-Cudot devait recueillir naturellement, en raison du retour de ce même droit d'aînesse dont elle avait été frustrée, l'héritage honorifique du titre. Mais déjà lui était arrivée par une autre voie cette distinction que David cumula dans sa personne, ayant hérité le titre de marquis, et la terre de Chancy, de David de Chancy, qui se trouvai têtre à la fois son ayeul maternel et le père de sa femme (4). C'est ainsi que Claude de St. Phalle, son oncle, devenait de

(1) Jugement du parlement anglais en 1160. Voir ci-dessus, à Isabelle et Claude de St. Phalle, femme d'Artus de Vaudrey, p. 40-41.

(2) P. 13, *du Bouchet.*

(3) *Nobil. Univ. de* 1690. — T. XV, p. 60, *Bibl. Imp.*, m., 1860.

(4) Mieux que dans des actes qui lui sont personnels, et où ce titre de marquis de Chancy lui est donné, nous le retrouvons dans des actes de l'*état civil* qui lui sont tout à fait étrangers. — Ainsi, par ex. nous lisons dans les *registres des actes civils* de Cudot. « Le 12 may 1698, est née Thérèse, fille de Sidin Saturnin, receveur de la terre de Cudot, y demeurant, et de Marie Petit, sa femme, a été baptisée le 19 juin, même année, par moy prieur soubsigné, et a pour parrain haut et puissant seigneur messire David de St Phalle, MARQUIS DE CHANCY, *baron de Cudot*, etc., etc., pour marraine demoiselle Thérèse de Roure, fille de haut et puissant seigneur, Monseigneur Louis-Pierre-Scipion de Grimoard de Beauvoir de Montlor, comte du Roure, lieutenant-général de la province et de Languedoc, gouverneur du Pont-Saint-Esprit. » « Signé Thérèse du Roure, — David de St. Phalle, — et Mathieu Prodhomme, prieur de Cudot. »

Registre de l'état civil : « Le 15 mai 1674 a été baptisé par moy, prieur de Cudot soubsigné, David Sainsard..., fils de Louis Sainsard, Valet de chambre de messire Edme de St. Phalle, seigneur de Cudot, etc...., parrain messire David de

son côté marquis de Coulanges, par le contrat qui lui transmettait la fille du titulaire d'abord (*Elisabeth de Chastellux*), puis la seigneurie de ce nom.

Différents titres de marquis distinguent donc, depuis cette époque, différentes branches de la maison de St. Phalle. Mais le titre de marquis, expressément formulé à la suite du nom de St. Phalle en ces termes : marquis *du dit lieu*, devient alors et sans interruption l'apanage de la branche du titre de Cudot, qui conservera celui de baron de Cudot jusqu'à ce que les titres, devenus exclusivement personnels comme aujourd'hui, cessent de s'accumuler sur la même tête. Ainsi se retrouvera désormais cette qualification de marquis dans tous les parchemins, arrêts de parlements, actes de justice, actes notariés, actes de l'état civil, etc...., ce qui déjà se *voit à la note* ci-jointe, et se verra *ci-dessous* aux derniers seigneurs du nom, tandis que, selon l'usage qui commence à s'introduire, les titres de comte, etc., passent aux cadets de la maison.

Un grand nombre des plus nobles et anciennes maisons de France, les maisons de race baronniale, éprouveraient aujourd'hui le plus grand embarras s'il leur fallait justifier de ce titre de marquis, d'usage alors assez récent, et dont la plupart ont pris simple possession, ainsi que nous allons le voir, par la connivence ou *sous la pression du souverain*, tandis que des familles toutes nouvelles et simplement anoblies l'ont, plus tard, légalement obtenu. La vogue, en effet, avait commencé de s'y mettre, et nombre de grands seigneurs se l'appropriaient sans commettre une autre sorte d'usurpation que de quitter la plus honorée des qualifications *originaires* pour le titre *concédé* le plus recherché de l'époque. C'est-à-dire que, pour plaire au roi, ils changeaient *le titre* ORIGINAIRE *le plus noble* (1), celui de baron contre la qualification de marquis, moins

St. Phalle, marquis de Chancy, marraine dame Jacqueline de Menou, fille du seigneur de Cudot. — Signé : J. de Menou, — David de S. Phalle, — de Presle, prieur curé de Cudot.

Un autre registre de l'état civil nomme, dans deux actes très-rapprochés, ce même marquis de *Chancy* et de *S. Phalle*, « Le 26 novembre 1674, après les fiançailles faites, etc., et d'après le certificat du sieur Paillot, curé de Prenoy, 18 du présent mois et an, Nous, prieur de Cudot, soubsigné, avons interrogé Eustache Moreau, valet de chambre de M. le marquis de Chancy..., d'une part, et Edmée Simonel, fille de chambre de dame Jacqueline de Menou, fille de messire Edme de St. Phalle, seigneur de Cudot..., et, leur mutuel consentement pris, les avons conjoints en mariage... » Signé : E. Moreau — Edmée Simonnel, — Éléonore de Grivel de Grossove, — M. de Chansy.

Le Clerc de Presle, prieur de Cudot : « Je suis arrivé de Paris à Cudot le 7 janvier 1683. J'ay commencé samedi 9 à dire les messes des morts et des vivants, pour les MM. parents de Mr le marquis de S. Phalle... Le mercredi, j'ai encore dit des messes pour MM. de Cudot, défunts et vivants... Quatre sont pour satisfaire entièrement à l'intention de Mr le marquis de S. Phale, qui m'a ordonné de dire deux messes par semaine dans la chapelle de son château de Cudot, pour le repos des âmes de MM. ses parents et pour les vivants, afin que Dieu leur donne toujours les grâces qui leur sont nécessaires. Et il a laissé le tout à ma commodité, c'est-à-dire de les dire au château ou à notre église... Partant ne reste que trois messes à dire pour satisfaire aux intentions de cet illustre marquis... — Le 20 janvier 1683 à Cudot; Dipois (ou Dimois, peu lisible), prieur. — Feuilles paraphées.

Dans un autre registre de l'état civil, nous lisions simplement : « Le même jour (13 mars 1687), ai enterré Pierre Guinot, vigneron de Mr le marquis de St. Phalle. » Cl. Lebrun, prieur de N.-D. de Cudot.

Mêmes registres antérieurs de l'état civil : « Le 19 octobre 1675, a été baptisée par moi, prieur curé de Cudot, une fille née le 17 dudit mois du légitime mariage de Jean Duvau, jardinier au château de Cudot, et de Claudine David, sa femme, nommée Gillette par demoiselle Gillette Leclerc, fille suivante de madame la marquise de S. Phalle, sa marraine. » « Signé : Gillette le Clerc, — Peschart et C. de Presle, prieur de Cudot. » — (Copié sur les registres originaux).

Les registres de l'*état civil* de Cudot répètent fréquemment le nom de seigneurs de St. Phalle, barons de Cudot, et le chartrier du château est riche en titres antérieurs à ces registres. Ils seraient précieux à dépouiller, ce que le temps n'a pas permis de faire, bien que *les collections publiques*, et le chartrier de Montgoublin, les rendent, pour la plupart, assez peu utiles à ce travail.

(1) De La Roque, *Traité de la Noblesse*, p. 310, 241, 19.

féodale et nullement *générique*, par conséquent moins effarouchante pour un roi élevé dans la politique de Richelieu.

Il est intéressant, à ce propos, de rapporter un passage dont le contenu sera probablement une nouveauté pour la presque totalité de ceux qui le liront. Nous l'avons transcrit du remarquable livre rouge de la maison de Chambray, à laquelle la maison de St. Phalle est étroitement alliée (*Chambray*, voir plus bas).

Or, dans ce livre, où surabondent tant de faits importants à l'histoire d'une multitude de très-nobles maisons et à l'art héraldique, Nicolas-François, marquis de Chambray, s'exprime en ces termes :

« Le roi Louis XIV, surnommé le Grand, avait supprimé, — sinon par édit, du moins virtuellement, — le titre de baron dans son royaume. Ce titre lui déplaisait au point que, pour lui plaire, on fit la comédie du baron de la Crasse, qui fut mise sur le théâtre des comédiens français, et représentée par eux devant Sa Majesté. Le roi marqua combien elle lui était agréable à l'endroit où il est dit : » à quelques-uns d'entre eux qui se présentent :

« On croyait à la Cour, les barons trépassés ;
Mais, ... pour la rareté du fait, messieurs, passez... »

Ce ridicule, ainsi donné du consentement du roi, « à un titre que LES PLUS GRANDS SEIGNEURS prenaient *par préférence à tout autre*, fit que les seigneurs, pour faire leur cour, le quittèrent et y substituèrent celui de marquis (1). »

Cette transformation du titre des *vrais et antiques barons de race* du royaume en titre de marquis, loin d'être un acte d'usurpation, fut donc plutôt un acte *de soumission*.

La justesse des paroles du marquis de Chambray sera saisie par ceux qui sont initiés à nos antiquités féodales. En effet, « l'auteur de la Pratique de France dit en ces termes : que le titre de baron était en tel respect, qu'à la table d'un baron ne sied aucun, s'il n'est *chevalier*, prêtre, ou clerc d'autorité. » Or, pour être chevalier, « il fallait être autrefois de race considérable par la noblesse, » et jugé digne de cette distinction (2). D'ailleurs, « les registres du Parlement de la Toussaint de l'an 1282 contiennent une enquête du 12 décembre, qui porte ces mots : Appert que baronnie, anciennement était seigneurie souveraine après le roi et dessous lui. Aussi baronnie est plus que comte, attendu qu'il y a des comtes qui sont barons et d'autres non. Ainsi quis tenir en baronnie, c'est relever nuement de la couronne (3). »

Ainsi donc, désormais, *aux différents point*, *DU DROIT* (4) *et de l'usage*, le titre de marest légitimement porté par les seigneurs de St. Phalle de la branche Cudot.

(1) P. 303, vol. I, *Chart. de Chambray-sur-Iton.*
(2) De La Rocque, *Traité de la Noblesse*, Rouen, 1734. — P. 241, 270.
(3) Id., ibid., 240, etc., etc.
(4) Voir, *ci-dessus*, l'érection de la terre de St. Fale en marquisat, p. 7, etc.

SEPTIÈME BRANCHE DES SEIGNEURS DE SAINT PHALLE, BARONS DE CUDOT. — BRANCHE DITE DE COULANGES ET DE VILLEFRANCHE

XV. Claude de St. Phalle, chevalier, marquis de Coulanges St. Phale, fils cadet d'Eléonore de Gaivel de Grossove et de Claude de St. Phalle, baron de Cudot, etc., eut, par le partage du 7 octobre 1648, les terres et seigneuries de Villefranche, d'Issy en partie, de Montgoublin, etc. (1).

Parmi les brevets de Claude, il en est un du 21 (*en partie illisible*) 1666, qui le nomme mestre de camp d'un régiment de cavalerie. Il y est désigné sous le nom de Coulanges de St. Phal, parce qu'il portait en effet le titre de marquis de Coulanges, seigneurie que lui avait apportée sa femme. Ce régiment de cavalerie, créé en 1666 sous le nom de Coulanges, a été du Bordage en 1672, et du Maine en 1688 (2). Plusieurs titres postérieurs à cette date le désignent comme mestre de camp du régiment de Mestre de camp général de cavalerie légère.

A 27 ans, il était premier capitaine du régiment d'Oysonville, et le commandait (3) à la bataille de Nordlinghen (4), livrée par Turenne et le duc d'Enghien contre Merci, et où il avait été tellement criblé de blessures qu'il dut renoncer au service. Il put cependant guérir et y rentrer.

Messire Eustache du Deffand nous dit de « Claude de St. Phalle, marquis de Coulanges et du Val-de-Mercy : dès que ce gentilhomme fut en force de porter les armes, il s'attacha au service du roi, et fit très-longtemps la guerre où il s'acquit la réputation glorieuse d'être un des plus braves et des meilleurs officiers du royaume. » (*Chart. de Montg.*)

Il eut, en effet, une position supérieure à celle de mestre de camp, et de brigadier de la cavalerie légère du roi, ce qui ressort de la lettre qui suit, et que nous copions à cause de l'intérêt qui s'attache à sa forme : « Titre de St. Phale. » « Lettres d'inspecteur général de cavalerie. St. Phale. — Copié sur l'original du 14 février 1673. »

« Le roi désirant pourvoir à ce que ses troupes de cavalerie, qui sont et seront logées pendant l'hiver en Flandres, Artois et Hainaut, se rétablissent et mettent au plus tôt en état de bien servir pendant la campagne prochaine, et commettre un officier qui ait autorité sur lesdites troupes pour en avoir soin, Sa Majesté a choisi et ordonné le sieur de Coulanges, brigadier de sa cavalerie légère, pour visiter lesdites troupes dans leurs quartiers, les faire monter à cheval pour mieux remarquer l'état auquel elles se trouveront, prendre garde si les cavaliers seront d'âge et en état de bien servir, si leurs chevaux sont bons, et leurs selles et brides en bon état, si les armes sont bonnes, si chaque cavalier sera vêtu comme il convient ; faire remarquer aux officiers les hommes et chevaux qui seront à changer, et les autres réparations qui seront à faire dans leurs compagnies ; et leur ordonner de la part de Sa Majesté d'y satisfaire, leur déclarant que s'ils y manquent dans le temps qu'il leur aura prescrit, il le fera savoir à Sa Majesté et qu'elle les fera casser ; les faire marcher, et même assembler les compagnies qui se trouveront

(1) *Chart. de Montg.*
(2) Extrait de l'*Annuaire militaire* de 1733.
(3) Cherin. — *Chart. de Montg.*
(4) *Nobil. Univ.*, t. XV, p. 60, etc. — Id. cah. Phalle (saint), etc., *Bibl. Imp.*, m., 1860.

proche les uns des autres pour les accoutumer à se bien mettre en escadron, et les faire tirer lorsqu'il l'estimera à propos pour les y accoutumer aussi, et généralement faire tout ce qu'il verra être nécessaire et à propos pour le rétablissement et maintien desdites troupes en bon état. Mande et ordonne Sa Majesté aux gouverneurs de ses villes et places, et à ceux qui y commandent en leur absence, de faire reconnaître ledit SIEUR DE COULANGES pour l'exécution de la présente. Ordonne en outre Sa Majesté, aux officiers desdites troupes de le reconnaître et de lui obéir pour ladite exécution sans difficulté. — Fait à Saint-Germain-en-Laye, le 27 février 1673. — Signé Louis, et, plus bas, Le Tellier (1). »

Par contrat de mariage du 13 novembre 1650, passé par-devant *Messant*, notaire à Auxerre, ce même CLAUDE DE ST. PHALLE, tige de la branche de ST. PHALLE-COULANGES, épousa Elisabeth de Chastellux, fille d'Alexandre DE CHASTELLUX, chevalier, marquis de Coulanges-la-Vineuse et du Val-de-Mercy, dont il hérita et cette seigneurie et le titre ; et d'Anne DE GAUVILLE, fille de Jean, vicomte DE ST. VINCENT et de Marguerite DE PIEDEFER (2).

L'extrait des preuves pour Malte de noble FRANÇOIS, fils de Claude de St. Phalle et d'Elisabeth de Chastellux, contient « le contrat de mariage d'Alexandre DE CHASTELLUX, écuyer, fils unique de haut et puissant seigneur, messire OLIVIER DE CHASTELLUX, chevalier, seigneur de Coulanges-la-Vineuse et de Val-de-Merci, et de dame Anne DU PLESSIS sa femme..., accordé, le 18 octobre 1615, avec Anne DE GAUVILLE, fille de haut et puissant seigneur Jean de Gauville, chevalier, seigneur de St. Maurice, vicomte de St. Vincent et de Fessard, et de demoiselle Marguerite DE PIEDEFER, assistée de haut et puissant seigneur GAUCHER RAGNIER, son oncle, écuyer, seigneur des Tesses et des Barres, dame Éléonore DE GAUVILLE, femme de haut et puissant seigneur, messire Louis DU GUESCLIN, maître d'hôtel ordinaire de la feue reine Marguerite, et capitaine de ses gardes, et de dame Louise de Piedefer, femme de haut et puissant seigneur Louis DE ROCHECHOUART, écuyer, seigneur de la Brosse et de Bazoches en partie. » Idem. « Partage noble des biens de messire Alexandre de Chastellux, chevalier, seigneur de Coulanges, et dame Anne de Gauville, sa femme, fait le 26 mai 1662, entre François de Chastellux, chevalier, marquis de Coulanges-la-Vineuse, du Val-de-Merci et de Belombre, dame Elisabeth de Chastellux sa sœur, femme de messire Claude de St. Phalle, et dame de Chastellux, enfants dudit Alexandre de Chastellux et de ladite Anne de Gauville. — Actes reçus par Balthazar, d'Orléans, et Jacques Ricordeau, notaires au Châtelet de Paris (3). »

Après la vérification des titres, « lesdits commissaires déclarent s'être transportés, le 9 du mois d'octobre au Val-de-Merci, ancienne demeure de la maison de Chastellux, au lieu de naissance de dame Elisabeth de Chastellux, mère du présenté, François de St. Phalle, où tous les anciens leur avaient assuré que cette terre avait toujours appartenu à M. DE COULANGES, qu'ils avaient vu, en plusieurs endroits, les armes de la maison DE CHASTELLUX, qu'étant entrés dans l'église, ils y avaient vu les tombes de la maison de Coulanges ; et que, sur l'une d'elles ils avaient lu : « Ci gît, noble dame BARBE DE LOCBERG, veuve de haut et puissant seigneur PHILIPPE DE CHASTELLUX, chevalier, seigneur du Val-de-Merci, Bazarne, Coulanges-les-Vineuses, et vicomte d'Avallon, trépassée le 6me jour de février 1563. » (*id. ibid.*)

(1) D'Hozier, pr. pr. Malte, liasse St. Phalle, *Bibl. Imp.*, m.,

(2) Cherin. — Id. *Nobil. Univers.*, t. XV, p. 60, etc., *Bibl. Imp.*, m., 1860. — *Charl. de Montg.*, etc., etc.

(3) Pr. pour Malte, *Bibl. Imp.*, m., 1860, liasse St. Phalle.

La maison DE CHASTELLUX (*Castelleux*) est une des plus anciennes et illustres de la monarchie. JEAN, chevalier, seigneur de Bordeaux, d'Auxerre, de Chastellux, de Bazoches, etc., en 1340, descend d'Arnaud 1147. Guillaume de Chastellux, vicomte d'Avalon, seigneur de Beauvoir, fils de Jean et de JACQUETTE D'OSSUN, dame de Beauvoir, chambellan du Roy, épouse Alix, fille de JEAN DE BOURBON, dame DE MONTPEROUX. Claude son fils, vicomte d'Avalon, etc., chambellan du roy et du duc de Bourgogne, acquiert, pour lui et ses descendants, la dignité de chanoine d'Auxerre, siégeant au chœur, l'épée au côté. Il est maréchal de France, et son frère Georges, amiral de France 1420 (1). La seconde femme de Claude-Marie, fille de Charles, seigneur de Savoisy et de Seignelay, porte à son mari la terre de Coulanges, et vivait en 1469. JEAN, son fils, est conservateur des trèves entre le roi et le duc de Bourgogne. Mais nous ne releverons ni les illustrations militaires, ni les illustrations politiques, ou religieuses, de cette noble maison. Bornons-nous à nommer H. G. César, comte de Chastellux, maréchal de camp, marié mars 1788, à Angélique Victoire de Durfort Civrac, dont le fils cadet fut nommé duc de Rauzan, et succéda au titre de pair de France, de son beau-père, monsieur le duc de Duras (2).

Les alliances de la maison de Chastellux furent avec les maisons de Bourbon, de Hocberg, de Savoisy, de Vienne, de la Roère, de Loges, Bussy d'Amboise, Clermont, Beauveau, d'Aguesseau de Grivel-Grossove, du Plessis-Liancourt, Vielchastel, Gauville, etc., etc. etc.,

Etait de cette dernière maison la femme d'Alexandre de Chastellux, marquis de Coulanges, et fille du vicomte de St. Vincent, ayeule de François de St. Phalle, « Anne de Gauville, de fort noble et ancienne famille qui portait pour armes : d'Hermine à une fasce de gueules (3) »

Claude de St. Phalle, marquis de Coulanges, fit faire en septembre 1672, par Charles l'Huillier, premier conseiller du baillage de Villeneuve-le-Roi, un procès-verbal sur l'état des tombes des seigneurs de St. Phalle inhumés au prieuré de leur baronnie de Cudot (4). CLAUDE mourut le 3 janvier 1674, et sa femme Elisabeth de Chastellux, le 17 août 1680, à 49 ans. Ils furent inhumés dans la chapelle des seigneurs de St. Phalle de l'église de St. Eutrope, de leur seigneurie de Villefranche (5).

Par acte du 13 mai 1665, CLAUDE, marquis DE ST. PHALLE-COULANGES, acheta par-devant *Thoriniers notaire* à Auxerre, la terre et seigneurie de Francheville à François de BULLY, chevalier, seigneur de Vilaines, et en rendit hommage au roi à cause de sa grosse tour de Villeneuve-le-roy, le 24 janvier 1669.

CLAUDE DE ST. PHALLE et ELIZABETH DE CHASTELLUX, laissent sept enfants : XVI. *Alexandre Eustache de St. Phalle*, marquis de Coulanges, qui suivra. XVI. FRANÇOIS DE ST. PHALLE, baptisé à Villefranche le 28 septembre 1658. Il fut présenté en 1666 pour être reçu en qualité de page de son éminence le grand-maître de l'ordre de St. Jean de Jérusalem. Le procès-verbal des preuves de noblesse fut fait à Joigny, le premier octobre 1666, par les commissaires Pierre

(1) P. Anselme, v. VII, p. 3, etc.

(2) P. Anselme, v. VII, p. 3, etc. — *Nobil. Univers.*, t. XV. — L. Ch., *Bibl. Imp.*, m., 1860. — La Chesnaie, v. IV, 255, etc., etc.

(3) Pr. p. Malte, p. d'Hozier, l. St. Phalle, *Bibl. Imp.*, m., 1860.

(4) Preuves p. Malte, *Bibl. Imp.*, m., L. St. Phalle, 1860. — Id., Cherin, *Chart. de Montg.*

(5) Cherin. — *Chart. de Montg.*

de Culan, chevalier, commandeur d'Auxerre, et Octave de Fleurigny, chevalier, députés du chapitre provincial tenu au Temple, à Paris, le 17 juin précédent.

Un certificat du 5 février 1669, délivré à Malthe par Jacques Gachon d'Aubray, sécrétaire de la vénérable langue de France, atteste que FRANÇOIS DE ST. PHALLE a été reçu de minorité de page au rang de chevalier dans le prieuré de France, le 26 décembre 1666, et qu'il est entré au service du grand-maître en qualité de page le 18 septembre 1668 (1).

Ici se place d'elle-même cette phrase : « On ne doit point oublier qu'il y a un titre, à la Chambre des Comptes, où il est dit qu'il suffisait de prouver sa descendance de la maison de ST. PHALLE pour être reçu dans l'ordre de St. Jean de Rhodes, » qui fut Malte plus tard, — signé D'HOZIER. (*Ch. de Montg.*) François mourut en 16... à Malte, venant d'être nommé à une commanderie (2).

XVI. Edme de St. Phalle, qui a formé un rameau dont il sera parlé.

XVI. Autre FRANÇOIS DE ST. PHALLE, mentionné dans le partage de 1682, et dans un acte du 20 avril 1682, où il est qualifié du titre de lieutenant des cavaliers de la reine. Une note des papiers d'Hozier, portant, p. 135, — *Bib. imp.* en 1860, — répète ce que disent les généalogistes en ces termes (3) :

« Le cinquième fils de Claude de St. Phalle et d'Elisabeth de Chastellux, frère d'Alexandre de St. PHALLE, marquis de Coulanges, — FRANÇOIS DE ST. PHALLE, connu sous le nom de chevalier de Coulanges, a été tué en Irlande en 1689, lieutenant colonel de cavalerie des troupes que le roy y avait envoyées. » Il n'avait point été marié (4).

XVI. *Charles Michel*, qui a fait la huitième branche des seigneurs de St. Phalle. XVI. CATHERINE DE ST. PHALLE. XVI. ANNE DE ST. PHALLE, émancipées comme il est dit dans l'acte de partage du 17 février 1682. « Elles furent chanoinesses de REMIREMONT, et sont encore vivantes l'une et l'autre (5). »

Dans « l'illustre chapitre des dames de REMIREMONT, *Romarici-mons*, Lorraine, diocèse de Toul, l'abbesse est Princesse de l'empire et fait seule des vœux solennels; mais les chanoinesses n'ont ni vœux ni clôtures, et sont seulement obligées à faire preuve de la plus grande noblesse. »

« L'abbesse de REMIREMONT est immédiatement soumise au saint-siége. En qualité de Princesse du saint empire, elle se fait servir avec toutes les cérémonies princières ; privilége accordé en 1090 par l'empereur. Quand cette abbesse va à l'offrande ou à la procession, sa dame d'honneur tient la queue de son manteau, et son sénéchal porte la crosse devant elle... Elle fait les montres et revues des bourgeois en armes par son senéchal, qui n'obéit qu'à elle... En temps de guerre, celui-ci garde les clés de la ville, et donne le mot qu'il reçoit de l'abbesse si elle est en ville, ou de la dame chanoinesse sa lieutenante. Dans les processions, il porte une épée pour marque de l'autorité qu'il tient d'elle. »

« L'abbesse de REMIREMONT a aussi quatre grands officiers qui font preuve de noblesse

(1) Nous avons déjà vu que les pièces originales avec sceaux en plomb, etc., abondent sur les chev. de Malte du nom de St. Phalle, au chartrier de Montgoublin. — Voir le rappel. *Bibl. Imp.*, m., 1860.

(2) Du Deffant, titre de cette commanderie absent.

(3) *Chart. de Montg.*

(4) Cherin. — *Chart. de Montg.*

(5) Du Deffant. — *Chart. de Montg.* — Id. le *Nobil. Univers.* de 1690, t. XV, p. 60, etc., *Bibl. Imp.*, m., 1860, etc.

comme les dames, savoir : le grand prévot, le grand chancellier, le petit chancellier et le grand sourier (1). »

Ce n'était que jeu pour les dames de St. Phalle de faire les preuves de noblesse les plus difficiles, puisqu'elles avaient formé toute une dynastie, comprenant cinq abbesses, dans le plus noble et illustre monastère de dames que possédât la France dès l'an 1290, c'est-à-dire à Notre-Dame-aux-Nonnains de Troyes, qui n'était alors peuplé que des filles des plus grands seigneurs (2).

XVI. ALEXANDRE-EUSTACHE DE ST. PHALLE, chevalier, marquis de Coulanges, seigneur de Val-de-Mercy, de Villefranche, d'Issy, etc..., servit en qualité de capitaine dans le régiment de Mestre de camp général de cavalerie légère, que commandait son père, avant de passer à un plus haut grade. Dans le brevet de lieutenant, il est appelé de COULANGES-VILLEFRANCHE, et, dans le brevet de capitaine, le nom de ST. PHAL est ajouté. On voit, cette même année, dans un acte qui le concerne, que son oncle N... DE CHASTELLUX, frère de sa mère, étant mestre de camp, puis brigadier de cavalerie, fut tué à la bataille de Sintsheim, gagnée en 1674 par M. de Turenne sur les Impériaux.

Le 9 avril 1689, un certificat est donné par Bardo-Bardi Magalotti, lieutenant-général des armées du roi, portant que le seigneur de ST. PHALE-COULANGE, capitaine dans le régiment Mestre de camp général, servait actuellement le roi en cette qualité. Signé : BARDI, et plus bas BECK (3).

Il était alors chevalier de Saint-Louis.

Après avoir été colonel-lieutenant au régiment Royal-Italien, et lieutenant-colonel du Mestre de camp général de la cavalerie légère, il reçut le 23 novembre 1701 un brevet de mestre de camp, et fut peu après brigadier et maréchal des camps et des armées du roi (4).

Le roi lui avait accordé, le 25 février 1702, une pension de 1,000 livres et le 12 décembre 1705, il l'éleva à 1,500 pour de nouveaux services. Il était rare qu'une longue suite de campagnes n'appauvrît par les seigneurs.

ALEXANDRE DE ST. PHALLE fut tué au siége de Turin ; il avait hérité sous bénéfice d'inventaire d'ALEXANDRE DE CHASTELLUX, chevalier, seigneur de Coulanges, son grand-père, et avait obtenu un arrêt du conseil privé du roi, à Saint-Germain-en-Laye, le 15 mai 1675, par lequel les délais accordés à Alexandre de Chastellux pour payer les dettes *qu'il avait contractées pour le service du roi*, avaient été continués à ses héritiers (5). Il avait eu en partage les seigneuries de Coulanges, de Villefranche, d'Issy en partie, etc.

Une copie du 15 juillet 1704, faite et collationnée sur l'original par *Réné Thoratier*, commis royal de Villefranche en Arbelet, est remise par « messire Alexandre de St. Phalle, chevalier, marquis de Coulanges, seigneur de Villefranche, de Francheville, d'Issy en partie et autres lieux, » à son frère Charles, chevalier, seigneur de Montgoublin, qui l'avait demandé, de trois actes passés les 7, 8 et 9 juin 1685, devant Pierre Roche, lieutenant, juge ordinaire, et Chamaillard, greffier de la prévosté de Francheville (6).

(1) *Encyclopédie* (géog., Paris, 1782).
(2) Voir ci-dessus. — *Id. Gallia Christ.*, t. XII, — Id. Vallet de Viriville, *Archives de l'Aube*, aux pages citées.
(3) Pr. pr. Malte, pap. d'Hozier, *Bibl. Imp.*, m., 1860.
(4) Cherin. — *Chart. de Montg.* — *Chart. de Cudot.*
(5) *Chart. de Montg.*
(6) *Chart. de Montg.*

« ALEXANDRE DE ST. PHALLE, marquis de Coulanges, de Villefranche et de Dicy, épouse... N... d'ARCHAMBAULT, fille de N.... seigneur d'Archambault, etc. (1). Le contrat de mariage avec Hélène-Angélique d'Archambault est passé pardevant *Giles* et *Bru*, notaires à Paris, le 4 mai 1685 (2).

Le père d'Hélène d'Archambault était « Jean François chevalier, grand bailly d'épée de Châtillon-sur-Indre, gentilhomme ordinaire du roi, aide de camp de Sa Majesté en ses armées. Il présida à l'assemblée de la noblesse convoquée par ordre du roi en 1649, et se rendit à Châtillon pour présider l'assemblée des trois états. Il fut envoyé du roi en diverses cours d'Europe, et mourut le 7 juillet 1652. Il avait épousé, devant Cordier, notaire à Nogent-le-Roi, le 30 juillet 1646, dame Louise DE COMPANS BECQUET, veuve de messire Jacques LE HAUTIER, chevalier, baron de St. Hilaire, fille de Louis de Compans Becquet, chevalier, seigneur de Duel, de Brichâteau et de Rutz, et de dame Angélique HAVART DE SENANTE. Elle était issue germaine de Louise DE COMPANS D'AREY, mariée, en mars 1622, au marquis DE CHATEAU-RENAUD, père du comte de Château-Renaud, maréchal, vice-amiral de France, dont la postérité subsiste dans la personne de la comtesse D'ESTAING DE SAILLANT. »

« Jean François eut Hélène d'Angélique d'Archambault, mariée à messire Alexandre, marquis DE ST. PHALLE, seigneur de Villefranche et DE COULANGES, mestre de camp d'un régiment de cavalerie *de son nom*, brigadier des armées du roi, tué à la levée du siège de Turin, en 1706 (3). »

Outre les titres du chartrier de Montgoublin, ces documents se répètent dans une « procuration donnée le 29 mars 1719, par haute et puissante dame Hélène-Angélique d'Archambault, veuve de haut et puissant seigneur messire ALEXANDRE DE ST. PHALLE, chevalier, marquis de Coulanges, seigneur de Villefranche, d'Issy en partie..., mestre de camp d'un régiment de cavalerie et brigadier des armées de Sa Majesté, demeurant dans son château de Francheville, paroisse de Villefranche, à messire Jacques-François d'Archambault, chevalier, seigneur de Pussai, et grand bailli d'épée de Châtillon-sur-Indre, pour consentir au mariage de haut et puissant seigneur messire Alexandre de St. Phalle, chevalier, seigneur de Francheville, son fils cadet, avec demoiselle MARIE-ANNE DE LOYAC, fille de Jean-Baptiste de Loyac, chevalier, seigneur de la Bachellerie, de Mormoulin.... Cette procuration est reçue par Nicolas Mercier, notaire juré au Bourg et paroisse de Villefranche, dépendant du baillage de Sens (4). »

La maison des seigneurs D'ARCHAMBAULT, barons d'Ouarville, marquis DE LANGUEDOUE, etc., est également connue dans le militaire sous les deux noms d'Archambault ou de Languedoue. Elle s'est glorieusement distinguée dans les armes, ainsi que le témoignent ses généalogies, et figure à Malte. Elle est originaire du pays Chartrain, et son ancienneté se perd dans la nuit des temps. Jean de Languedoue, chevalier, épousait, en 1220, Olive de Lamoignon, fille de Guillaume, seigneur dudit lieu et de Mannay, Chanay et Nannay, en Nivernais, etc., etc...

Un certificat d'Hozier, du 8 octobre 1765, lui compte cinq grands baillis d'épée à Châtillon-sur-Indre.... Une des plus belles et laconiques preuves de son illustration est dans ses alliances :

(1) *Nobil. Univ.* de 1690. — *Bibl. Imp.*, 1860, m.
(2) *Chart. de Montg.* — Id. de Cudot, — Cherin, etc.
(3) La Chesnaie sup., v. I, p. 116.
(4) Pap. d'Hozier, pr. pr. Malte, *Bibl. Imp.*, m., 1860.

ce sont les maisons de Corbeille, de Châtillon-sur-Marne, — plusieurs fois alliée directement à la maison de France et à d'autres maisons souveraines, — les maisons de Chenard, d'Allonville, de la Villeneufve, de Picot, de Dampierre, de Sabrevoy, de Prunelé, de Billy, de Briçonnet, de la Barre-d'Arbouville, de Gouffier, de Richebourg, de Sailly, d'Angenne, de Chambon-Marcillac, de Trémault, de Coudrier St. Paul, de Lallier-la-Tour, de Iarantes, etc., etc... (1).

ALEXANDRE DE ST. PHALLE et HÉLÈNE D'ARCHAMBAULT laissèrent de leur mariage deux enfants; XVII. David de St. Phalle, marquis de Coulanges, qui suit. XVII. Alexandre de St. Phalle, seigneur de Villefranche et, plus tard, de Francheville en partie, forme un rameau dont il sera parlé.

XVII. DAVID DE ST. PHALLE, chevalier, marquis de Coulanges-la-Vineuse, de Val-de-Mercy, d'Issy en partie, etc.... David, né en 1686, fut reçu en qualité de page de la chambre du roi. Ensuite, il devint capitaine dans le régiment de Mestre de camp général de cavalerie légère, puis, succédant à son père, il fut mestre de camp du RÉGIMENT DE ST. PHALLE, cavalerie (2). « Après la mort de monsieur son père, il eut son régiment portant son nom » de St. Phal-Coulanges. Ainsi le dit du Deffand (3), qui termine après vingt-cinq ans de travaux et de recherches sa généalogie, écrite sur les titres des chartriers de St. Phalle dont quelques-uns furent perdus depuis, ainsi qu'il se voit aux catalogues et layettes, tandis que d'autres furent depuis retrouvés ou ajoutés.

« Eléonore-François, comte, palatin de Dyo, marquis de Momperrous, lieutenant-général des armées du roi, et Mestre de camp général de cavalerie.... Vues les lettres-patentes du roi, signées Louis, et plus bas, Chamillart, par lesquelles Sa Majesté a commis et ordonné le sieur de St. Phal en la charge de mestre de camp d'un régiment de cavalerie et capitaine de la première compagnie d'iceluy, lesdites charges vacantes par la démission du sieur de Coulanges... (*C'est le marquis de Coulanges, son père, devenu brigadier du roi; David avait alors environ 27 ans.*) Au camp de Fribourg, 15 octobre 1713. — De Dyo, — et pour Mgr. Quéniot (4). »

Le titre qui suit fait voir qu'en 1720 la position était la même.

« Accord fait le 20 août 1720 entre haute et puissante dame Hélène-Angélique d'Archambault, veuve de haut et puissant seigneur ALEXANDRE DE ST. PHAL, chevalier, marquis de Coulanges, etc., etc., brigadier des armées de Sa Majesté, etc., et David de St. Phal, fils aîné de la dite dame et du dit feu seigneur de St. Phal, le dit David, seigneur de Villefranche, etc., mestre de camp du régiment de St. Phal, et chevalier de l'ordre royal et militaire de Saint-Louis,.... demeurant en son château de Villefranche.... » laquelle dame, moyennant pension, laisse à son fils la maison seigneuriale de Francheville (5).

Le 26 février 1711, MESSIRE DAVID DE ST. PHALLE, chevalier, marquis de Coulanges-la-Vineuse et de Val-de-Mercy, seigneur de Villefranche et autres lieux, mestre de camp d'un régiment de cavalerie en garnison à Valenciennes, fils de défunt Alexandre de St. Phal, chevalier, marquis de Coulanges, etc., mestre de camp du régiment de St. Phal, et brigadier des camps

(1) Voir La Chesnaie, v. VIII, p. 556, suppl. second, p. 356, suppl. I, p. 116, etc., etc.
(2) Cherin, d'Hozier.
(3) *Id.* l'*État de la France*, Paris, 1722, p. 498.
(4) Chart. de Cudot. — Voir *État de la France*, Paris. 1722, p. 498.
(5) « Cet acte reçu par Mercier, not. royal à Francheville, » p. d'Hozier, *Bibl. Imp.*, m., 1860.

et armées du roi, et de dame Hélène d'Archambault,... épouse damoiselle Marguerite DE CROMELIN, fille de défunt A.-Jean de Cromelin, et de dame Jeanne des Avenelles, assistée de Jeanne de Montigny, son ayeule maternelle, de Pierre de Joncourt, son cousin, etc. — Acte passé par devant François le Grand et Nicolas Vinchon, notaires au baillage de Péronne. — 26 février 1711 (1).

Un factum imprimé en 1717 nous apprend qu'ils plaidèrent en cette année contre le curé de Villefranche, au sujet des droits honorifiques qui leur étaient dûs dans l'église de cette paroisse, Ils obtinrent un arrêt qui condamna le curé, et les maintint dans leurs droits.

David de St. Phal fut contraint de vendre la seigneurie de Coulanges et de Val-de-Merci pour payer les dettes nombreuses que son père avait contractées au service du roi pendant le temps qu'il avait exercé ses commandements.

Disons cependant un mot touchant cette seigneurie de Coulanges et de Val-de-Merci.

Philippe, l'un des seigneurs DE SAVOISY, dont nous avons rencontré le nom dans la généalogie de St. Phalle, avait acquis en 1372 la terre de l'illustre et puissante maison de SEIGNELAY *ancien*, dont un seigneur compte en l'an 1200 parmi les ayeux maternels de la maison de ST. PHALLE.

CHARLES DE SAVOISY, seigneur de Seignelay, grand échanson de France, etc., et Yolande de Rodenach, sa femme, donnent leur fille Marie et la seigneurie de Coulanges, qu'ils ont acquise en 1408, à Claude DE CHASTELLUX, vicomte d'Avalon, maréchal de France.... Plus tard, en 1650, Claude de St. Phalle épouse Elisabeth, fille d'Alexandre, et sœur d'Alexandre de Chastellux, baron et marquis de Coulanges, laquelle Elisabeth recueille de son père, et de son frère, et lui apporte la seigneurie de Coulanges.... David de St. Phalle, troisième seigneur et marquis DE COULANGES du nom de ST. PHALLE, et cousin-germain de son homonyme DAVID, marquis de ST. PHALLE, vend cette terre vers 1728 à.....

Le château de Coulanges a cessé d'exister ; mais le Val-de-Mercy et la terre de Coulanges se trouvaient en 1830, et depuis plusieurs générations, aux mains de MM. Contaud, qui en sont seigneurs et en portent le nom avec le titre de baron. En 1860, cette terre avait été testamentairement transmise par eux à leurs neveux, MM. d'Aleirac. L'un d'eux est marié à une fille de monsieur le comte Eugène Demartin de Marcellus.

David de St. Phalle mourut, et laissa trois fils. Ses titres et qualités, et les noms de ses enfants sont rappelés et énoncés dans l'acte de l'état civil qui suit.

« A tous ceux qui ces présentes liront, Hierôme, comte de Bullion, chevalier, prévôt de Paris, salut ; — savoir fesons que l'an 1731, 19 mars, par devant Jérôme d'Argouges, chevalier, seigneur de Fleury,... lieutenant civil au Châtelet de Paris, sont comparus les parents de MM. David-Alexandre, âgé de 17 ans, Philippe-Joseph, de 11 ans, Louis-François-Marcou, de 4 ans et demi, enfants mineurs de défunt messire DAVID, MARQUIS DE ST. PHALLE, seigneur de Villefranche, de Francheville, d'Icy, d'Aunis, etc., mestre de camp de cavalerie, chevalier de l'ordre royal et militaire de Saint-Louis, etc., et de dame Marguerite de Cromelin, son épouse ;.... » laquelle dame est donnée pour tutrice aux dits mineurs, — étant présents : « messire Alexandre de St. Phalle, chevalier, seigneur de la Salle, et messire Jean d'Archambault, chevalier, lieutenant des chevau-légers de la garde du roi, cousins ; messire Antoine de Languedoue, de Vandeuil, chevalier, seigneur de Ruffecq, Henri de Cromelin de Chroplé, Joseph de la (*illisible*), chevalier de

(1) *Chart. de Montg.*, — Id., *Généal.*, — Id., *Bibl. Imp.*, m., liasse St. Phalle, etc., etc.

l'ordre de Saint-Jean de Jérusalem, etc., etc...., scellé le 20 mars 1731. Signé : Rayon, Colleran, Nouard (1).

XVIII. Alexandre David de St. Phalle, l'aîné, capitaine au régiment d'Ouroy (2). Il ne contracta aucune alliance, et céda ses biens à son cadet, à condition qu'il se mariât ; tout ce que nous savons ensuite de lui, c'est qu'il mourut en 1796.

XVIII. Philippe-Joseph de St. Phalle, mort jeune et sans avoir été marié.

XVIII. François-Louis Marcoul DE ST. PHALLE, est le cadet d'Alexandre, seigneur de Villefranche, que lui céda son aîné, à condition de se marier et de lui laisser sur cette seigneurie une redevance de 1,200 francs par an. Un brevet du 27 septembre 1745 nous apprend qu'il fut capitaine d'une compagnie de nouvelle création dans le régiment de la Rocheaymond, infanterie. Il y est désigné sous le titre de chevalier de St. Phal.

François Marcoul ayant eu quelque justification à faire,— nous ne savons laquelle, — y répondit par ce certificat : « Nous, *Louis-Pierre d'Hozier*....., juge d'armes de France, généalogiste de la maison, de la chambre et des écuries de Sa Majesté, de celles de la reine et de madame la Dauphine : — Certifions à M. le premier président et à M. le procureur général, que François-Louis-Marcoul de St. Phal, né et baptisé le 2 octobre 1726, est fils de messire DAVID DE ST. PHALE, seigneur de..... mestre de camp de cavalerie, etc....., et de dame Marguerite de Cromelin..... et que ses filiations et degrés de noblesse ont été prouvés par titres originaux devant nous, depuis Louis de St. Phale..... et demoiselle Marie de Brichanteau-Nangis, ses sixièmes ayeux..... En foi de quoi.... Paris, le 27 décembre 1744. Signé d'*Hozier*, et timbré de ses armes. — Ce certificat fait suite à ceux de 1668, de 1694, et des commissaires de la Noblesse pour les États de Bourgogne, etc., etc., cités ci-dessus, et si flatteurs pour la noblesse et la qualité de la maison de St. Phalle.

François Marcoul de St. Phalle épousa, par contrat passé le... 175... par devant....., notaire à Saint-Florentin, près Joigny, Bathilde de Feu, fille de N... DU FEU, seigneur de.....

DU FEU, d'origine chevaleresque, connus depuis TISON DU FEU, en Bretagne, lequel fut présent à la montre de Thibaud, sire de Rochefort, qui eut lieu à Vitré le 20 décembre 1356 (3).

F.-L. Marcoul de St. Phalle, n'eut point d'enfants de ce mariage, et mourut en 1796, un mois après son frère aîné, et dans un âge avancé. La seigneurie de Villefranche passa par succession à Jehanne-Louise-Elisabeth de St. Phalle, cousine germaine dudit LOUIS MARCOUL, et fille aînée d'Alexandre de St. Phalle, ce qui se verra.

Ainsi a fini cette septième branche des seigneurs de St. Phalle, barons de Cudot, dite de Coulanges et Villefranche.

RAMEAU DE LA BRANCHE DITE DE COULANGES ET VILLEFRANCHE.

XVII. Alexandre de ST. PHALLE, chevalier, marquis de Coulanges, etc., second fils d'Alexandre-Eustache de St. Phalle, et d'Hélène d'Archambault, fut seigneur de la Salle, de la Rue et

(1) Parchemin, *Chart. de Cudot.*
(2) La Chesnaie. v. I, 259.
(3) La Chesnaie, v. I, 250.

de Francheville. Né en 1688, il fut mis avec son frère David sous la tutelle de sa mère en 1706. Un brevet du 3 novembre 1710 constate qu'Alexandre fut capitaine d'une compagnie dans le régiment Mestre de camp général de cavalerie légère que commandait son frère David (1).

Extrait du registre des mariages de la paroisse de Chaudon, au baillage de Nogent-le Roi :

« Alexandre de St. Phale, fils de feu messire Alexandre de St. Phale, chevalier, marquis de Coulanges, seigneur de Villefranche et brigadier des armées de Sa Majesté, et de dame Angélique-Hélène d'Archambault, sa veuve, d'une part ; et demoiselle Marie-Jeanne de Loyac, fille de feu messire Jean-Baptiste de Loyac, chevalier, seigneur de la Bachellerie, (*de Montmoulin, de Chaudon*, etc.), reçurent la bénédiction nuptiale le 20 de juin 1719, en présence de messire Gabriel de Loyac, chevalier, capitaine dans le régiment de royal artillerie, etc., etc. »

Cet extrait, délivré le 12 janvier 1730 par les sieurs Fossières, curé de Chaudon, et légalisé par le sieur Léonard Algoin, avocat en parlement et bailly de Nogent-le-Roi (2).

Nous ne pouvons attribuer à un autre Alexandre le second mariage qui suit, et que nous ne connaissons que par le titre ci-dessus. Ayons soin de remarquer que la désignation de capitaine, faite en 1735, ne signifie point qu'il fut encore au service à cette époque ; il la conservait probablement comme rappelant son grade à une date fort éloignée déjà.

« Contrat de mariage de messire Alexandre de St. Phalle, chevalier, seigneur de Coulanges, la Salle St. Denis, et autres lieux, capitaine d'infanterie au bataillon de la Carbonnière, demeurant en la terre du Rut, paroisse de Coulombs, homme veuf, accordé le 22 février 1735 avec demoiselle Barthélemy LE ROUX DE CONFRAUSSE, fille de défunt messire Louis Robert LE ROUX DE CONFRAUSSE, écuyer, brigadier des gardes-du-corps de S. M. et de dame Elisabeth Rafrou, à Dreux, en présence de Crétien Rotrou praticien et Pierre Houart, notaire royal à Dreux (3). »

Les documents manquent, en grande partie, sur ce rameau et le suivant. Nous avons quelque lieu de croire, quant à la première alliance, que les seigneurs DE LOYAC se rattachaient à l'illustre maison de LOHIAC, Bretagne, la différence des orthographes ne disant que peu de choses. En tous cas, nous voyons que Jean-Baptiste de Loyac avait été maintenu de noblesse le 28 octobre 1697, et qu'il avait épousé Anne Charlotte, mère de Marie Jeanne, femme d'Alexandre de St. Phalle et fille de Charles Bochart, écuyer, seigneur de Montmoulin, de Chaudon, etc., capitaine de cinquante hommes de guerre... Jean-Baptiste de Loyac, même maison, commissaire provincial de l'artillerie le premier février 1731, avait épousé en 1730 Marie Claude, fille de Claude Grenet, seigneur de Châtillon, lieutenant colonel du régiment d'Albigeois (4). De ce mariage sortirent deux filles :

XVIII. Marie Jeanne DE ST. PHALLE, née le 16 juillet 1721, et reçue religieuse à L'Enfant Jésus, le 3 août 1733. Elle mourrut en 1794 (5).

XVIII. Jeanne Louise Elisabeth DE ST. PHALLE. Celle-ci se serait mariée en Anjou. Elle habitait Montfort l'Amaury en 1811, époque où elle devait être fort avancée en âge. Ayant hérité

(1) *Chart. de Montg.*
(2) Pap. d'Hozier, liasse St. Phalle, *Bibl. Imp.*, m., 1860. — Id. *Généal.* St. Phal, *Bibl. Imp.*, m., 1860.
(3) Pap. d'Hozier, *Bibl. Imp.*, m., 1860.
(4) La Chesnaie, IX, 184, de Loyac. — *Nobil. Univers.* de1690, de Loyac, lett. L.
(5) Preuves de la noblesse de Marie-Jeanne de Saint Phalle. Ch. M. — D'Hozier, *Bibl. Imp.*, m. 1860, liasse Saint Phalle.

la seigneurie de Villefranche, à la mort d'Alexandre et de Louis Marcoul de St. Phalle, ses germains, en 1796, elle la vendit deux ans après en rente viagère, et mourut avant 1814. Une longue période de tourmentes politiques fut un temps d'éclipse pour la noblesse......

RAMEAU DES SEIGNEURS DE SAINT PHALLE, BARONS DE CUDOT.

XVI. Edme de St. Phalle, troisième fils de Claude DE ST. PHALLE et d'Elisabeth de Chastellux, est mentionné au partage de 1682. Il ne contribua pas à payer les dettes de son père, contractées au service du roi pendant ses commandements, et n'eut en partage qu'une fraction des terres de Villefranche, d'Issy, et de Francheville. Il assista en 1685 au mariage de son frère aîné Alexandre Eustache avec Hélène d'Archambault. Les documents qui le concernent, quoique récents, sont aussi rares qu'incomplets; il est probable que la révolution les fit disparaître. Le nom même de sa femme, qu'il épousa en 169... nous est inconnu. Il en eut une fille unique qui suit :

XVII. Elisabeth DE ST. PHALLE. Elle se maria vers 1715, à Réné DU TERTRE, chevalier, seigneur du Tertre en Anjou. (Le contrat manque; il est rappelé dans d'autres titres).

Ce fut elle qui disputa à Claude Lié de St. Phalle, son germain, fils de Charles, seigneur de Montgoublin, (ci-après) la donation faite audit Claude Lié par David, marquis DE ST. PHALLE, baron de Cudot, fils d'Edme de St. Phalle et d'Elisabeth DE CHANCY.

Cette donation, datée du 21 octobre 1719, comprend les biens, titres, et seigneuries de Cudot, St. Besnin, St. Martin, le Hay et St. Loup, et fut faite sous la condition expresse que ces terres passeraient successivement au premier né. — La procédure entamée par Elisabeth de St. Phalle a duré plusieurs années, et a donné lieu à plusieurs jugements.

Le 12 février 1721, au nom de Louis, roi de France et de Navarre, etc., intervient un réglement de juges tranchant « la succession de déffunt messire DAVID, MARQUIS DE ST. PHALLE, CHEVALIER, BARON DE CUDOT... » Par le Conseil du roi, — signé le Franc. etc, (1).

Une sentence définitive, rendue par le parlement de Paris, le 8 juin 1728, déboute « ELISABETH DE ST. PHAL, héritière de deffunt Edme Louis de St. Phal, chevalier, seigneur de Francheville, son père, qui était héritier de David, marquis DE ST. PHAL, son cousin germain, etc. » Signé YSABEAU... GENSSE... MOLÉ (2).

La donation a été formulée le 21 octobre 1719, par devant Edme Charles Boucy, notaire et tabellion royal, etc., aux bourgs et paroisses de Chailly, Prenoy et Chancy en Gâtinais, par haut et puissant seigneur, messire David, marquis DE ST. PHALLE, chevalier, seigneur baron de Cudot, St. Benin, St. Martin d'Ordon, le Hay, Teigny, Ratilly, Chailly, Prenoy, Chancy, Haubois, Bourgneuf, Creuille, et autres lieux, demeurant en son château seigneurial du dit Chancy; et haute et puissante dame Madame Marie Liée de Chancy, son épouse, qu'il autorise à l'effet des

(1) *Chart. de Montg.*
(2) *Chart. de Montg.*

présentes (1)... » La dite donation est ainsi maintenue en faveur DE CLAUDE LIÉ MARQUIS DE S. PHALLE (2).

Les documents manquent également sur cette alliance... Elisabeth mourut à Paris en 1745.

HUITIÈME BRANCHE DES SEIGNEURS DE SAINT PHALLE, BARONS DE CUDOT; BRANCHE DITE DE MONTGOUBLIN.

XVI. Charles DE ST. PHALLE, quatrième fils DE CLAUDE DE ST. PHALLE et d'ELISABETH DE CHASTELLUX, né vers 1658, est mentionné au partage du 20 avril 1682. (*Voir ci-dessus.*) Il eut, pour sa part, la seigneurie de *Montgoublin*, entrée dans la maison de St. Phalle qui la possède encore, par Françoise et Eléonore de Grivel-Grossove, fille de GABRIELLE DE DAMAS, branche de Thianges, et de JEAN DE GRIVEL, seigneur DE GROSSOVE, de *Montgoublin*, de Tingy, etc., marquis de Pesselière etc.

Un certificat délivré par Hélie de Jaucourt, seigneur de Cressoles, commandant l'escadron de la Noblesse du duché de Nivernais, atteste que Charles de St. Fal, chevalier, seigneur de Montgoublin... sert dans lescadron de la Noblesse. Angers 11 août 1690. — Un certificat délivré par Louis-Antoine-Rapine de Sainte-Marie, lieutenant général au baillage et pairie de Nivernais et Donziois, atteste que Charles de S. Fal, seigneur de Montgoublin, chevalier, a fait partie de la Noblesse convoquée par lettres patentes du roi le dernier jour de février 1692, et qu'à la pluralité des voix, il a été élu cornette dans l'escadron de la Noblesse. — Nevers 2 avril 1692.

Charles sert quelque temps dans le Mestre de camp général de cavalerie, commandé par son oncle le marquis de Chastellux; il est capitaine dans LE RÉGIMENT DE S. PHALLE, que commande son père; et, vers 1693, nous perdons la trace de ses services ou de sa retraite.

Cependant, le 2 octobre 1694, Charles de St. Phalle, reçoit assignation de payer 50 livres, comme gentilhomme du ban et arrière ban (*du 14 août*) de la Noblesse de Nevers, et afin d'être déchargé de l'établissement des charges et offices de commissaire inspecteur, contrôleur, secrétaire et trésorier de l'arrière-ban.

Un autre titre, du 27 avril 1696, constate que Charles de St. Phalle ayant été nommé trésorier de l'escadron de la Noblesse de Nevers se fait remplacer (3).

Le 13 avril 1697, intervient entre Charles de St. Phalle et Alexandre son frère aîné, un accord pour payer les dettes contractées par leur père dans ses commandements au service du roi.

Par contrat passé devant Dugué, notaire à St. Bénin d'Azy, Charles de St. Phalle épouse le, 1693, Marie Anne le Thonnelier de Breteuil, fille de messire Jean le Thonnelier, marquis de Breteuil, chevalier, seigneur de Chambrun, en Morvan, et d'Anne-Marie-Madeleine, LE PELLETIER.

(1) *Chart. de Montg.*
(2) Sentence du parlement, *Chart. de Montg.*
(3) *Chart. de Montg.*, etc., etc.

Anne le Tonnellier, fit inscrire les armes de la maison de St. Phalle dans l'armorial général (1). Ce dont fait foi une quittance de 22 livres et 30 sols, qui lui a été délivrée le 27 mai 1698.

Les seigneurs LE TONNELIER de BRETEUIL, originaires du Beauvoisis, sont illustres par leurs services et emplois distingués, dans les armes, dans la haute magistrature, et l'Église. Ils comptent plusieurs évêques, un grand nombre d'officiers supérieurs et généraux, un chef d'escadre, des chevaliers de Malte, deux ministres d'État, un commandeur prévot et maître de cérémonies des ordres du roi, un envoyé extraordinaire près les princes d'Italie en 1682. — Un ambassadeur en Russie en 1760, en Suède en 1763, auprès des Provinces-Unies en 1767, puis ambassadeur extraordinaire en Autriche, et chevalier des ordres du roi... Ils portent les titres de barons de Boitron, d'Escouche et de Preuilly, première baronnie de Touraine; ceux de vicomtes puis comtes et marquis de Breteuil, de marquis de Fontenay (*Érection en marquisat en février* 1691.) etc., etc. Leurs alliances sont de Chauvigny, Briçonnet, de Glatigny, la Briffe, d'Amilly, de Calonnes, de Courtebonne, Choiseul-Praslin, Clermont-Tonnère, Le Febvre de Caumartin, O'Brien de Clare, Parat de Montreron, de Pons de Rochefort, de Rohan Montbazon, Le Pelletier, St. Phalle, etc. (2).

Charles de St. Phalle, mourut vers la fin de 1711, laissant six enfants mineurs.

Election de tutelle pour les enfants mineurs de Charles de St. Phalle, et Marie Anne le Tonnellier de Chambrun, sa veuve, faite par DAVID, marquis DE ST. PHALLE et CLAUDE DE BOSRÉDON, comte de Ranssijac, oncles à la mode de Bretagne des dits enfants, le 8 janvier 1712 (3). Ces enfants sont : XVII. *Claude Lié* marquis *de St. Phalle*, baron de Cudot, et qui suit. XVII. Anne Aimée (Edmée), DE ST. PHALLE, morte fille en 1776, et qui légua la terre *de Montgoublin*, dont elle était propriétaire, à LOUIS-JOSEPH DE ST. PHALLE son neveu, fils de Claude Lié. Vente, cession, etc., entre Marie Anne et Aimée (*Edmée*) de St. Phalle, avaient eu lieu au sujet des seigneuries de Montgoublin et de Montchausson, à elles échues par succession, 23 août 1752 (4).

XVII. *Marie-Anne de St. Phalle*, morte fille et religieuse à Montargis. XVII. *Madeleine*, et XVII. Anne-Louise-*Isabelle de St. Phalle*, mortes filles et religieuses près Montgoublin, au couvent de Notre-Dame-de-la-Fermeté-sur-Lixure, détruit pendant la révolution de 1789 (5).

XVII. Michel-Jean-Charles, dit le chevalier de ST. PHALLE, baptisé le 16 octobre 1711 ; parrain, Michel de Las, seigneur d'Azy, Valette, etc.; marraine, Jeanne de Las, comtesse de Limanton (6). Il eut en partage la terre de Montreuillon en Morvan (7) et une partie de Mongoublin avec sa sœur Anne-Aimée. Etant chevalier de St. Louis, et capitaine de grenadiers avec brevet de colonel, et 1,800 livres de pension du roi, il fut tué, en 1747, à la bataille de Laufeld, où le maréchal de Saxe défit les alliés (8). Il était sans alliance, âgé de 35 ans, et ses biens revinrent à ses sœurs.

(1) Les mêmes qu'au *Nobil. Univ.* de 1690, *Bibl. Imp.*, m., 1860.
(2) La Chesnaie, v. III, p. 103-4, v. IV, p. 102, etc.
(3) *Chart de Montg.*
(4) *Chart. de Montg.*
(5) Acte devant Dugué, not. à St. Benin d'Azy, le 2 janvier 1712. — *Chart. de Montg.*
(6) *Chart. de Montg.*
(7) Acte par Mercier, not. de Cudot, 7 juillet 1735.
(8) *Chart. de Montg.*

XVII. CLAUDE LIÉ, chevalier, marquis DE ST. PHALLE, baron de Cudot, seigneur de Montgoublin, de Chambrun, de St. Loup, etc., etc.

Extrait du *registre de l'état civil* de la commune de *Sardolles*, pour l'année 1736, Nièvre « Le 27 novembre 1736, ont été admis à la bénéditcion nuptiale, après les publications faites par trois dimanches consécutifs, etc...., haut et puissant seigneur, messire CLAUDE LIÉ, marquis DE ST. PHALLE, baron de Cudot, de St. Martin d'Ordon, de St. Benin, le Ilet et St. Loup (*Bourgogne*), seigneur de Montgoublin, de St. Christophe, d'Azy et autres lieux, ancien capitaine de cavalerie au régiment du roi, fils de haut et puissant seigneur, messire CHARLES, marquis DE ST. PHALLE, écuyer, seigneur de Montgoublin, etc., et de feue noble dame Marie-Anne Le Tonnelier de Chambrun..., et demoiselle Louise BARDIN DE CHAMPAGNE, fille de messire Joseph Bardin de Champagne, ancien officier du régiment de Baulieu, etc., et de dame LOUISE ALIXAND de Maux, de Géranges, etc. etc., etc.

Ont signé... Perrin, curé de Champallement, Pity, curé de Sardolles. Pour copie conforme au registre, à Sardolles, le 10 juillet 1659, le maire de Sardolles, Blondon.

.... Apposition de scellés au château de Champagne, après décès de Louise BARDIN DU CHOSSET, dame DE CHAMPAGNE, veuve de Claude Lié de St. Phalle, par Berle, en septembre 1779. Claude Lié était mort à 40 ans, le 10 juillet 1750.

Election de tutelle pour Joseph-Louis, Jean-Vincent et Joseph-Louis de St. Phalle, enfants mineurs de Claude Lié, marquis de St. Phalle, et de Louise Bardin du Chosset. — Présents à l'acte, Louise Bardin du Chosset, Jacques ALIXAND DE MAUX, seigneur des Brières, ancien lieutenant-général au baillage et pairie de Nivernais, Joseph Bardin du Chosset, seigneur de Champagne, leur oncle; Eustache DE CHÉRY, seigneur de Montigny, Paul DE Sailly, seigneur, garde du roi, Pierre-Eustache DE BERTHIER, seigneur de la Vallée, Edouard de Berthier, seigneur de Contre, tous quatre cousins germains du côté paternel desdits mineurs. Passé le 26 octobre 1750, devant Louis-Edouard Marceau, conseiller au baillage et pairie de Nivernais.

Dans des documents du chartrier de Montgoublin, mais sans caractères authentiques, nous lisons quelquefois *Bardini* au lieu de *Bardin*, ce qui ferait supposer une origine italienne. Il y eut plusieurs familles nobles de ce nom; celle-ci qui était du nombre, portait d'ailleurs : d'azur à trois trèfles d'or, croissant de même, en cœur,

CLAUDE LIÉ, marquis DE ST. PHALLE, baron de Cudot, seigneur de Montgoublin, de Chambrun, du Ilet, etc., et LOUISE BARDIN DU CHOSSET, dame DE CHAMPAGNE, eurent de leur mariage sept enfants. Quatre moururent en bas âge, et restèrent : XVIII. *Joseph-Louis, marquis de St. Phalle* l'aîné. XVIII. *Jean-Vincent.* XVIII. *Joseph-Louis*, le dernier, dont il sera parlé avant son cadet.

XVIII. L'aîné est Joseph-Louis, marquis DE ST. PHALLE.

« Extrait du registre de l'état civil, actes de baptêmes de la commune de Nevers (*paroisse St. Martin*), déposé au greffe du tribunal civil de première instance séant à Nevers, pour l'an 1742. »

« Le cinq octobre, a été baptisé Joseph-Louis, fils de haut et puissant seigneur Claude Lié, marquis DE ST. PHALLE, baron de Cudo, St. Martin, Champagne, Chambrun, etc., etc., et de dame Louise Bardin..., père et mère légitimes.... Le parrain Joseph Bardin, seigneur du Chosset, ancien capitaine...., etc., etc. Ont signé Alixand, Bardin du Chosset, et Petitjean, curé. »

« Pour extrait certifié sincère et véritable, délivré par nous, greffier soussigné à Nevers le 9 mars 1860. Fournier, C. G. — Nous, président du tribunal civil de première instance, séant à Nevers, certifions que la signature apposée au bas du présent est celle de M. Fournier, commis greffier du tribunal, et que foi doit y être ajoutée. — Nevers, le 9 mars 1860. X. Toytot.

Nota. — Les actes de baptême correspondent aux actes de naissance formulés dans les mairies de cette époque.

Joseph-Louis, marquis DE ST. PHALLE, etc., sert en qualité de lieutenant d'infanterie dans le régiment de la Fare, pendant la guerre avec le Portugal allié des Anglais.

Par contrat du 29 juin 1767, devant Galle, notaire à Saint-Sauge, et en vertu de la donation faite par David, marquis de ST. PHALLE, à Claude-Lié, marquis de ST. PHALLE, (1), haut et puissant seigneur, messire Joseph-Louis, marquis de St. Phalle, chevalier, baron de Cudot, seigneur de....., etc., etc., » fils de haut et puissant seigneur, messire Claude-Lié, marquis de St. Phalle, etc., et de dame Louise Bardin, dame de Champagne, » épouse « demoiselle Marie-Madeleine d'Estud, fille de feu messire BARTHÉLEMY D'ESTUD, chevalier, seigneur d'Orbec Tallon, etc., et de dame Marie de la Bussière, » ladite Madeleine étant dame des châteaux et seigneuries de Pierroux, de Nolay et de Talon, en Nivernais.

Acquisition de la seigneurie de Beaulieu, pour les dits époux, devant Berle, notaire à Champallement, le 1770.

Acte de partage, sous-seing privé, entre le marquis Joseph-Louis, le comte Jean Vincent, et le chevalier Joseph-Louis de ST. PHALLE, frères, du 20 décembre 1779, passé à Montgoublin. Joseph-Louis eut — outre la baronnie de Cudot, — Chambrun, Montreuillon, et un hôtel à Nevers. Jean Vincent, le deuxième, eut la seigneurie de Champagne, et Joseph-Louis, les seigneuries de Montgoublin et de Sardolles.

Joseph-Louis, marquis de St. Phalle, étant devenu veuf en avril 1788, et sans enfants, épouse en secondes noces Germine DE PAGANY, dame en partie de la Chaise près Corbigny, et de Précy, en Nivernais, en 1790. Elle mourut aussi sans enfants en 1805, et Joseph-Louis, le 22 août 1820, mourut sans postérité.

« Extrait du registre des actes de décès de l'état civil de la commune de Beaulieu. »

« Ce jourd'hui, 22 août 1820, à neuf heures du matin, par devant nous, maire et officier de l'état civil de la commune de Beaulieu (*Nièvre*), sont comparus le sieur Louis-Joseph de St. Phalle, âgé de soixante-quinze ans, propriétaire à Montgoublin, et le sieur Jean Vincent de St. Phalle, âgé de soixante-seize ans, aussi propriétaire à Poisson, commune de Paregny, lesquels nous ont déclaré que le MARQUIS DE ST. PHALLE, Louis-Joseph, âgé de soixante-dix-huit ans, leur frère, veuf en secondes noces de Anne-Marie-Germine *de Pagany*, est décédé aujourd'hui, à neuf heures du matin, en son château, audit Beaulieu, lesquels ont signé avec nous le présent acte de décès. Poulin, maire. » « Pour expédition conforme, ce 23 février 1860. Le maire de Beaulieu, Merle. Vu pour légalisation, et pour le président du tribunal civil de Clamecy, le 25 février 1860, Bougerel, juge. »

Nous ne trouvons, au chartrier de Montgoublin, aucuns documents sur l'alliance avec les seigneurs DE PAGANI ; ils durent rester au château de Beaulieu, y périr, ou y être pillés. Nous sa-

(1) Lire le résumé de ces actes authentiques, avec énonciation des titres et seigneuries de S. Phalle, par le conseil du roi, le parlement, etc., article d'*Élisabeth de St. Phal, la* femme de *René du Tertre*, ci-dessus.

vons des D'ESTUD qu'ils portent écartelé au premier et quatrième d'or, à trois pals de gueules, au deux et trois d'or, au cœur de gueules. Cette antique maison Stut ou Estut, d'origine Ecossaise, existe encore dans le nord de l'Angleterre sous le nom de Stutt, Studs, Stutvil, Stotvil. Un membre de cette maison signe un acte le 17 avril 1194, entre *Richard, cœur de Lion*, roi d'Angleterre et Guillaume, roi d'Ecosse (1). Godefroy de Stut est un des barons qui, en 1492, jurent fidélité à Edouard Ier d'Angleterre. Walter, soit Gaulthier de Stut, vint avec Jean Stuart, comte de Douglas, servir les Rois Charles VI et Charles VII. Officier de la garde écossaise, il épouse en 1433, Anne de Briseformé, et reçoit la terre d'Assé en Bourgogne. Alexandre, son petit-fils, épouse Anne Régnier de Guerchy en 1526; son fils François, chevalier de l'ordre est père de François, marié à Antoinette de Bar, qui lui apporte la terre de Tracy, d'où les d'Estud ou Destut, comtes et marquis de Tracy. Le comte Victor Destutt de Tracy, élève polytechnique, est député de l'Allier en 1822. Il siége constamment à l'extrême gauche; sa sœur avait épousé M. le marquis de Lafayette; son père, député de la noblesse aux états généraux, sénateur, pair de France, etc., avait supprimé l'apostrophe de Destutt. Il avait épousé Emilie de Durfort-Civrac (2).

Joseph-Louis, marquis de ST. PHALLE, seigneur de Beaulieu, n'a pas émigré. Il fut amené prisonnier à Nevers au grand chagrin des habitants de sa seigneurie de Beaulieu, qui se levèrent en masse, parvinrent à se le faire restituer, et le ramenèrent en triomphe.

XVIII. Joseph-Louis, chevalier DE ST. PHALLE,... « Le vingt-cinquième jour de février 1747, a été baptisé Joseph-Louis, fils de messire Claude Lié, marquis de St. Phalle, baron de Cudot, etc., etc. » Cet acte de l'état civil répète celui de son frère aîné. — Signé Tissier, C. rég. vic., même paroisse; mêmes signatures de certificat, 9 mars 1860. — Fournier, C. greffier; et pour légalisation, même signature du président du tribunal de Nevers, première instance.

DE TOYTOT.

Louis-Joseph, chevalier de St. Phalle, seigneur de Montgoublin, etc., etc., chevalier de Saint-Louis, fut sous-lieutenant en la compagnie de grenadiers de Beaupoil St.-Aulaire, régiment de la Fare, colonel de Montpouillan; puis capitaine et lieutenant-colonel au régiment d'infanterie de Limousin. Il se retira du service en 1793, et resta pendant la révolution au château de Montgoublin. Il laissa cette seigneurie au marquis Charles de St. Phalle, son neveu, et mourut sans avoir été marié et sans postérité.

Actes de l'état civil : « Extrait du registre des décès de la commune de Sardolles, 1835. »

« L'an 1835, le 12 mars, à huit heures du matin, devant nous, François Blondon, maire.... de Sardolles,... Nièvre, sont comparus : M. le marquis CHARLES DE ST. PHALLE, neveu du décédé, âgé de 34 ans,... et François Cousin, propriétaire, âgé de 58, lesquels nous ont déclaré que M. Joseph-Louis de ST. PHALLE, chevalier de Saint-Louis,... âgé de 90 ans, demeurant à Sardolles,... Nièvre, né à Nevers le 29 juin 1745, fils de feu CLAUDE LIÉ, marquis DE ST. PHALLE, et de,... etc., est décédé à Sardolles, le 11 mai 1835, à onze heures du soir, duquel décès nous nous sommes assuré par notre propre transport,... etc. » Blondon, maire. — Légalisation de ladite signature par le Président du tribunal civil de Nevers, 28 mars 1860.

DE TOYTOT.

(1) Dans le capitulaire d'Holmealtran.
(2) Voir La Chesnaie, v. III, supplém. p. 282 et autres.

SUITE DES SEIGNEURS DE SAINT PHALLE, BARONS DE CUDOT; BRANCHE DE MONTGOUBLIN, PAR JEAN VINCENT DE SAINT PHALLE, FRÈRE DES PRÉCÉDENTS.

XVIII. Jean-Vincent, comte, et beaucoup plus tard marquis DE ST. PHALLE, frère des précédents, seigneur de Champagne, etc... plus tard de Montgoublin, baron de Cudot, etc., etc.

Jean Vincent, comte DE ST. PHALLE, épouse Charlotte-Hermine, fille du feu comte ETIENNE-BOURGEOIS DE BOYNES, ministre de la marine sous les rois Louis XV et Louis XVI, et de Charlotte DE GOTS, ayant entre autres biens, une magnifique habitation à Saint-Domingue, dans la plaine de Cul-de-Sac, près de Port-au-Prince.....

Pardevant Mes Gibé et Martinon, notaires à Paris, rue Sainte-Avoye, n° 7, le 10 avril 1790... « Haut et puissant seigneur messire Jean Vincent, comte DE ST. PHALLE, chevalier, seigneur de Champagne en Nivernais, ancien capitaine de dragons au régiment de Lorraine, et chevalier de Saint-Louis, majeur, fils de défunt haut et puissant seigneur messire CLAUDE LIÉ, marquis DE ST. PHALLE, chevalier, baron de Cudot, seigneur de Saint-Benin, Saint-Martin d'Ordon, le Het en Saint-Loup et autres lieux,... et de feue haute et puissante dame Madame Louise Bardin, dame de Champagne, marquise DE St. PHALLE, son épouse; ledit seigneur comte DE ST. PHALLE, demeurant ordinairement au château de Champagne....., d'une part.

Et haute et puissante dame Madame Charlotte-Louise DES GOTS, veuve de haut et puissant seigneur MONSEIGNEUR PIERRE-ÉTIENNE-BOURGEOIS DE BOYNES, chevalier, conseiller d'État ordinaire, ministre d'État et ancien secrétaire d'État au département de la Marine, demeurant à Paris en son hôtel, rue de l'Université, paroisse Saint-Sulpice, faubourg Saint-Germain,... comme assistant et autorisant, pour ces présentes, haute et puissante demoiselle Mademoiselle Charlotte-Hermine Bourgeois de Boynes, Demoiselle, sa fille mineure, et dudit feu seigneur son mari.

Et ont arrêté les conditions civiles ainsi qu'il suit, en la présence de : haut et puissant seigneur messire Joseph-Louis, marquis DE ST. PHALLE, chevalier, baron de Cudot, seigneur de Beaulieu, de Saint-Martin, etc., etc., ancien officier d'infanterie, — frère.

De haut et puissant seigneur ALEXANDRE DAVID, marquis DE ST. PHALLE, *fils de David de St. Phalle, branche de Coulanges*, chevalier, ancien capitaine de grenadiers au régiment de la Rochcaymond, chevalier de Saint-Louis, — cousin paternel.

Et de très-haut et très-puissant seigneur MONSEIGNEUR Charles-Roger, PRINCE DE BAUFFREMONT et du saint-Empire Romain, maréchal des camps et armées du roi, chevalier de la Toison d'Or, chevalier d'honneur au Parlement de Besançon, et grand bailli (*d'épée*) d'Ausval,— cousin paternel.

Et du côté de mademoiselle de Boynes : de messire François-Etienne Bourgeois de Guendreville, chevalier, conseiller d'État, ancien intendant de la marine à Toulon et du commerce à Marseilles, — oncle paternel.

De très-haute, et très-puissante, demoiselle Gasparine-Louise DE BOURBON CHALUS, mineure, — nièce paternelle. Haut et puissant seigneur MARIE-JÉROME EON, comte DE CÉLY, maréchal de camp et inspecteur des troupes, ami, (*Et allié de St. Phalle*), etc., etc. — Copie faite et signée, l'an 1860, 11 février, par Mᵉ Gripon, (Paris, rue Vivienne), successeur médiat de Mᵉ Gibé, etc. — Signature légalisée, même date, au tribunal civil de la Seine, par ET. PORTALIS.

Cet acte est un de ceux où il se voit que plusieurs titres de marquis étaient portés, *à la fois*, par différents membres de la maison de St. Phalle (1).

Monsieur DE GOUVELLO, de l'antique maison de Bretagne de ce nom, épousa, en 1801, Mademoiselle G. DE BOURBON-BUSSET, ci-dessus nommée, et nièce par alliance de J. VINCENT DE ST. PHALLE.

Lettre de monsieur l'abbé Séguier.

Mantes le 23 juin 1814, monsieur l'abbé SÉGUIER, vicaire général du diocèse de Versailles, écrit à madame la comtesse de ST. PHALLE :

« Vous désirez, madame, une notice historique sur la carrière politique de feu monsieur DE BOYNES, votre respectable père ; l'esquisse que je vais vous en donner sera bien faible, mais du moins bien exacte. »

. . . .

« Maître des requêtes, il ne cessa de se faire admirer par la sagesse, la clarté, la solidité de ses rapports, et surtout par son zèle pour tout ce qui intéressait l'autorité royale, dont il ne cessa de se montrer le généreux défenseur. Bien qu'il fût déjà distingué dans la haute magistrature, il ne partageait point ses prétentions sur la part qu'elle voulait avoir dans le gouvernement ; il en donna des preuves éclatantes dans ses fonctions de procureur général de la chambre Royale. »

« Appelé peu de temps après, à la place d'intendant de Franche-Comté, il en remplit les devoirs dans des temps difficiles, à la satisfaction du roi et à l'avantage de la province. »

« Sa Majesté lui conféra, en même temps, la dignité de premier président de cette province. C'est là, encore, qu'il combattit avec le plus grand succès les prétentions exagérées des magistrats ; et il le fit avec tant de force et de sagesse à la fois, qu'il ramena la majorité des membres de cette compagnie aux vrais principes touchant l'autorité du prince, au point de s'en faire regretter lorsqu'il donna sa démission ; elle écrivit même au roi pour le supplier de ne pas l'accepter. »

« Mais monsieur de Boynes ayant persisté, il fut nommé conseiller d'État, et c'est au conseil de Sa Majesté qu'il donna de nouvelles preuves de ses rares talents et de son dévouement au trône, contre les nouvelles prétentions de la haute magistrature, presque en insurrection contre l'autorité royale. Il en défendit les droits avec tant de vigueur qu'il ne resta aux parlements d'autre parti à prendre que celui d'une juste soumission aux lois de la monarchie, ou de quitter leurs places avec le remboursement de leur finance. »

« A l'issue de cette fameuse lutte des sujets contre leur souverain, en 1771, monsieur de Boynes fut fait ministre et secrétaire d'état au département de la marine, qu'il conserva jusqu'au 24 août 1774, où le nouveau roi, le trop bon Louis XVI, renouvella tout le ministère par la crainte que lui inspirèrent les courtisans de gagner la même maladie dont était mort son auguste ayeul, en travaillant avec les mêmes ministres (2). »

(1) La grosse en parchemin est au *Chart. de Montgoublin*, et la copie au *Chart. de Cudot*.

(2) On appela ce jour-là la St. Barthélemi des ministres. Nous nous gardons bien, en transcrivant cette lettre, de garantir l'appréciation de la cause de ce changement de ministère.

« Monsieur de Boynes se retira alors dans ses terres, avec le titre de ministre, et une pension de retraite de 40,000 fr. »

« Tels sont, madame, les traits principaux de la carrière politique de monsieur votre père. Si l'infortuné Louis XVI, dont nous pleurons la mort, avait été entouré de ministres de ce caractère, il n'aurait pas éprouvé les malheurs qui ont ravi à la France d'une manière si horrible le meilleur des monarques. »

... L'abbé SÉGUIER, vic.-général du diocèse de Versailles (1).

Nous transcrivons cette lettre intéressante, et ne la jugeons point. C'est tout un fragment d'histoire. Le nom éminent qui la signe donne un haut relief aux réflexions touchant les luttes du parlement, remplacées par les États généraux, dont les membres usurpateurs écrasèrent la couronne sur le front du roi, et déchirèrent, avec les cahiers de leurs mandataires, leur titre de légitimes législateurs, et la volonté formelle de la nation d'abriter ses libertés sous l'égide de la monarchie.

Le jour de la Pentecôte de cette année, 1790, eut lieu la présentation au roi, à la reine et à la famille royale de la jeune comtesse DE ST. PHALLE.

Lettre de M. le DUC DE VILLEQUIER à....

« Je vais écrire sur-le-champ, Monsieur, à M. Chérin (*le généalogiste de la cour*), pour avoir le certificat qu'il est d'usage de présenter au roi pour la présentation des dames. Dès que je l'aurai reçu, et que j'aurai pris les ordres du roi, j'aurai l'honneur d'en prévenir M. le comte DE ST. PHALLE... Je vous serai obligé de vouloir bien me mander sa demeure.

« J'ai l'honneur d'être, avec un parfait attachement, Monsieur, votre très-humble et obéissant serviteur. LE DUC DE VILLEQUIER.

« Aux Tuileries, le 14 avril 1790 (2). »

Une lettre du même Duc, sans date, se ressentait de la tristesse des temps, et semblait couper court à la présentation, en y mettant une condition qui, sans doute, eut nécessité des recherches de la part des seigneurs de St. Phalle; car ceux-ci ne semblent plus avoir figuré beaucoup à la cour depuis le siècle de Louis XIV, depuis que les rois avaient cessé d'être surtout des rois guerriers.

« Quoiqu'infiniment affecté, Monsieur, de la perte que j'ai faite hier de Madame DE PIENNES, ma belle-fille, que j'aimais tendrement, j'ai fait passer au roi, hier, la lettre de M. Chérin pour vos preuves, et la demande que vous faisiez de la présentation pour dimanche.

« Sa Majesté m'a fait dire, par son premier valet de chambre, que, jusqu'à nouvel ordre, elle ne voulait recevoir de présentation de dames, que celles dont les pères et mères du mari auraient été déjà présentées, ou des proches parentes du même nom et armes. Recevez, je vous prie les assurances de mes regrets du retard nécessaire que cela occasionnera à la présentation de Madame DE ST. PHALLE. — J'ai l'honneur d'être parfaitement, Monsieur, votre-humble et très-obéissant serviteur. LE DUC DE VILLEQUIER.

« Je n'ai reçu la lettre de M. Chérin qu'avant-hier au soir (3). »

Fort peu de jours après, probablement, arrivait cette troisième lettre :

(1) L'autographe au *Chart. de Montg.*
(2) *Chart. de Mont.*, autographe.
(3) Autographe, *Chart. de Montg.*

« Ce 15 mai 1790.

« C'est avec grand plaisir, Monsieur, que j'ai l'honneur de vous faire part que le roi a accepté, ce matin, la présentation de madame la comtesse DE ST. PHALLE. Je suis très-aise de trouver cette occasion de faire quelque chose qui vous soit agréable, et vous donner des preuves du très-parfait attachement avec lequel j'ai l'honneur d'être, Monsieur, votre très-humble et très-obéissant serviteur (1). LE DUC DE VILLEQUIER. »

Cette présentation de dame fut, nous assure-t-on, la dernière qui eut lieu dans l'ancienne cour, devant les deux souverains Louis XVI et Marie-Antoinette, réservés à l'échafaud....

Echange et acquisition par Jean-Vincent, comte DE ST. PHALLE, seigneur de Champagne, en Nivernais, commune de Champallement, avec M. Louis-Jules BARBOU MAZZARINI MANCINI, duc de Nivernais, par Hornsteiner, notaire à St. Reverien, le 1er juin 1783, control. par Desnoyers.

Services, etc. « Cornette dans le régiment de Beauffremont. (7 avril 1760) devenu Lorraine-dragons.... Capitaine commandeur, 7 mai 1783. — Chevalier de St. Louis, 23 avril 1786. — Pension de 550 fr., et retraite 12 avril 1787, — avant de se marier. — Signé, le 25 novembre 1814, par le maréchal de camp Le Gendre, baron d'Harvesse (2).

Emigration. « Nous, soussignés, qualifiés de la part de messieurs les bourgmestres de La Haye, certifions que JEAN-VINCENT, comte DE ST. PHALLE... est digne de la protection que l'on accorde aux étrangers dont les sentiments de probité et de fidélité sont reconnus. » — La Haye, 19 février 1793, signé LE COMTE DE MASSA... (*le reste illisible*), lieutenant-général; le marquis de MONTULER, maréchal de camp; VALMALÈTE DE MARSAN, chambellan de Sa Majesté le roi de Prusse; le DUC DE DURAS, maréchal de camp; le marquis D'HAVRINCOURT; le comte DE NOÉ; St. Laurent, maréchal de camp; le comte DE JARNAC.

« Nous, Victor-François DUC DE BROGLIE, maréchal de France, prince du St. Empire romain, etc., etc., ci-devant général des armées de Sa Majesté le roi de France en Allemagne, etc...

... Certifions que M. Jean Vincent de St. Phalle, capitaine au régiment de Lorraine-dragons (*retiré du service pour se marier*), dont l'attestat signé par M. le comte de SAINT-PALÉS porte le numéro 2,085, a fait la campagne dans l'escadron du Colonel-général de cavalerie en qualité de maître dans l'armée des princes, oncles du roi, et qu'il a servi avec honneur et distinction, ainsi qu'il a été certifié par M. le DUC DE LORGES, commandant l'escadron. En foi de quoi, nous lui avons délivré..... scellé du sceau de nos armes. Dusseldorff, 24 septembre 1794. Le maréchal DUC DE BROGLIE, — et pour monseigneur, *Nicolle*. »

Au bas est ajouté: « Nous, maréchal de camp, commandant l'escadron de Colonel-général de cavalerie, avons permis à M. le comte de ST. PHALLE, capitaine au régiment de Lorraine-Dragons, maître dudit escadron, de s'absenter pour aller rejoindre sa famille et y vaquer à ses affaires.

A Rodenach, ce 11 octobre 1792, signé le DUC DE LORGES. »

Collation faite par nous Philibert-Louis Rolland, assisté de notre collègue, notaire à Nevers, soussignés sur les originaux qui nous ont été présentés par messire Jean Vincent, COMTE DE ST. PHALLE..., demeurant à Montgoublin, dont mon dit comte de St. Phalle nous a requis acte, à lui octroyé.

(1) Autographe, id., *Chart. de Montg.*
(2) *Chart. de Montg.* — Id., ministère de la guerre.

..... Nevers 1814, 21 décembre, — et M. le comte de St. Phalle a signé avec nous. Enregistré, Nevers le 20 décembre 1814, (F. 42, C. 8. Signé Redane).

Légalisé par M. le président du tribunal civil de Nevers. Leblanc de Neuilly (1).

Passeport à M. et Mme la comtesse (*sic*) de St. Phalle, *a french emigrant gentleman and lady, their child, and one french maid servant, Therèse, aged 23 years, going to England. Given at the Hague,* 14 *octobre* 1794. (*Signé par le lord ambassadeur*) Saint-Hélène, *by his excellency*, Edouard Fischer.

Borough of Harwich, The bearer, comte de St. Phalle *Having produced a certificate*, 18 october 1794.

Charles Cox, major (2).

Amnistie : « Ministère de la police générale de la république.

Certificat d'amnistie. Paris, 13 fructidor an X. « Vu la déclaration faite le 21 floréal an X, devant le préfet du département de la Nièvre, par St. Phalle (*Jean-Vincent*), demeurant à Montgoublin, commune d'Azy-aux-Amogues (*Saint-Benin-d'Azy*), de laquelle il résulte que cet individu ne jouit d'aucuns titres, place, décoration, traitements, ni pension de puissances étrangères, etc... amnistie est accordée à St. Phalle (*Jean Vincent*), pour fait d'émigration. Il rentrera, en conséquence, dans la jouissance de ceux de ses biens, qui n'avaient été ni vendus ni exceptés par l'article XVII du sénatus-consulte, 22 fructidor an X. »

« Le ministère de la police générale, Fouché. .. Le ministre de la justice, Abrial (3).

Enfin, après de si diverses phases, « l'an 1825, le 18 août à six heures du soir, par devant nous, maire de la commune de Parigny-les-Vaux... sont comparus Claude Germillon, jardinier, et Simon Guenot, laboureur..., lesquels nous ont déclaré que, le dit jour, à quatre heures du soir, est décédé M. Jean Vincent comte de St. Phalle, et... âgé d'environ quatre-vingt-deux ans, époux de madame C.-H.-B. de Boynes..., et après nous être transporté... et avoir vérifié ladite déclaration, nous avons rédigé le présent acte que nous avons signé. E. Gondier de Craye, maire. Pour extrait conforme au registre, même signature. Légalisation, Nevers, 6 octobre 1825, Sauvageot, juge au tribunal civil de Nevers.

Jean Vincent, comte, puis marquis de St. Phalle, — mais qui, n'ayant eu qu'à la fin de ses jours ce dernier titre, ne porta guère que le premier, — et sa femme, C.-H.-B. de Boynes, eurent trois enfants :

XIX. Charles, marquis de St. Phalle, qui suivra. — XIX. Edouard Charles, comte de St. Phalle. — XIX. Hermine de St. Phalle. Nous commencerons par le cadet.

XIX. Commune d'Azy aux Amogues (*Saint-Benin d'Azy*) an X, extrait :

» Du 15 floréal an X (5 mai 1801), acte de naissance d'Edouard Charles de St. Phalle, né à Londres, le 9 pluviôse an VI (28 janvier 1798) à cinq heures du soir, fils du citoyen Jean Vincent de St. Phalle de Champagne (Nièvre), et de dame Charlotte-Hermine Bourgeois de Boynes, son épouse. » Témoins, etc.

« Sur la réquisition à nous faite par le père et la mère, qui ont dit n'avoir pu déclarer plus

(1) *Chart. de Montg.*
(2) *Chart. de Montg.*
(3) *Chart. de Montg.*

tôt, en raison des affaires du temps. » Constaté par moi Nicolas-François Tirode, maire de la commune d'Azy-aux-Amogues. Certifie l'exactitude de l'extrait ci-dessus, le maire de la même commune, le jour où il le délivre, 15 février 1821, Laroche, — et pour légalisation, le 16 février 1821, SAUVAGEOT, juge au tribunal de Nevers (1).

Edouard-Charles, COMTE DE ST. PHALLE, entra dans les chevau-légers le 5 juillet 1814, fut décoré de l'Ordre de Charles III d'Espagne et de la Légion-d'Honneur à la prise de Cadix, campagne d'Espagne, 1823; il devint capitaine d'état-major dans la garde royale (*grade de chef de bataillon*), et donna sa démission lors de la révolution de 1830. — Un très-petit nombre des titres concernant cette nouvelle branche cadette, dont le chef est encore existant, sont dépouillés par nous, mais la notoriété en est toute vive, et ils sont faciles à vérifier aux actes de l'état civil, etc., etc.

Edouard-Charles, comte DE ST. PHALLE, épousa Louise-Henriette-Pauline DE CHABANNES, fille de J.-B. Marie, MARQUIS DE CHABANNES DU VERGER, COUSIN DU ROI, pair de France, etc., et de Cornélie-Zoé-Vitaline DE BOISGELIN, dame chanoinesse de Remiremont.

La maison de CHABANNES, l'une des plus illustres de l'Europe, paraît descendre en ligne droite et masculine des anciens comtes d'ANGOULÊME de la première race, parents de CHARLES LE CHAUVE. Elle renouvela sans cesse son lustre dans les armes, se fit compter dans les croisades, produisit de grands officiers de la couronne, des chevaliers des Ordres du roi, trois grands maîtres de France, des lieutenants-généraux, un maréchal de France, etc., etc... La gloire de ce dernier, tué enfin à la bataille de Pavie, est devenue populaire sous le nom de MARÉCHAL DE LA PALICE. Le soldat chansonna sa vie, comme depuis celle DU PETIT CAPORAL et la casquette du MARÉCHAL BUGEAUD.....

CHABANNES s'allia, dès les temps les plus reculés, avec plusieurs maisons souveraines de l'Europe; et cinq alliances directes avec la maison royale de France lui valurent, depuis quatre siècles, le titre de cousins du roi.

Quelques-unes des alliances des Chabannes sont: d'Amboise, d'Anjou, d'Armagnac, de Blanchefort, de Coligny, Crussol d'Usez, de la Force, de la Guiche, d'Hautefort, de Lévis, de Melun, de Mendoze, de St. Phalle, de Polignac, du Prat, de Rochechouart, de la Rochefoucauld, de Savoie-Tende, de Talleyrand, de la Trémouille, de Turenne, etc., etc., et de... (2).

La baronnie héréditaire de Cudot qui, selon l'acte de donation ci-dessus, devait être perpétuellement substituée à l'aîné du nom, d'après la législation ancienne, est passée par suite des derniers partages, faits *conformément au code civil*, entre les mains de M. le comte de St. Phalle, chef actuel de la branche cadette. Elle est depuis sept siècles bientôt, *et sans interruption*, dans la maison de ST. PHALLE.

Du mariage d'Edouard, comte de St. Phalle, et de Pauline de Chabannes, naquirent:

XX. GASTON, VICOMTE DE ST. PHALLE, né le 25 janvier 1827, entré à l'école navale en 1841, lieutenant de vaisseau, décoré pendant la campagne de Crimée, marié le 20 janvier 1857 à demoiselle Alix-Marie-Françoise de Paule, Marceline DE MAN, fille de M. le baron de Man, comte d'Attenrode.

(1) *Chart. de Montg.*
(2) Lire le p. Anselme, etc., etc., etc. — *Grands Officiers*, etc., etc, art *Chab.*

Jean-Marie-Joseph-François de Paul, BARON DE MAN D'ATTENRODE, officier de l'ordre de Léopold, membre de la Chambre des représentants belges, a pour femme dame Marie-Caroline-Armandine-Françoise de Paule, LE FEVRE D'ORMESSON. Son père était Joseph, baron de Man et sa mère dame N. DE ROBIANO....

XX. ERNEST, BARON DE ST. PHALLE, né le 5 décembre 1828, entré à l'Ecole Polytechnique en 1847, et capitaine d'artillerie depuis... ans en 1860. Il épousa le 9 février 1858 Geneviève DE MAN, sœur d'Alix, femme de son frère.

XX, ADÈLE comtesse DE ST. PHALLE, née le 26 février 1830, chanoinesse de Sainte-Anne de Bavière.

XX. XAVIER DE ST. PHALLE, né le 26 septembre 1831, aspirant de marine de première classe, naviguant à bord de l'Alcmène, tué dans une surprise de guerre par les naturels, le 2 décembre 1850, parages de la Nouvelle-Calédonie.

XX. MARIE DE ST. PHALLE, née le 30 mars 1833, mariée le 27 janvier 1857 à Louis... COMTE DE BECDELIÈVRE. La maison de Becdelièvre est ancienne et originaire de Bretagne. La branche aînée s'est éteinte, il y a quatre ans, dans la personne du marquis de Becdelièvre, possesseur du château de Seillerau, qui eut deux filles, l'une madame de Courtarvel, et l'autre madame de Rouzat.

Le père de celui dont il s'agit, le vicomte Philippe-Gabriel-Narcisse de Becdelièvre, est mort en 1855, après avoir sacrifié sa fortune et toute son existence à la prospérité matérielle et intellectuelle de son pays (Haute-Loire). Il avait épousé dame Arthaut de Viry.

Le COMTE LOUIS... DE BECDELIÈVRE, qui a épousé Marie de St. Phalle, a une fille. Il a fait en qualité de capitaine de chasseurs de Vincennes la campagne de Crimée, pendant laquelle il a été décoré de l'ordre de la Légion-d'Honneur. Il commandait récemment, en Italie, les Zouaves pontificaux ou Franco-Belges à la bataille de Castelfidardo, au service de notre Saint-Père le Pape. — Commandeur de première classe de l'ordre de Pie IX.

La seconde branche a pour chef Louis-Hilaire, marquis de Becdelièvre, résidant à Nantes; et il existe une troisième branche, habitant le château du Brossetis, Loire-Inférieure, représentée par Philippe de Becdelièvre.

XX. BLANCHE DE ST. PHALLE, née le 22 mars 1835, épouse le 20 juillet 1858, son cousin, le comte GASTON DE CHABANNES, de l'illustre maison d'où sortait sa mère, (voir ci-dessus).

XX. EUGÈNE DE ST. PHALLE, né le 6 septembre 1838, mort le... — XX. DENIS, son frère jumeau, mort en bas âge. XX. PAULINE DE ST. PHALLE, née le... septembre 1847. —

— XIX. HERMINE-LOUISE-AIMÉE DE ST. PHALLE, née le 31 janvier 1791 à Paris, fille de Jean Vincent, comte, puis marquis DE ST. PHALLE, et de C. H. B. DE BOYNES. — Hermine de St. Phalle, épousa le... 182... Georges, marquis DE CHAMBRAY, général d'artillerie, auteur de l'histoire de la campagne de Russie sous Napoléon Ier (etc., etc.), ouvrage de grand mérite au point de vue militaire, et qui lui valut les plus hauts témoignages d'estime dans la plupart des cours de l'Europe, et d'abord en France. La mère du marquis GEORGES DE CHAMBRAY, lequel a épousé HERMINE DE ST. PHALLE, et la femme du marquis DE ST. PHALLE ARTHUR, actuellement vivant, sont deux demoiselles Gougenot des Mousseaux. Ayant rencontré avec les noms de Jacques et de Henri de Chambray, mari et beau-frère de la première de ces deux dames, quelques épisodes dignes d'intérêt, nous les relaterons parce que ce sont de rapides traits d'histoire et de mœurs, qui ne nous semblent nullement déplacés, *en hors d'œuvre*, dans un travail de cette nature.

QUELQUES TRAITS ÉPISODIQUES. — RÉVOLUTION. — UN MARIAGE A LA COUR.

Disons d'abord de la maison de Chambray, qu'elle date authentiquement de l'invasion de la Neustrie par LE DUC ROLLON, LE SCANDINAVE, (de l'an 800 et tant, à 912) descendant des anciens rois de la Norvège, d'où il était chassé par les armes de Harald aux beaux cheveux (1). Rollon partagea la Normandie en donnant aux principaux seigneurs (*principibus*), une baronnie ; — c'était alors le titre par excellence ; et aux nobles de second ordre un fief de Haubert, *feudum loricæ*, p. 14.

L'un de ces princes, TUR-ULF, *le génie du tonnerre*, eut pour sa part la baronnie de La Ferté-Fresnel. Ce fut en l'an 912.

Cinquième descendant de ce fier baron, Richard second épouse en 1162 Emmeline de l'Aigle, fille des barons de la ville de l'Aigle. Le château de CHAMBRAY SUR ITON (*Chambéré*), sort de terre à partir de ce moment. Il est quatre fois rebâti sur place par les descendants de Richard ; et, la dernière, vers la fin de l'époque Renaissance, il élève ses épaisses murailles auprès de la chapelle ogivale, auprès du chartrier pittoresque, et de plusieurs tourelles encore debout du château qu'il remplaçait (2).

De là, jusqu'à nos jours, se succèdent dans la maison de Chambray, des générations d'hommes sages et de vaillants guerriers.

Mais, bornons notre épisode à ce qui touche les beaux-parents d'Hermine de St. Phalle. Fils du marquis LOUIS DE CHAMBRAY, et de Madelène DE BERNARD DE MARIGNY, — née de Charles de Bernard, dont la première femme est Marie Charlotte de Laval-Montmorency, et de Scolastique de Villiers, — JACQUES, vicomte DE CHAMBRAY, né le 21 août 1754 à *Chambray*, arrivé le 2 octobre 1770, à Malte, pour ses caravanes, avait fait six campagnes de mer. Il suivait la carrière où venait de jeter un si extraordinaire éclat son oncle et parrain, le redoutable Bailly de Malte DE CHAMBRAY, commandant les flottes de la religion, vainqueur des Turcs et des Barbaresques dont il avait écrasé la marine dans une suite de terribles combats, et fondateur dans l'île et annexe Maltaise de *Gozzo*, de la ville et de la forteresse de CHAMBRAY.

Jacques de Chambray ne songeait guère à se marier, mais le nom de sa maison menaçant de s'éteindre par suite de mariages inféconds, Louis, marquis de DE CHAMBRAY, son père, le rappela pour le faire changer d'état. Ce ne fut point sans en demander la permission à son Altesse Eminentissime le grand-maître, qui lui posa les conditions d'alliance exigées pour obtenir de rester attaché à l'Ordre par les titres et insignes (3).

De retour en France, le vicomte JACQUES DE CHAMBRAY prit du service, s'éleva au grade de colonel en quelques années, et, « conformément aux intentions de son père, dont les deux fils

(1) Voir sur la maison de Chambray : Dissertat. sur les prérogat. des aînés en Normandie, *Bibl. de Verneuil* ; et les livres rouges de la maison de Chambray, Chartrier de Chambray, — contenant une très-complète et précieuse collection de titres et chartes, la plupart en doubles authentiques de l'abbaye de S. Evroult, limitrophe de La Ferté. — Id., *Bibl. Imp.*, m., liasses Chambray.

(2) Voir la gravure dans le grand ouvrage moderne : la *Normandie illustrée*.

(3) Voir les deux lettres du grand maître de Rohan, à l'article Arthur, dernier marquis de St Phalle, en 1860, ci-dessous.

mariés n'avaient point d'enfants mâles, il se décida à se marier. Il fut sur le point d'épouser une demoiselle de Th...r, qui avait beaucoup de fortune, mais son frère aîné lui ayant proposé Antonine Gougenot des Mousseaux, il l'épousa le 2 mars 1780, monta dans les carosses du roi, et chassa avec ce monarque (1). »

Antonine, que Jacques de Chambray venait de préférer à un parti plus riche, était « fille de défunt Pierre Gougenot des Mousseaux, écuyer, seigneur de l'Ile, de Mallerais, etc., etc., conseiller secrétaire du conseil de Son Altesse S. Mgr. le prince de Condé (2), et dont le père était membre du conseil de tutelle de Mgr. le prince de Condé, sous M. le comte deCharollais, oncle du jeune prince, et madame la duchesse de Bourbon sa mère (3). Ses ancêtres s'étaient attachés en grande partie soit aux parlements, soit aux princes du sang royal, soit à la personne des rois, dans la maison desquels ils comptent plusieurs maîtres d'hôtel, plusieurs gentilshommes ordinaires, etc. (Voir quelques autres détails plus bas, article Arthur.)

Elle « était petite, point jolie, mais d'une physionomie spirituelle Elle se fit remarquer dans la révolution par un courage, un jugement et une activité admirables. Elle subit à deux reprises quinze mois de captivité sous le régime de la terreur, et, comme tant d'autres, eut péri sans la mort de Robespierre. Il est difficile de prévoir ce que fussent alors devenus ses enfants (4). »

En effet, Jacques de Chambray, son mari, venait de faire la campagne des princes. Peu de temps après, M. le comte de Pusaye, mari de mademoiselle de Ménille, sa nièce, lui ayant offert sans succès le grade de maréchal de camp, il fut contraint d'accepter celui de major-général de l'expédition de Quiberon..., sur laquelle ses mémoires contiennent des documents dignes de l'histoire... Plus tard, portant le mousquet en Normandie, et se reliant sous le titre de président du conseil royaliste, à M. de Frotté (fusillé à Verneuil), il finissait, après les terribles crises de cette lutte, par tomber aux mains du parti révolutionnaire.

Ce fut alors que, sans perdre un instant courage, Antonine des Mousseaux, sa femme, organisa cette embuscade de dix hommes résolus que commandait M. de Mauduit, et par laquelle il fut délivré, au signal qu'il devait donner lui-même. Ce fut au moment où la voiture, meublée de gendarmes, qui le transportait, avait atteint dans la forêt des Moulinaux, à quatre lieues de Rouen, les ruines du château de Robert-le-Diable (5). »

Bien autres avaient été la carrière et le caractère du frère aîné de Jacques, M. le marquis de Chambray; aussi les fêtes de son mariage s'étaient-elles ressenties de son goût ami du monde. Nous les rapportons dans cet épisode à titre d'échantillon naïf et curieux des mœurs et usages de la cour à cette époque. On ne trouvera point ce récit trop loin de sa place dans un essai généalogique semé de quelques traits analogues.

M. le marquis Louis de Chambray ayant songé à marier son fils, le frère aîné de Jacques, « madame la duchesse de Chaulmes, — c'est lui-même qui trace ces lignes, — lui proposa d'épouser mademoiselle Rouillé de Fontaines..... Le contrat fut signé du roi et de la famille

(1) Liv. R. Chamb. art. Jacques.

(2) Liv. R. de Chambray, *ib.* -- et *Chart. de Montg.*

(3) Barbier, *Mém. pour l'Hist. de France*, vol. II, p. 244. Paris, 1849.

(4) — Dont l'aîné, épousant Hermine de St. Phalle, est nommé, dans la généalogie de cette maison, liv. R. Chambray, p. 25, v. II; p. 340, v. I, etc.

(5) Liv. R. id., vol II, p. 27.— Le 4e vol. des *Guerres de la Vendée*, de Crétineau Joly, rapporte ce fait avec exactitude.

royale le 25 avril 1762. M. le duc de Chaulmes, le comte de Tillières, le marquis de la Salle et autres parents nous accompagnèrent dans cette cérémonie, qui dura depuis la messe du roi jusqu'à quatre heures après midi (1). »

« Le 29, le mariage fut célébré dans la chapelle de l'hôtel de Soubise par monseigneur l'évêque de Tréguier, de la maison de CHEYLUS, en Vivarais, mon ami. Les parents du côté de mon fils, qui ont signé, ont été M. le comte DE TILLIÈRE, et M. le marquis DE LA SALLE. — Pour la demoiselle, M. le marquis D'HARCOURT-BEUVRON, commissaire général de la cavalerie, et M. ROUILLÉ D'ORFEUILLE, intendant de la Rochelle. Madame la princesse DE CARIGNAN présidait à cette cérémonie. On dina chez madame DE SÉZILLE, aïeule maternelle de ma belle-fille, et le souper fut chez M. le marquis de Beuvron, qui a épousé mademoiselle Rouillé, fille du ministre des affaires étrangères, cousine germaine de ma belle-fille. La soirée a été remplie par un concert élégant,... puis le souper, au fruit duquel il y a eu dans le jardin des cors et des clarinettes qui ont donné une musique militaire. »

« Le lendemain, toute la cour s'est fait inscrire chez mon fils, suivant l'usage. Le mardi 4, madame la princesse de Carignan a donné à diner à la noce, qui a été reçue dans les appartements de fête. Elle occupait le petit Luxembourg; mesdames les comtesses de Sales et DE FOLIGNAN sont venues recevoir ma belle-fille à la première antichambre. Deux tables, chacune de 24 couverts, ont été magnifiquement servies; les parents étaient à celle de la princesse. Au fruit, les cors et clarinettes ont fait retentir leur harmonie champêtre; après le diner il y a eu jeu, puis un concert varié d'instruments et de voix de la plus grande beauté. Mon fils a chanté, et fait entendre un concerto de sa composition. Ma belle-fille était à côté de la duchesse qui la comblait d'amitiés. Les jours suivants ont été employés à rendre des visites. »

« ... Le mercredi, premier jour de may 1765, ma belle-fille a été présentée au roi, à la reine, et à toute la famille royale par madame la marquise DE CANONVILLE-RAFFETOT, fille de M. DE ST. COMTEZ, ci-devant ministre des affaires étrangères. M. le marquis de Raffetot est mon parent, et madame sa femme l'est de la mère de mon fils. M. le marquis et madame la marquise de La Salle, madame la vicomtesse DE BEAUME, dame du palais de la reine, leur fille, madame la comtesse DE CORRÉADO, qui est POUSSET DE LA RIVIÈRE, parente de ma belle-fille étaient du cortége; madame la marquise de Beuvron aurait dû faire la présentation, mais elle était incommodée. »

« Le même jour, on soupa chez madame la comtesse de NOAILLE; le lendemain chez madame la princesse de ROHAN-GUÉMENÉE. »

« ..... Le 12 may, la noce est venue à CHAMBRAY, où elle était attendue avec impatience; j'avais pris les devants pour donner mes ordres..... »

« ..... Le 3 novembre 1768, mon fils fut présenté au roi de DANEMARK, qui a passé trois mois en France. On lui a donné des fêtes continuelles; mon fils et ma belle-fille y ont assisté, et ma belle-fille a dansé avec lui plusieurs fois, etc., etc. (2). »

Voilà ce qu'était alors un mariage, et il est difficile de le peindre en termes plus simples et plus saisissants.

Mais il est temps de mettre un terme à cet épisode et de revenir D'HERMINE DE ST. PHALLE,

(1) Liv. R. Ch., VI° p. 334.
(2) Ib. liv. R. Chamb., v. I, p. 334-6, etc.

belle-fille et nièce de ces seigneurs, — aujourd'hui marquise douairière de Chambray, et mère du marquis Jacques de Chambray, aîné du nom en 1860, — à son propre frère et aîné :

XIX. CHARLES, marquis DE ST. PHALLE, fils aîné de Jean-Vincent comte, puis marquis de St. Phalle, et de Charlotte Hermine de Boynes.

« Extrait des registres de l'état civil dans la commune de Saint-Benin-d'Azy, du 15 floréal an X. Acte de naissance de CHARLES DE ST. PHALLE, né le 7 termidor an II, à cinq heures du matin ; fils du citoyen Jean Vincent de St. Phalle de Champagne, et de dame Charlotte Hermine Bourgeois de Boynes son épouse...... sur la réquisition à nous faite par le père et la mère, qui ont dit n'avoir pu déclarer plus tôt, à raison *des affaires du temps*. Premier témoin : Louis-Joseph de St. Phalle de Beaulieu, âgé de cinquante-neuf ans ; deuxième témoin : Louis-Joseph de St. Phalle de Montgoublin, âgé de cinquante-sept ans. Constaté, suivant la loi, par moi, Nicolas Tirode, maire de la commune d'Azy.

Délivré à Saint-Benin-d'Azy, le 10 mai 1808, en vertu de l'autorisation à nous donnée par le maire de la commune. L'adjoint à la mairie, *Amiot* ou Annot (1).

Acte primitif légalisé et formant acte d'état civil à Dusseldorff:

Extractus libri Baptismalis. Colleg. et Paroch. Eccles. B.-M.-V. Dusseldorpii. Anno Domini 1794, 27ª die Julii, Baptistatus est CAROLUS, filius legitimus perillustris comitis de ST. PHALLE, chevalier de Champagne en Nivernais, émigré, et perillustris ac generosæ Dominæ, CH. H. BOURGEOIS DE BOYNES ; levantibus cum de sacro fonte perillustri ac generoso domino CAROLO, Marchione Desprez, chevalier DE ROCHE en Nivernais, émigré, et perillustri ac generosa Domina Rosa ESTHER DU BOIS DES COURS, comtesse de CHANGY, dame de la Maison-Forte, près Cosnes en Nivernais. Signé ANTONIUS VANGELDER, præd. Eccl. Sacel. — Collation des signat., sceaux et armes, par maître Philibert-Louis Rolland et son collègue, notaires à Nevers. Signé Rolland Barreau, — et Comte J.-V. de St. Phalle.

Enregistré à Nevers, 20 décembre 1814, Signé Redane. Légalisé par M. le président du tribunal civil de Nevers, 20 décembre 1814, LEBLANC DE NEUILLY (2).

Charles, marquis de ST. PHALLE, chevalier, non plus seigneur, mais propriétaire de Montgoublin, est ainsi que le constatent les pièces ci-dessus et la suivante, l'aîné de la maison et le fils du comte, puis marquis JEAN-VINCENT DE ST. PHALLE, baron de Cudot, seigneur de Champagne, etc., etc. A lui donc les droits et titres d'aînesse pour ce qui en a survécu.

Ces droits étaient ceux que CLAUDE-LIÉ, marquis de ST. PHALLE, baron de Cudot, chevalier, etc., etc., recevait de ses ayeux, (*voir ci-dessus article* CLAUDE-LIÉ, *acte d'état civil authentique*). Ils étaient ceux que lui conférait la donation faite par DAVID, marquis DE ST. PHALLE, chevalier, baron DE CUDOT, etc., etc., et MARIE-LIÉE DE CHANGY, sa femme, et qui devaient subsister de mâle en mâle, par ordre de primogéniture ; donation confirmée avec les titres nobiliaires reconnus dans les arrêts du conseil du roi, et les sentences du parlement parfaitement conservés (3). La pièce authentique, et extraite des actes de l'état civil, qui suit, n'est donc qu'une confirmation redondante de l'état et des droits futurs de l'aîné de la maison de ST. PHALLE. La nouvelle loi, sur les recherches des titres, ne rend point ces citations tout à fait inutiles.

(1) *Chart. de Montg.*

(2) *Ch. de Montg.*

(3) Voir ci-dessus, article Élisabeth de St. Phalle, femme de René du Tertre, etc., et pièces, *Chart. de Montgoublin.*

« Je soussigné PIERRE PERREAU, juge de paix du canton de Saint-Benin-d'Azy, arrondissement de Nevers, département de la Nièvre, âgé de soixante-deux ans, certifie, conformément à l'article 6 de la loi du 28 floréal an VII, d'après les faits qui sont à ma connaissance, et sur l'attestation de messieurs *Guyot Jean*, propriétaire, domicilié à Lavot, commune de Saint-Benin-d'Azy, âgé de soixante-dix-sept ans, et *Frébault Etienne*, propriétaire et adjoint au maire, domiciliés au bourg de Saint-Benin-d'Azy, âgé de soixante-trois ans, que les trois frères, messieurs LE MARQUIS DE ST. PHALLE LOUIS-JOSEPH, le COMTE DE ST. PHALLE JEAN-VINCENT, et JOSEPH-LOUIS DE ST.-PHALLE DE MONTGOUBLIN, tous les trois fils de feu messire CLAUDE-LIÉ, MARQUIS DE ST. PHALLE, baron de Cudot, et de dame LOUISE BARDIN (1), sont décédés AB INTESTAT, et sans qu'il ait été fait inventaire après leur décès, savoir : »

« Le premier, Monsieur LE MARQUIS DE ST. PHALLE LOUIS-JOSEPH, à Beaulieu, canton de Brinon, département de la Nièvre, le dix-huit août 1820, sans enfants ni descendants, ne laissant pour seuls et uniques héritiers que ses deux frères précédemment dénommés : Messieurs LE COMTE DE ST. PHALLE, JEAN-VINCENT, et JOSEPH-LOUIS DE ST. PHALLE DE MONTGOUBLIN : qu'en ces dites qualités, ils ont *seuls* hérité des meubles et immeubles, titres et qualités de leur frère LE MARQUIS DE S. PHALLE, LOUIS-JOSEPH. »

« Le second, monsieur LE COMTE DE ST. PHALLE, JEAN-VINCENT, DEVENU MARQUIS à cause du décès de son frère aîné, à Poissons, commune de Parigny-les-Vaux, canton de Pougues, arrondissement de Nevers, le 18 août 1825, ne laissant pour *seuls et uniques héritiers* que ses trois enfants, savoir : 1° Madame EDMÉE-HERMINE-LOUISE DE ST. PHALLE, veuve de monsieur LE MARQUIS DE CHAMBRAY, née à Paris le janvier 1791 ; 2° Monsieur LE MARQUIS CHARLES DE ST. PHALLE, chevalier de la Légion d'honneur, membre du conseil général de la Nièvre, né à Dusseldorf le 27 juillet 1794, demeurant à Montgoublin, commune de Saint-Benin-d'Azy ; 3° et monsieur LE COMTE DE ST. PHALLE, EDOUARD-CHARLES, chevalier de la Légion d'honneur et de Charles III d'Espagne, né à Londres le 28 janvier 1798, demeurant à Huez, commune de Boux, canton de Saint-Saulge, département de la Nièvre ; — qu'en ces qualités, ils ont *seuls* hérité des meubles, immeubles, titres et qualités de leur père, le MARQUIS DE ST. PHALLE, JEAN-VINCENT. »

« Le troisième, M. JOSEPH-LOUIS DE ST. PHALLE DE MONTGOUBLIN, à Sardolles, canton de Saint-Benin d'Azy, le 11 mai 1835, sans avoir été marié, laissant pour seuls et uniques héritiers ses trois neveux et nièce, les enfants de M. LE MARQUIS DE ST. PHALLE JEAN-VINCENT, précédemment denommé, savoir : MADAME LA MARQUISE DE CHAMBRAY, Monsieur le MARQUIS CHARLES DE ST. PHALLE, et M. le COMTE DE ST. PHALLE EDOUARD. »

« En foi de quoi j'ai délivré le présent, que j'ai signé avec les deux témoins ci-dessous dénommés. »

« Fait en mon cabinet, à Mousseau, le 30 mars 1860. — Frevault. — Guyot.

PERREAU, » juge de paix du canton de Saint-Benin d'Azy.

CHARLES, marquis DE ST. PHALLE, propriétaire du château et terres de Montgoublin, aîné du nom et d'armes, servit dans la compagnie des chevau-légers de la garde en 1814, 6 juillet, puis dans les lanciers de la Garde en 1815, sous le roi Louis XVIII, et donna sa démission le 26 août 1821, avec le grade de capitaine, pour se marier.

(1) Bardin du Chossel, dame de Champagne, voir à Claude Lié, ci-dessus.

Il est maire de la commune Saint-Benin d'Azy, membre, inscrit sous son titre de marquis, de l'ordre de la Légion-d'Honneur et du conseil général de la Nièvre, vice-président de la société Hippique, etc., etc. (1). Pendant l'hiver de 1846-7, époque de disette et de révolte, le marquis Charles de St. Phalle se porta seul au devant de l'émeute, que son sang-froid, et le souvenir des siens, arrêtèrent et rappelèrent à la raison.

Le 6 novembre 1821, Charles, marquis de St. Phalle, épousa au château de Boisdennemets, commune d'Hauteverne, arrondissement des Andelys, Alexandrine Daniel de Boisdennemets, fille de Claude Daniel, marquis de Boisdennemets, chevalier de Saint-Louis, ancien major de dragons.

La maison de BOISDENNEMETS, d'ancienne race de chevalerie, est l'une des plus anciennes de la Normandie. La terre de Boisdennemets formait jadis une *immense* seigneurie, et fut donnée aux ancêtres d'ALEXANDRINE par le roi Philippe-Auguste, ayeul de saint Louis, qui l'avait enlevée aux seigneurs de Tournebus. Cette terre, fort belle encore malgré les énormes réductions qu'elle a successivement subies, est depuis cette époque et sans interruption, ainsi que son château, entre les mains des Daniel de Boisdennemets, et appartient aujourd'hui à la sœur d'ALEXANDRINE DE BOISDENNEMETS, marquise de St. Phalle, ELISABETH, comtesse de BOISDENNEMETS, chanoinesse de Bavière, mariée en... à messire DU PARC POULAIN DE ST. FOIX, gentilhomme breton. — La dernière sœur a épousé M. le marquis DE BELLOY, dont les ancêtres, chevaliers bannerets, tenaient un rang très-distingué sous Philippe Auguste (2). Une autre épousa M. le comte DE ST. MAIXENT.

Avant et depuis Philippe-Auguste, cette maison a donc fourni une multitude de preux chevaliers et de guerriers distingués par leur vaillance et l'éminence de leurs grades militaires. Mais elle a donné aussi des membres à la haute magistrature, des conseillers au grand conseil, des premiers présidents de parlements,... et l'un de ces seigneurs, Guillaume, se trouvait maire, en 1302, de la ville de Rouen, capitale du duché.

L'ayeul du dernier marquis DE BOISDENNEMETS était gouverneur des places de l'Est, cordon rouge et lieutenant-général de la promotion de 1784...

Si l'on veut consulter les alliances des seigneurs de Boisdennemets, on y rencontrera les Rohan-Rochefort, les Bieucourt, les Belloy, les Imbert de Bonville, les Mauviel, etc. (3).

Charles, marquis de St. Phalle, et Alexandrine de Boisdennemets eurent huit enfants :

XX. N. de St. Phalle, morte en bas âge.

XX. PHILIPPE-ARTHUR, MARQUIS DE ST. PHALLE, aîné du nom, héritier du château et de la terre de Montgoublin, partagée.

Etat civil. — « L'an 1823, le 31 août, par devant nous Pierre Roche, maire, etc., de la commune chef-lieu de canton de Saint-Benin d'Azy, a comparu M. LE MARQUIS CHARLES DE ST. PHALLE,... demeurant en son château de Montgoublin,... lequel nous a présenté un enfant du sexe masculin né hier, de lui, déclarant, et de dame Alexandrine de Boisdennemets, sa femme, auquel il a déclaré vouloir donner les prénoms de Philippe-Arthur... en présence de M. Joseph-

(1) Brevet. — *Chart. de Montg.* et Annuaire.
(2) La Chesnaie, v. II, p. 305.
(3) *Châ. de Boisd.* — Id., La Chesnaie, v. V, lett. D, etc.

Louis de St. Phalle, chevalier de Saint-Louis, etc... Signé au registre, St. Phalle, marquis de St. Phalle, et Laroche, maire. — Pour copie conforme, Frébault, adjoint, 15 novembre 1860. Légalisation par M. le Président du tribunal civil de Nevers, 17 novembre 1860.

A. Toytot.

P.-Arthur, marquis de St. Phalle, passe à la fois ses examens pour l'école polytechnique et pour l'école militaire de Saint-Cyr, manque de très-peu de points la première et entre dans la seconde. Il en sort en 1846; il sert dans le 32e de ligne en Afrique, l'an 1847-1848. Il coopère à la répression de l'insurrection de Marseille, ou son bataillon combat en juin 1848, passe en Italie en 1849, et prend part au siége de Rome en 1850. Il est chevalier de l'ordre de Pie IX de première classe.

En France, il coopère vivement à la délivrance de la ville de Crest, assiégée pendant trois jours lors des formidables soulèvements du pays, par cinq à six mille hommes armés, et se distingue particulièrement au pont de la Drôme, que ne protége aucun ouvrage. Il est cité dans le rapport de M. le général Lapène, « pour son concours vigoureux et intelligent, et ne pourra manquer de tirer de cette position un avantage réel, » selon le texte d'une lettre de Valence de ce général, le 17 janvier 1852, à M. le Préfet de la Drôme (1).

Le chef de bataillon du lieutenant de St. Phalle, aujourd'hui colonel Olivier (1859), demande pour lui la croix en récompense de ce fait d'armes. Le capitaine de sa compagnie a fait observer, dans son rapport du 10 décembre 1851, « que le lieutenant de St. Phalle s'est multiplié sur tous les points d'attaque, et partout s'est distingué par *son sang froid* et *son intelligence* » Signé *Frezières* (2).

M. le maire de Crest « rendant hommage, au nom des habitants, aux militaires qui ont multiplié leurs preuves de dévouement, croirait manquer à un devoir sacré s'il ne consignait l'expression particulière de la plus vive reconnaissance envers ce détachement du 32e de ligne, qui, sous la conduite du capitaine Frezières et du lieutenant de St. Phalle, arriva dans les murs le 6 du mois de décembre au milieu des plus grandes alarmes » des habitants.

« Le lieutenant de St. Phalle » qui, du poste de la Tour, s'était d'abord si vivement porté à l'attaque des insurgés, a « occupé pendant les journées du 6, 7 et 8 décembre le poste *si périlleux* de notre tête de pont (*rive gauche*), et pendant *le long et pénible combat du* 7, il n'a cessé d'y donner des preuves de son sang-froid et de son courage jusqu'au 9 ~~novembre~~ décembre au matin. Honneur donc à ces généreux défenseurs de la ville de Crest, *qui ne perdra jamais le souvenir de ce qu'elle leur doit.* »

Crest, 9 janvier 1852. Signé *Moutier*, maire.

S'adressant à M. le préfet de la Nièvre, département auquel appartient M. de St. Phalle, M. le préfet de la Drôme lui écrivait :

« Monsieur et cher collègue,

« J'ai l'honneur de vous faire passer la lettre que j'ai reçue de M. le général Lapène, commandant l'état de siége de ce département, sur la conduite tenue par M. le lieutenant de St. Phalle. »

(1) *Chart. de Montg.*

(2) *Chart. de Montg.*, cop. signée. Ces pièces nous ont paru curieuses à résumer, quelque abondantes que soient des pièces semblables dans les familles des officiers de notre armée.

« J'ajouterai que.... M. de St. Phalle défendait le pont au sud, et combattit vaillamment ainsi que ses hommes... Dans la dernière attaque du 6 au 7, l'artillerie a rendu les plus grands services; cependant M. de St. Phalle soutint un combat de tirailleurs pendant près de trois heures, et l'infanterie rendit encore de grands services, parce qu'elle concourut puissamment à empêcher que les pièces ne fussent tournées. »

« Je viens d'apprendre que le capitaine de M. de St. Phalle, » vieux militaire qui prenait sa retraite « est décoré, en sera-t-il de même de celui-ci? bien certainement il mérite une récompense, et j'espère que le gouvernement la lui accordera ; mais je n'ai pas cru, dans cette circonstance, devoir prendre l'initiative pour ce qui concerne les militaires, parce que je connais les sentiments de haute justice qui distinguent M. le général Lapène. »

Le préfet de la Drôme, Ferley.
Valence, 30 janvier 1852.

Le lieutenant de St. Phalle n'eut point la bonne chance d'obtenir la croix. C'est partie remise.

En 1854 Arthur de St. Phalle fit la campagne d'Orient. On sait les fatigues de cette expédition ; il y fut abattu par le typhus, que l'on crut être mortel. Quelque temps après, il passa capitaine...

Le 26 octobre 1858, à Coulommiers, Seine-et-Marne,—étant curé et officiant M. l'abbé Marchand, archiprêtre, à la suite du mariage civil prononcé par M. Sorelle, maire et conseiller général, et d'un contrat par devant Me Michot, notaire impérial, — Arthur, marquis de St. Phalle, épouse Marie-Françoise Sarah Gougenot des Mousseaux, fille d'Elisabeth-Harice Gossey de Pontalery, dont le père, ancien chevalier de Malte à Malte, et de Henri Roger, fils d'Adrien Gougenot des Mousseaux, chevalier, ancien gentilhomme ordinaire des rois Louis XVI et Louis XVIII, chassé des Tuileries à la journée révolutionnaire du 28 février 1791, émigrant alors, et capitaine aux hommes d'armes dans l'armée des princes (1).

Nous avons vu que, lorsque M. le marquis de Chambray fit revenir de Malte le vicomte Jacques, pour le marier, il en demanda la permission à son altesse éminentissime le grand maître,

(1) Mère d'*Adrien des Mousseaux :* — *Amable Zénobie de Court*, fille de messire de Court, écuyer, seigneur de Boucly, etc., etc., et de dame N... Fabvier, fille de Edme Fabvier, chevalier, seigneur du Boulé, de Lancry, etc., etc., marquis de Bains, vicomte héréditai de Nogent-le-Roy. (*Chart. de Montg., Généal.*) — Femme d'Adrien des Mousseaux : — Appoline-Françoise, fille de messire Jean-Oudan de Blanzy, chevalier, capitaine dans les compagnies Rouges, lieutenant de nos seigneurs les maréchaux de France, pour les baillages de Coulommiers et de Château-Thierry, (*États milit. de France*, p. 27, an 1785), et chevalier de St-Louis, dont la femme était Charlotte Ogier, branche de Bauny. (*Chart. de Montg.*)

Avant l'an 1793, on admirait, dans l'église des Cordeliers de Paris, une chapelle appartenant aux Gougenot, seigneurs de Beuillon, des Mousseaux, de Croissy, etc., leur servant de sépulture et ornée de nombreux objets d'art : tableaux, médaillons, bustes, marbres et bronzes. Les derniers morceaux sortaient de la main de Pigale, et l'un d'eux était le bronze de l'abbé Gougenot des Mousseaux, conseiller au grand conseil, prieur commandataire de Maintenay, etc., etc. Auprès du buste se voyait un modèle en bronze des monuments du maréchal de Saxe à Strasbourg, et de Louis XV à Reims, offert en signe de reconnaissance par Pigale. — L'abbé, magistrat éminent, si distingué dans les arts, et dont les conseils avaient été précieux à l'illustre statuaire, avait deviné le talent de Greuze, et s'était fait le généreux patron de son adolescence. On lira avec intérêt dans la Lande. (*Voy. en Italie, 8 vol. — Vol. I, p. 10.12, etc... Venise et Paris, 1769*), le voyage tout seigneurial et artistique de l'abbé Gougenot, dont le portrait par Greuze, et premier genre, est l'un des plus beaux morceaux de peinture de cet artiste. Il appartient à madame la marquise Arthur de St. Phalle, son arrière petite-nièce.

afin d'obtenir pour ce fils la conservation des insignes de l'Ordre. — « Voici la réponse qu'il m'a faite, dit le marquis de Chambray. »

« 8 avril 1780. »

« Malgré le désir que j'aurais eu, monsieur, de conserver dans mon ordre quelqu'un de votre nom, je ne puis qu'approuver les raisons puissantes qui vous déterminent à faire changer de carrière à votre troisième fils, en lui procurant quelque alliance avantageuse dont le choix répondra sûrement à la noblesse de votre maison, et à votre façon de penser. »

« Comme ce n'est qu'à cette condition que je me suis promis d'accorder la grâce de porter la croix, elle sera pour vous très-facile à remplir en me fesant part, dans le temps, du choix que vous aurez fait ; et je serai enchanté, en remplissant vos désirs, de vous donner une preuve des sentiments distingués avec lesquels je suis, monsieur, votre affectionné serviteur. »

Le grand-maître, ROHAN.

Le vicomte Jacques « ayant préféré à une demoiselle de Th...r qui avait beaucoup de fortune, Antonine Gougenot des Mousseaux, et l'ayant épousée le 2 mars 1780, » on fit parvenir à son altesse Eminentissime la nouvelle de cette alliance, et voici quelle fut sa réponse au nouveau marié :

« Malthe, 20 mai 1780. »

« En témoignant à monsieur votre père le regret que j'aurais à vous voir quitter mon ordre, j'eus soin, monsieur, de lui annoncer mes dispositions favorables à vous en conserver la décoration lorsque vous auriez contracté l'alliance qui n'était alors que projetée, parce que je prévoyais bien que la condition que je mets à cette sorte de grâce, et qui est toujours insérée dans le bref qui l'assure, serait certainement remplie par la noblesse de votre choix. C'est donc avec une satisfaction véritable que je me vois aujourd'hui autorisé à suivre mon penchant à vous obliger, en permettant l'enregistrement du bref à celui qui, de votre part, aura été chargé de le commissionner. Vous me trouverez toujours également disposé à vous donner de nouvelles preuves de la parfaite considération avec laquelle je suis, monsieur, votre affectionné serviteur. » ROHAN.

Sarah des Mousseaux, marquise actuelle de St. Phalle, est la petite-nièce d'Antonine des Mousseaux, épouse de Jacques de Chambray, et ci-dessus nommée (1).

XX. Mathilde Louise de St. Phalle, née le 14 décembre 1824, est mariée au château de Montgoublin, commune de St. Benin d'Azy, le 25 août 1847, par Jean Guyot, adjoint de St. Benin, à messire Claude François Préveraud de l'Aubépierre, né à Paray-le-Mansol le 5 juillet 1813, fils de messire François Préveraud de l'Aubépierre, ancien officier supérieur de cavalerie, chevalier de St. Louis et de dame Adèle de Varenard de la Vernouze. Témoins : messire Claude Pierre Préveraud de Vaumas. — Messire Antoine Desvignes de Davayé, — Comte Edouard de St. Phalle ; vicomte (aujourd'hui comte) Benoist d'Azy, député de la Nièvre, — marquis et

(1) *Chartrier de Chambray*, original. — Copie sur l'orig. au *Chart de Montg.*, signée marquis de Chambray, 20 janvier 1860, timbrée de la mairie de Gouville, et légalisée par le maire : Blandel. — 22 janvier 1860. — L'armorial classique des principales maisons et familles du royaume, et particulièrement de l'île de France, par *Dubuisson*, Paris, 1757, donne l'écusson de la branche des Gougenot qu'il désigne, avec une légère modification de celui que décrit la Chesnaie (lettre G.) qui, n'ayant point eu la généalogie, et mentionnant l'abbé son contemporain, ne relate, et fort incomplétement, que son père. Cet écusson forme timbre sur certains actes de la justice de l'isle, et Mousseaux, dont les seigneurs avaient haute, basse et moyenne justice. (Voir *Dubuisson*, vol. I, p. 170, et pièces *Chart. de Montg.*

marquise du Bourg, comte et comtesse de Raffin. (Documents sur cette alliance non encore au Chartrier.)

XX. Edgard-Charles, comte de St. Phalle, né le 21 août 1826, marié à Paris, paroisse de St. Sulpice, et par contrat devant Me Dufresnes, place de la Bourse, le 20 janvier 1853, à Alice de Thorigny, fille de M. Pierre Tiburce Leuillion de Thorigny, ancien conseiller d'État, ancien ministre de l'intérieur, premier président de la cour impériale d'Amiens, sénateur, commandeur de la Légion-d'Honneur : — origine italienne. M. le comte Egard de St. Phalle est, en 1859, sous-préfet de l'arrondissement d'Ambert, Puy-de-Dôme.

XX. Gustave, vicomte de St. Phalle, né le 12 juillet 1829, — Ingénieur, directeur des mines du Montet aux Moines, Allier, épouse à Talencey, près Villefranche, Rhône, le 26 janvier 1858, Isabelle de Ruolz, fille de Camille, vicomte de Ruolz. — (Documents absents) et de N... de Macheco.

Les Ruolz, marquis de Ruolz-Montchal, seigneurs de Brossain, du Vergier, de Chastelard, etc., etc., avec leur devise : *toujours prêts*, sont originaires des frontières du canton d'Argovie. Un descendant de Von-Ruolz-Adhelbert s'établit en Vivarais vers 1450... Les ascendants de la ligne féminine sont de Montchal, du Blé d'Uxelles, de Mandelot, d'Alleman, de Rochemore, de Sainte-Croix, de Villeroy, Fiesque, Doria, Spinola, Grimaldi, d'où Ruolz descend directement par les femmes.

L'ayeul maternel de la génération présente, descendu du marquis de Bataille et d'Agathe de Jaucourt était le dernier de l'illustre maison bretonne de Macheco, ou Machecoul, seigneurs de la ville de Machecoul, du lac de Granlieu, de la seigneurie de Retz apportée par Jeanne de Retz à Josselin de Machecoul, en 1137 ; et desquels les alliances furent : Vitré, Rohan, Montgommery, la Roche-Giffard, Vivonne, Beaugay, Craon, Châteaubriant, Penhoët. La grand mère du célèbre abbé de Rancé était une Macheco.

Par ces lignes obliques, que nous avons généralement évité de mentionner, afin de ne point entreprendre les alliances des alliances, nous atteignons tout de suite le sang royal de Courtenay, les Plantagenet, les ducs de Bretagne, les ducs de Bourgogne de la première race... et de fort illustres noms qui doivent rester étrangers à ce travail.

Disons que la perte des archives de Jean Pierre de Ruolz, par une inondation du Rhône, en 1651, ayant été juridiquement constatée par enquête faite à Annonay, en 1657, etc., des lettres patentes de confirmation de noblesse sont données, en 1659, à J. P. de Ruolz par le roi Louis XIV. Elles le déclarent issu d'une des plus nobles maisons établies en Vivarais.

Les Ruolz comptent des officiers généraux, un député de la Noblesse aux états de Languedoc, un président aux états du Vivarais, des chevaliers et chapelains de Malte, une chanoinesse de Sainte-Anne de Munich, etc. etc.

XX. Alix-Marie de St. Phalle, née au château de Montgoublin, le 21 mars 1832, est mariée, même château, le 27 décembre 1854, par monsieur Frébaut, adjoint de St. Benin d'Azy, à messire Gaspard-Laurent Jacquelot de Chantemerle, né à Coulanges, Allier, le 16 février 1818, fils de messire Gaspard-Louis Jacquelot de Chantemerle, et de dame Préveraud de la Boutresse. — Témoins : messire Hector de Chantemerle, frère du marié ; Jean N. Préveraud de la Boutresse ; comte Gaspard de Bourbon Chalus, cousin d'Alix de St. Phalle ; vicomte et vicomtesse Dupré de St. Maure, etc.

Gentilshommes de race bretonne, les Jacquelot s'établissent vers l'an 1540 dans le Bourbonnais. Le premier dont il est parlé depuis, dans les terriers de l'époque, est Louis Jacquelot, seigneur de Contresol et de St. Didier. Le 31 juillet 1696, son petit-fils Jean fait acte de foy et hommage au roy de la *seigneurie titrée de Chantemerle* qui lui provenait du chef de son père. La branche cadette a porté d'abord le nom de Jacquelot de Contresol, puis, depuis plus d'un siècle, le nom de Jacquelot de Villette. Les deux branches sont encore en possession des terres de leur nom.

Dans l'ancienne église des Cordeliers du Donjon, Allier, se voient plusieurs tombes des Jacquelot, seigneurs de Contresol, etc. inhumés dans cette église à titre de bienfaiteurs de l'abbaye.

Devise d'armes : *Prompt et Fidèle.* — Qualités dont la seconde est devenue en certains pays moins commune que la première (1).

XX. Maurice-Henri, baron de St. Phalle, né le 16 mars 1834. Sorti de l'école militaire de St. Cyr, et sous-lieutenant au 12me régiment de dragons en septembre 1854 ; décédé à Montgoublin au moment de franchir ce grade, le 29 novembre 1859. — Sans alliances.

XX. Max-Ange-Henri-Thomas, chevalier DE ST. PHALLE, né le 19 octobre 1835, au château de Montgoublin. Sorti de l'école de marine de Brest, aspirant de deuxième classe le premier avril 1854, de première classe le premier avril 1856. Enseigne de vaisseau le premier avril 1858. Il fit avec une grande distinction les campagnes de Baltique et de Crimée, 1854-5-6-7 et 8. Ayant obtenu, par faveur, de s'embarquer le 17 décembre 1858 sur la frégate la Didon, pour l'expédition de Chine, il mourut dans cette campagne le 25 septembre 1859, à Saïgon, Cochinchine, dans sa vingt-quatrième année. Sans alliances.

Nous n'inscrivons point les jeunes enfants de la génération présente. Les documents manquent encore au chartrier, sur la plupart de leurs parents, qui, chacun, les ont sans doute en leur demeure. Observons aussi qu'un grand nombre de titres ne sont point relatés dans ce travail, parce qu'ils le grossiraient d'une manière à peu près superflue. Un grand nombre de recherches précieuses restent encore à faire pour le compléter.

(1) Voir, sur les Jacquelot, le mémorial de Bretagne. — Documents non encore au chartrier.

MAISON DE SAINT PHALLE, RÉSUMÉ SYNOPTIQUE.

Parvenus au terme de cet essai généalogique, après avoir traversé de véritables monceaux de documents et de titres, nous n'avons pu découvrir aux fondateurs de la maison DE ST. PHALLE d'autre nom que celui qu'ils portent, c'est-à-dire le nom de leur plus ancienne seigneurie connue. Il n'arrive guère, cependant, que le nom patronymique et celui de la seigneurie primordiale d'une maison soient le même, si ce n'est lorsque ses premiers auteurs fondent une terre et construisent un château sous le nom qui caractérisait leur race. C'est là ce que firent les seigneurs *de St. Phalle*, ainsi qu'il se voit en vedette de leur généalogie dans le Nobiliaire universel de 1690 (1); et la chose paraîtra d'autant plus naturelle qu'on penchera vers la tradition séculaire qui les rattache, par le sang et le nom, au saint que nous avons vu florir dans le VIe siècle.

Mais, négligeant cette tradition, et ne scrutant du regard que les généalogies les plus anciennes, peut-être penserons-nous que leur nom primitif était Ponthus? Ce serait pourtant une erreur; car, longtemps après *St. Fale*, abbé de Moustier-la-Celle, vivant en l'an 530 sous Childebert, fils de Clovis (2), Ponthus Ier, *Ier seigneur de St. Fale* connu, apparaissant en 863, commence le château que termine un autre seigneur de St. Fale, son arrière-petit-fils; et celui-ci n'est que le second du nom de Ponthus. Le château s'élevant sous le vocable *de St. Fale* partage donc ce nom avec ses fondateurs. C'est celui que porte en 1135 Milon, authentiquement qualifié de seigneur *de St. Fale*, et de qui partent sans interruption les filiations authentiques qui atteignent nos jours.

Le nom de ce vieillard, et celui de Pierre son fils, sont inscrits en 1196 dans le cartulaire de Notre-Dame de Troyes, et suivis de celui de la comtesse palatine de Champagne, Blanche: Petrus de *Santo-Fidolo*, filius Milonis *Domini sancti Fidoli*, 1196. — Blancha, Comitissa Trecensis, Palatina... Geoffroy de Ville-Hardouin, etc. (3).

Ce qu'il y a de certain, c'est que, dans la plupart même des grandes maisons, se retrouve un nom d'origine, ou patronymique, et différent de celui de la seigneurie, par lequel, le plus généralement on le remplace dans les usages du monde. Ainsi, la maison de France, les *Capet* se nomment-ils Valois, Bourbons, Courtenay, Condé; ainsi les *Bouchard* se nomment-ils Montmorency; les *Gauthier* d'Angleterre, de Mauny; les *Percy*, de Northumberland... Et la chose est bonne à n'oublier point, aujourd'hui qu'une si étonnante multitude, non pas d'héritiers, mais de simples acquéreurs de biens, portent tant de noms historiques; aujourd'hui qu'on usurpe de tous côtés les noms de terre primitifs d'anciens seigneurs, dont *le nom patronymique* a fini par être ignoré du public, et dont les seigneuries ont voyagé sur le courant de la circulation monétaire.

Devant ce pillage de légitimités éclatait la sagesse de l'article 211 du célèbre Code Marillac,

(1) T. XV, p. 60, *Bibl. Imp.*, manusc., 1859.
(2) Voir Godescard, 16 mai, à St. Fale;... et les Bollandistes.
(3) Collect. Du Chesne, vol. XX-XXI, p. 391, *Bibl. Imp.*, m., 1860.

communément dit le Code Michaut, par lequel il était enjoint à tous les gentilshommes de signer leurs actes *de leur nom de famille*, et non de celui de leurs terres, afin *de les distinguer* des roturiers, à qui on avait permis de porter le nom des fiefs qu'ils possédaient. Car il paraît qu'alors ces permissions ne se prenaient point comme depuis ; elles se demandaient.

De là, dans l'intérêt même de l'état civil et de l'histoire, la raison des conseils de sceaux dans les États, à la condition de les voir former un tribunal vraiment et universellement impartial ; à la condition encore que la finance ne soit point comme une amende imposée à *la conservation* de noms et de titres légitimes ; sinon, le remède serait loin de détruire le mal ; — et, disons-le sans la moindre allusion à ce qui peut exister dans un état quelconque, et à titre d'opinion qui nous semble froidement raisonnée, — sinon l'argent aurait un privilége sur d'honorables ou glorieuses médiocrités de fortune, et nous le verrions le plus souvent primer les parchemins de vielle date et la tradition authentique (1).

Quoiqu'il en soit, cet essai généalogique, cette notice sur l'état et les alliances de la maison DE ST. PHALLE sont fondés sur une multitude de titres et de monuments que nous sommes loin d'avoir tous énumérés. Taisant ou abrégeant un grand nombre de faits et de pièces, nous nous sommes bornés à construire, de ceux que nous avons choisis, une charpente solide. L'essentiel nous a paru suffire pour le moment ; et, quelquefois, cependant, nous l'avons accompagné de menus hors-d'œuvres qui nous semblaient être d'un intérêt plus général. De cette chaîne de titres que nous avons énumérés, relevons cependant les principaux.

Et d'abord, nous venons de voir passer sous nos yeux le rappel d'un certificat constatant production de pièces authentiques et originales, c'est-à-dire le certificat officiel de M. Chérin fils, généalogiste de la maison de France, mentionné dans l'autographe de M. le duc de Villequier du 14 avril 1790, et par suite duquel ce seigneur annonce à madame LA COMTESSE DE ST. PHALLE, née de Boynes, fille de l'ancien ministre de la marine, et femme du comte, puis marquis JEAN-VINCENT DE ST. PHALLE, que sa présentation au roi et à la reine aura lieu selon ses désirs.

Antérieurement aux preuves souvent renouvelées qui résultent de cette présentation, il existe de même, au chartrier du château de Montgoublin, seigneurie et résidence de l'aîné des messieurs de St. Phalle, un certificat de Louis-Pierre d'Hozier, juge d'armes de France, écrit et signé de sa main à Paris, le 21 décembre 1744, et revêtu du timbre sec de ses armes. Cette pièce certifie à M. le premier président et à M. le procureur général que François-Louis Marcoul de St. Phalle est fils de David de St. Phalle, mestre de camp de cavalerie (*colonel du régiment de St. Phalle*), chevalier de St. Louis, et de dame Marguerite de Cromelin, et que ses filiations et degrés de noblesse ont été prouvées *par titres originaux* depuis Louis de St. Phalle-Cudot et Marie de Brichanteau-Nangis ses sixièmes aïeux, vivant en l'an 1524.

Remontant au delà de ces preuves sur titres originaux, apparaissent celles qui résultent des recherches d'usurpation de titres de noblesse ordonnées en l'an 1666, parmi lesquelles nous nous contentons de rappeler deux pièces originales. La première confirme les droits nobiliaires de Georges de St. Phalle, seigneur de La Ferté-Loupière, seigneurie provenant d'une alliance avec

(1) Le gouvernement français est sagement entré dans cette voie de réformes, et surtout en respectant, à défaut de titres originaires détruits, la tradition établie sur *de bonnes pièces*. C'est permettre aux anciennes familles de valoir celles dont les titres récents n'ont subi aucune chance de destruction.

la maison de sang royal de Courtenay... Elle est signée le 3 janvier 1698 par M. l'intendant de Bourgogne, Ferrand de Ville-Milan, commissaire de Sa Majesté; et pour monseigneur, contre-signée Compon. — La seconde est un certificat de messieurs les commissaires vérificateurs des titres de noblesse de Bourgogne ; elle dit :

« Nous sousignés, commissaires nommés par messieurs de la chambre de la Noblesse, aux derniers états tenus en la ville de Dijon, au mois de may de l'année 1691, certifions que Georges DE ST. FAL, seigneur de Mugnois, s'est présenté devant nous, lequel nous a remontré que ses autheurs ont entré et assisté aux États de ladite chambre de la Noblesse, et y ont eu voix délibérative, ce que nous avons reconnu véritable par la vérification des registres où sont inscrits les décrets des États; et qu'iceluy sieur DE ST. FAL est bon gentilhomme, non noble simplement, mais de la qualité requise pour entrer en ladite chambre de la Noblesse, qu'il fait profession des armes, et non de la robe, et qu'il possède la terre de Mugnois en toute justice, sise au baillage de Châtillon... En foy de quoi nous nous sommes soubsignés à Dijon, le 27 octobre 1694. *Berbis, Deuilley, Daullenay, Arcy, Essertine, de Clugny-Grignon.*

Et nous rappellerons ici qu'Eustache DE ST. PHALLE, baron de Cudot, — gouverneur de Sens et des pays voisins, nommé par le roi Charles IX, — avait été député de la Noblesse aux États de Blois, en 1588, pour les provinces de Sens et d'Auxerre, et commandant de cette Noblesse dans les guerres, s'étant concilié l'estime et l'affection des rois Henri III et Henri IV (1).

Antérieurement à cette date, remontaient les preuves si rigoureuses exigées par le très-illustre chapitre de Remiremont; c'est-à-dire seize quartiers au moins. On les avait produites, en l'an 1688, en faveur de Catherine et d'Anne de St. Phalle, filles de CLAUDE DE ST. PHALLE, seigneur de Villefranche, et d'Elisabeth de Chastellux (2).

Antérieurement encore étaient les preuves que les seigneurs de St. Phalle avaient dû fournir pour leur admission dans l'ordre de St. Jean de Jérusalem. Outre l'histoire des chevaliers de St. Jean de Rhodes, et les titres des manuscrits de la Bibliothèque Impériale (1860), nous avons, sous la main, scellées des sceaux de plomb de Malte, les pièces originales constatant les réceptions, professions et dignités des seigneurs de St. Phalle appartenant à cet ordre (3).

Or, nous ne devons pas oublier, à ce propos, qu'il existe une des généalogies du chartier, reliant toutes ces époques, et faite sans solution de continuité, bien qu'inachevée en plusieurs points. Elle est de Mr. le comte Dupré de Ste. Maure et de M. Chérin père, généalogistes de la maison du roi. Celle-ci est parallèle, quoique moins complète, à celle du Nobiliaire universel de 1690 que nous avons plus d'une fois rappelée. Toutes deux remontent déjà, vers l'an 1190, à « Robert de St. Phalle, chevalier, épousant Jeanne de Seignelay, fille de Ferry de Seignelay et de Blanche de Courtenay ancien, » laquelle était fille de Renaud de Courtenay et sœur d'Elisabeth, mariée, vers 1150, à Pierre de France, septième fils du roi Louis VI dit le Gros.

Cette date est pourtant inférieure à celle que nous donnent les titres de l'abbaye des Eschalis, et ceux de la collection de du Chesne, l'illustre historiographe de France, etc. Là se trouvent nommés et Milon, seigneur de St. Phalle, et Pierre son fils, l'un aïeul et l'autre père de ce Robert;

(1) Preuves, article Eustache, lettres du Roi, etc. Voir ci-dessus

(2) La pièce originale est de celles qui ornent le chartrier principal de la maison de St. Phalle.

(3) *Chart. de Monty.*

l'un donateur, l'autre confirmateur de donations faites au profit de la très-noble abbaye de Notre-Dame-aux-Nonnains de Troyes. C'est là ce que rappellent plusieurs manuscrits de la Bibliothèque Impériale (*en février* 1859), et les archives du département de l'Aube. Ainsi se place Milon de St. Phal vers l'an 1135, c'est-à-dire, cependant, beaucoup plus bas, dans l'ordre des temps, que ses ancêtres de la fin du IXe siècle, dont plusieurs généalogies nous donnent les noms et la suite.

Nous n'avons point en mains les pièces et titres constatant l'exactitude des détails de généalogies antérieures à 1135, dont l'une est l'œuvre d'un religieux Recollet, et qui prennent de 863 à 900 leur point de départ. A défaut de ces titres, nous avons cru ne devoir ni les adopter le moins du monde, ni les rejeter à tout jamais, car ces preuves peuvent reparaître un jour! Mais, à partir de 1135, les pièces authentiques des dépôts publics nous ont fait voir, dans Milon et dans Pierre de St. Phal, de grands seigneurs dont la position et les largesses dénotent cette lignée d'ancêtres que certains auteurs dévident en filiations, et que d'autres, ainsi que le fit du Bouchet, le père Anselme, etc., etc., se contentent d'indiquer à propos d'alliances. (*Voir ce travail, et plus bas.*)

Ces dernières généalogies descendent jusqu'au commencement du XVIIIe siècle, et nous devons mettre en relief, à ce propos, deux remarques que couronne la signature de M. Ambroise d'Hozier. La première est celle-ci :

« MM. de Clérambault et d'Hozier (*un des ancêtres d'Ambroise*), ont rassemblé toutes *les productions* des titres de cette maison par devant les intendants de Bourgogne et d'Orléans, par devant les commissaires députés de l'ordre de Malthe en 1666, et par devant les juges d'armes de France en 1721. » Voici la seconde : « On ne doit pas oublier qu'il y a un titre, à la Chambre des comptes, où il est dit qu'il suffisait de prouver sa descendance de la maison de St. Phalle pour être reçu dans l'ordre de Saint-Jean de Rhodes (1). » Le procès-verbal des sépultures de Cudot, cette magnifique généalogie tombale de la branche cadette des seigneurs de St. Phalle, fait par les commissaires de l'Ordre de Malte, avait motivé cette flatteuse exception !

Concurremment à ces titres et à ces travaux de recherches, se trouvent donc écrites, *en monuments* authentiques, les preuves de haute et antique illustration que multiplient les armoiries, les vitrines, les tombes des barons de St. Phalle, tant au prieuré de Cudot, ou dans les divers châteaux et les nombreuses seigneuries de leur maison, que dans les églises et les chapelles déjà par nous citées. L'abbaye de Notre-Dame-aux-Nonnains était du nombre (2), et de là sortit, outre des inscriptions funéraires, le fameux évangéliaire des Abbesses, avec ses reliefs magnifiques et les armoiries de St. Phalle. Il orne aujourd'hui la bibliothèque de Troyes, et ses copies moulées meublent le monde artistique (3). La salle des Croisades du château de Versailles, bien que monument public, devient encore par le rappel de l'écusson de St. Phalle, un monument particulier pour les héritiers de ce nom (4).

Autres pièces historiques et du plus haut intérêt, sont les fastes de cette même abbaye de Notre-dame-aux-Nonnains, située, jadis, sur la limite de la ville capitale des comtes de Champagne. C'était alors la plus noble des maisons de femmes, et nous voyons, dès l'an 1290, une

(1) *Chart. de Cudot.* — Id. rappel de ces titres, *Bib. Imp.* Man. 1860, pap. d'Hozier.
(2) *Gallia Christiana*, t. XII, p. 567.
(3) Vallet de Viriville, *Archives*, de l'Aube. 355.
(4) Titre orig., *Chart. de Montg.*

dynastie de cinq abbesses de la maison de St. Phalle remplir tout un siècle, lorsqu'à cette époque si reculée déjà, l'abbaye ne se recrutait que dans la plus haute et baronniale Noblesse du royaume : chez les Ville-Hardouin, les Château-Villain, les Vandœuvre, les Choiseul, les Luxembourg... (1).

Les titres de cette nature en faveur des seigneurs de St. Phalle, c'est-à-dire les preuves historiques, pullulent d'ailleurs dans le *Gallia Christiana* des bénédictins de Saint-Maur. Elles se heurtent dans une multitude d'archives, et surtout dans celles du département de l'Aube, dans les archives du royaume à l'hôtel de Soubise, dans le cartulaire de Champagne et dans les mémoires relatifs à l'histoire de France. Les grandes bibliothèques publiques en foisonnent ; et les ouvrages de recherches les plus célèbres, où les rencontrer, seront, par exemple, la célèbre Histoire généalogique de du Bouchet, touchant la maison de sang royal français de Courtenay, l'Histoire généalogique de la maison de France du P. Anselme (*aux pages citées dans cet essai, et autres*), etc., l'Histoire et les archives de l'ordre de Malte... Enfin, les archives privilégiées de la maison de St. Phalle en regorgent, malgré les pertes si regrettables au point de vue archéologique que le règne de la Terreur a causées dans les châteaux et domaines des différents seigneurs de ce nom (2).

Parmi les pièces originales conservées par la maison de St. Phalle, brille celle qui fit admettre leur écusson et leur nom dans la salle des Croisades de Versailles ; celle, plus ancienne encore, de l'affranchissement partiel des serfs de Cudot... puis un nombre d'autres considérable, et que nous avons dépouillées ou indiquées lorsque le besoin s'en fesait sentir. Entre celles-ci sont les parchemins, arrêts du conseil, sentences de parlements et actes de l'état civil légalisés, établissant de la manière la plus authentique et jusqu'en cette année 1860, la filiation, la noblesse primordiale et les titres actuellement portés par les membres de la maison de St. Phalle.

(1) *Gallia Christ.*, t. XII, p. 566-8. *Archives*, Vallet de Viriville, p. 353, 404, 263, 293, etc., etc.

(2) M. Corps, conseiller au grand conseil, et propriétaire en 1789 du château de St. Fale, près Troyes ; M. le comte de Béthisy, maréchal des camps et armées du roy, cordon rouge, inspecteur d'infanterie, devenu seigneur du château des Cuissarts St. Phalle, et, par sa femme, madame la comtesse de Béthisy, née du Deffand, alliée de la maison de St. Phalle ; M. de Tarade, propriétaire en 1782 du château de Corbeilles, près Montargis, longtemps possédé par un rameau des St. Phalle, trouvèrent et voulurent bien communiquer alors, à M. le comte Jean-Vincent de St. Phalle, des titres nombreux et importants de sa maison, restés dans les archives de ces seigneuries, ainsi que dans le château de Thou-sur-Loire, près Briare, entré dans la maison de St. Phalle par Isabelle de Molans. Différents autographes font foi de ces offres et communications gracieuses, etc., etc. Entre les maisons religieuses dont les archives se mêlaient à celles des seigneurs de St. Phalle, nommons surtout les célèbres abbayes de Notre-Dame-aux-Nonnains et des Echalis, dont quelques titres ont survécu, et où le même comte Jean-Vincent de St. Phalle avait vu, concernant sa maison, les titres anciens les plus précieux.

Courtenay, seigneurie de la maison impériale et de sang royal français de ce nom, à laquelle se sont directement ou indirectement alliés à plusieurs reprises les seigneurs de St. Phalle, de laquelle ils eurent, et près de laquelle ils possédèrent un grand nombre de seigneuries ; les environs d'Auxerre, Orléans, Dijon, Montargis, Joigny, etc., etc, tels sont encore les lieux où, pendant un trop grand nombre de siècles, cette maison eut ses racines et ses rejetons, pour qu'à l'aide de quelques recherches actives, d'heureuses découvertes ne s'ajoutent point à la multitude des titres dont l'existence est aujourd'hui constatée ou assurée. La tour de Londres contenait aussi des parchemins précieux et antiques de cette maison, enlevés pendant les guerres et dévastations des Anglais, et que l'émigration française fit découvrir en 1791, sans qu'on se soit encore donné la peine de les rechercher et d'en tirer copie. Mais peut-être auront-ils péri dans l'incendie de la Tour en 182...

Exactes et complètes ou non, et bien rarement le sont-elles, les généalogies (ou les chartriers) de nombreuses maisons peuvent aussi révéler et mettre au jour certaines dates et alliances ignorées peut-être encore de la maison de St. Phalle. C'est un service que cet essai lui-même peut rendre à d'autres maisons, moins heureuses qu'elle en titres conservés. Cette réflexion, que suscite le simple bon sens est comme formulée dans une lettre de M. l'abbé de Challemaison, qu'il adressa

Entre les titres dont l'histoire a conservé le texte, et que répandirent d'importantes publications, ou dont l'original repose dans des archives publiques, sont ceux par où nous voyons figurer les seigneurs de St. Phalle dans la ligue des barons s'opposant aux prétentions des rois de lever de nouvelles aides; — ceux encore qui les rangent au nombre des pairs et barons, de qui le vicomte-archevêque de Sens, primat des Gaules et de Germanie, reçoit l'investiture lorsque ces seigneurs le portent et l'*élèvent*, de même que jadis les seigneurs Francs élevaient sur le pavois le pair auquel ils conféraient ou reconnaissaient le droit de régner; — et, pour en finir sans épuiser à beaucoup près cette liste, l'acte de vente d'une portion de cent vingt arpents de son bois, sis en la forêt de Fouchières, faite par Jobert de St. Phalle en 1243, au comte palatin de Champagne : acte que l'évêque de Troyes lui-même rédige entre les deux hautes parties contractantes. (Voir ces diverses pièces ci-dessus à leurs dates. etc., etc.)

La haute antiquité de tous ces titres justifie par une induction nécessaire, l'antiquité, bien supérieure encore à celle du XIIe siècle de la maison de St. Phalle, puisqu'à cette époque, déjà, nous voyons ses membres occuper des positions de si grands seigneurs, et qu'en ces temps de primitive rigueur féodale, graduellement adoucie par nos souverains, on *naissait*, mais on ne parvenait pas!

Une heureuse rencontre, ou des recherches suivies si quelqu'un juge à propos de s'y livrer, pourront faire recouvrer quelqu'une des pièces probantes des généalogies qui prennent leur point de départ quelques années avant l'an 900, et relier leur fil à l'an 1135, où seulement aujourd'hui commence la certitude établie sur pièces. La perte des documents sur lesquels il est probable qu'un religieux qui signa l'une d'elles de son nom la construisit, doit être attribuée sans doute à la période révolutionnaire où furent détruits et dispersés tant de titres (1).

Le père récollet Alixant confirmait ces inductions par une phrase qu'il attribue à la plume du célèbre généalogiste du Bouchet, que nous retrouvons encore *dans d'autres documents* de dépôts publics, mais que nous préférons copier derechef, puisque nous l'y rencontrons presque pareille, dans le Nobiliaire universel de 1690 (2).

« Le château de St. Phalle, situé à trois lieues de la ville de Troyes, est très-beau, et marque l'ancienneté et la puissance de cette maison *qui possédait les plus hautes charges du temps des comtes palatins de Champagne*. Les titres se trouvent en la Chambre des comptes de Paris, et au trésor des anciens comtes de Champagne (3). »

à Maximilien de St. Phalle, abbé-doyen de l'abbaye de Vézelay, et aumônier du roi de Pologne Stanislas. On y voit à quel point s'enchevêtrent les familles, et combien les lignes indirectes peuvent conduire aux découvertes précieuses.

Il y a peu de maisons « avec lesquelles mes ancêtres aient eu plus d'alliances qu'avec la vôtre, *non directement*, mais avec d'autres avec lesquelles votre maison était alliée, comme les de David, les Saint-Pierre (ou Pérus), les Melun, les Vignacour, les Villiers l'Isle-Adam. Dans les contrats de mariage, actes de tutèle, etc., on voit toujours des St. Phal. Il y en a un, en particulier, qui se qualifie seigneur de Challemaison. Si vous désirez en avoir des notes, etc... »

« L'abbé de Challemaison. — Troyes, ce 31 mars 1789 (1). »

(1) Ces pièces probantes ont pu se perdre et s'égarer isolément, ou plutôt en une seule liasse, ou layette, et à la suite du dernier travail pour lequel on les aurait réunies. Elles peuvent se retrouver de même.

(2) *Bibl. Imp.*, 1860, man.

(3) T. XV, p. 60, en tête de la *Généal.* de la maison de S. Phalle. — St. Fale, *nobilis Toparcha oppiduli de St Fidolo juxtà Trecas. Gallia Christiana.* t. XII, p. 520.

(1) Autographe, *Chart. de Monty.*

De tels documents nous expliquent comment c'était un tel honneur de descendre de la maison de St. Phalle, illustrée d'ailleurs par ses alliances avec la race royale, avec des maisons princières et avec la plus baronniale Noblesse, que les doctes religieux, auteurs de la Gaule Chrétienne, nous entretenant d'un membre de la très-noble maison de Vaudrey (1), écrivaient, comme pour ajouter par un seul mot à son lustre : il était issu de la noble lignée des seigneurs de St. Phalle : *« ex nobili prosapia dominorum de St. Fidolo ortus* (2). »

Ainsi clorons-nous ce résumé en observant que l'époque de la plus grande illustration des St. Phalle commence à partir de leur plus haute antiquité connue, et va se soutenant pendant des siècles, tandis que l'époque où leur étoile semble pâlir est, non point encore celle où apparaît, mais celle où brille de son plus vif éclat la Noblesse de cour ; cette Noblesse que crée, que met en relief, ou que fait resplendir d'un éclat d'emprunt le si magnifique et bienfaisant soleil de la monarchie.

Après cet Eustache de St. Phalle, qui fut un des plus fiers lieutenants du grand duc de Guise, et notamment à la bataille de Renti (*Brantôme, voir l'art. Richard, ci-dessus*) ; à partir de son fils Eustache de St. Phalle-Cudot, commandant dans les guerres la Noblesse de sa province, député par cette Noblesse aux fameux Etats de Blois de 1588 (*preuves pour Malte, voir à Eustache*), et soutenant avec une fermeté si remarquable les droits de la maison de Bourbon contre la maison de Guise ; vers la fin des rois Henri III, Henri IV et Louis XIII, auprès duquel le fils d'Eustache-Claude de St. Phalle, maréchal de ses camps et armées commande l'une de ses deux nobles compagnies de Mousquetaires, on ne rencontre plus ces seigneurs que dans les camps. Ainsi en est-il d'un second Claude de St. Phalle (*fils de ce Ier Claude*), brigadier des armées du roi et inspecteur général de cavalerie (1673. *Voir à Claude*). Souvent encore ils s'y font remarquer, soit à la tête de régiments, dont l'un porte leur nom de St. Phal (*St. Phal, St. Phal-Coulanges cavalerie*), soit dans l'exercice de hauts commandements, ainsi que David, ainsi qu'Alexandre de St. Phalle-Coulanges, etc., etc. Mais, hors des camps, il faut, pour les trouver, les chercher sur eux-mêmes, dans leurs champs, dans leurs domaines, dans leur province, où les plus nobles maisons acceptent ou recherchent leur alliance ; maisons dont quelques-unes ont mêlé dans leurs veines leur sang à celui de nos rois, ainsi que les seigneurs de St. Phalle.

Renfermés dans leurs châteaux, ils y pansent et ferment les blessures de leurs corps et de leurs fortunes, l'un et l'autre *grossement domaigiés* par le service, ainsi que l'écrivait le roi Charles V de Jehan de St. Phalle, *le drouet compagnon de du Guesclin* son connétable (Voir ci-dessus). Mais, dans le palais de nos rois, on ne les rencontre plus guères. Jusqu'à Jean-Vincent de St. Phalle, entraîné peut-être par sa jeune femme, fille de l'ancien ministre de la marine, et qui, semblant se raviser, reparaît à la cour au moment où elle est emportée par le torrent des révolutions, on dirait que leur nom, faute d'y être prononcé, va s'oubliant, tandis qu'une multitude de noms moins illustres, ou nouveaux, se dorent et grandissent, aidés de mérite et de faveur.

Redisons-le donc, les jours de leur plus beau lustre auront été ceux où, jadis, florissait la

(1) De Courcelle, voir de Vaudrey, dict. N., t. IV, p. 209.
(2) T. XII, p. 559, *Gall. Christ.*

cour guerrière des anciens Comtes Palatins de Champagne et de Brie, devenus plus tard rois de Navarre ; ceux des premières et des dernières croisades : ceux où la cour de nos rois était une sorte de tente royale réunissant la Noblesse de race, l'antique Noblesse baronniale, c'est-à-dire les têtes de la féodalité Franque et Gauloise, ou les hommes de la nation, ceux qu'elle appela par excellence ses gentilshommes et ses grands seigneurs : *gentis-homines;* les jours enfin où le camp n'était jamais veuf de la cour, c'est-à-dire ceux qui se prolongent jusques aux belles époques du règne de Louis XIV.

Nous comptons alors, de temps en temps, quelques éclipses dans la fortune de ces seigneurs, dont quelques-uns ne s'élèvent plus dans les armes qu'à des positions médiocres. Mais, cependant, la veine de leurs belles alliances ne fléchit point ; et jusque dans les plus récentes nous avons nommé les Chambray, les de la Fare, les Boisdennemets, les Becdelièvre, les Chabannes, etc. etc.....

Quoi qu'il en soit de cet amoindrissement d'éclat si général pour la Noblesse, et si naturel à une époque où, heureusement pour tous, elle rencontre dans toutes les carrières honorables la plus noble, la plus généreuse et universelle concurrence, les services des derniers et nombreux représentants de cette race, essentiellement militaire, leur permettent de s'asseoir avec confiance à côté de leurs pères. Dans les campagnes d'Afrique et de Rome, de Crimée, d'Italie, de Cochinchine... ces jeunes gens ont en effet compris, aussi bien que leurs ancêtres, que le premier devoir de ceux qui ont à soutenir le poids d'un nom connu n'est point de se précipiter vers les emplois lucratifs, mais de se montrer prodigue de soi, dès que la France a besoin de ses fils. Voilà ce que, d'un mot, du temps des croisades et depuis, énonçait la devise inscrite au bas de *la croix* ancrée, dans le champ d'or de leur écu, au-dessous de *l'épée* vibrante dont s'est armé le lion couronné qui s'élève en cimier du milieu de leur couronne.

Cruce Deo, gladio Regi jungor
Par ma croix à Dieu, par mon épée au Roy.

Devise redoutable à l'ennemi, jadis, sur un si grand nombre de champs de bataille où flottait la bannière de ces chevaliers bannerets. Et depuis la journée terrible de Mons-en-Puelle, elle était appuyée de ce cri de guerre, sorti dans une affreuse mêlée de la bouche même du monarque en détresse, avisant à la tête de ses cent hommes d'armes la bannière de Philippe de St. Phalle, filleul de Philippe-le-Hardi :

Aïe! Sainct Fale, c'est por le Roi!

Ce que la ballade avait traduit par :

Sainct Phal, à moy!
C'est pour le Roy.

Qui disait le Roi, disait le chef de guerre de la nation ; celui qui, aux jours des rudes épreuves, s'appelait et que nous appelons la fortune de la France.

A cet essai, point de signature finale ; car, outre qu'il s'est formé du rapprochement de plusieurs généalogies authentiques, il offre, à chaque page, la plus désirable des garanties : celle de l'indication des monuments, ouvrages classiques, et dépôts publics, où se trouvent, en cette année 1860, les titres cités les plus importants et les plus nombreux ; les autres étant dans des chartriers indiqués, et de facile accès.

TABLE

FIN.

Coulommiers. — Imprimerie de A. MOUSSIN.

www.ingramcontent.com/pod-product-compliance
Ingram Content Group UK Ltd.
Pitfield, Milton Keynes, MK11 3LW, UK
UKHW021056200726
13857UKWH00003B/959